中国招标采购
能力建设研究

ZhongGuo ZhaoBiao CaiGou
NengLi JianShe YanJiu

◎ 赵 勇/著

中国财经出版传媒集团
经济科学出版社
Economic Science Press

作者简介

赵勇，1993年本科毕业于清华大学化学工程系，管理学硕士，法学博士，美国德州大学圣安东尼奥分校商学院、乔治·华盛顿大学法学院访问学者。现任国际关系学院公共市场与政府采购研究所所长、国际经济系教授，专门从事政府采购、国际贸易、招标投标等领域的科研和教学工作。发表《美国政府采购支持中小企业发展的做法与启示》、《公共采购溢价现象的成因与启示》、《大数据时代的公共资源交易前瞻》、《基于不确定性多目标决策的政府采购评标方法研究》等专业论文50余篇；著有《从美国联邦政府采购制度看美国国家治理》，主编《招标采购专业知识和法律法规》、《招标采购管理与监督》等书，参与编写《招标采购专业实务》、《招标采购案例分析》等招标师教材；主持国家发改委《完善招投标职业自律机制》、财政部《政府采购集中采购机构考核和甲级代理机构专项检查指标体系研究》、商务部《公共采购立法与争议解决机制研究》和《政府采购服务法律制度专项研究》、劳动人事部《我国公共采购人员能力建设问题研究》、北京市《政府采购扶持中小企业政策研究》等多项招标及政府采购类研究课题。

1993年起从事招标采购工作，具有15年招标采购实践经验，采购总金额逾十亿美元，进入高校之前任中化建国际招标公司副总经理。

参与联合国国际贸易法委员会《公共采购示范法》修订和我国《招标投标法实施条例》起草工作，以及招标师职业资格考试论证、大纲及教材设计工作。曾受聘世界银行、联合国开发计划署进行采购评估工作。在首届中国招标投标高层论坛 2006、美国律师协会 2010 年会、美国 West 政府合同 2010 年会等重要国际会议做主题演讲。现为国家发展改革委、财政部、中国招标投标协会特聘专家、北京市评标专家。

序

　　弹指一挥间，招标投标行业发展及其招标采购职业队伍建设又走过了艰辛和踏实的十年历程，与此相伴，我几乎目睹着中年赵勇人生价值追求的每一个足迹，以及他幸运实现了事业成长的三次跨越。一是跨越职界，从企业高管转任为大学教授；二是跨越太平洋，体验了中西方采购学术的异同；三是跨越研究层次，从个人撰写实务文章提升到组织团队系统研究行业发展的前沿课题。当然，一个曾经傲视群雄、痛斥时弊的年轻人也已被岁月风雨打磨成为眼前这位鬓显银丝、三思而行、却依然孜孜不倦的中年学者。唯有始终不变的是他对招标投标行业发展及其招标采购职业能力建设的执着追求。由此坚定信仰，他当年能够发着高烧坚持完成招标师考试命题，如今又一次兴奋地捧出了墨香未散的心血力作——中国招标采购职业能力建设研究。我为他执着的敬业精神深深感动，为他倾力奉献行业所需的学术成果由衷高兴，更为他深刻的专业见识拍案叫好！借用此序也表达我本人对招标采购行业以及本书的一点共同感受。

　　新中国的招标采购事业，用了30余年的时间，走过了西方发达国家200余年的历程。在取得巨大成就的同时，也积累了制约招标采购行业持续健康发展的一些深层次问题。我国招标采购行业受传统管理体制的约束，存在"一强一弱"的严重弊病，首先是政府强势监管。有关行政区域和部门各自为政制定了多如牛毛的强制规定，多个行政部门同时行使招标采购管理、投资管理、行业管理和市场监督职能，监管人员有权无责却"一言九鼎"；政府的强势又造成了招标采购主体的弱势。招标采购主体及其从业人员有责无权并缺乏应有的职业素质，且招标采购法律框架下缺乏实务调节标准，故招标采购无法规范实现专业个性的需求目标；市场交易信息分割封闭，无法适应招标投标公开、公平、公正和诚实守信的一体化共享要求。因此，消除招标投标市场一系列无序竞争现象，全行业应当倾力关注以下四个方面的改革和完善：一是要转变行政管理职能，强化市场主体地位；二是要依法建立实行招标投标市场交易的行业自律标准体系，减少政府管制企业招标投标交易的文件；三是要运用互联网招标投标公共服务平台，建立全国市场信息公开共享体系；四是建立招标采购职业能力水平的行业激励和评价体系，全面提高招标采购队伍的职业能力水平。因此，加强招标采购职业能力建设是促进招标采购行业持续健康发展的重要基础，也是本书研究课题的主要目的意义所在。

我国招标采购职业能力建设的实践充分证明，招标采购工作是专业知识能力跨度较大的复合性职业。既涉及工程、货物和服务，又涵盖政府采购以及机电设备进口；既要解决采购需求目标的实践操作问题，又要适应经济学、管理学和法学理论以及符合法律政策要求。既要结合我国招标采购制度运用的特点，又要借鉴西方招标采购的成功经验。这既表示了招标采购职业的专业价值，又说明了招标采购职业能力建设的复杂程度。

本书通过调研国内招标采购代理服务的实践经验、理论研究成果和招标采购专业队伍的成长历程，结合法律政策要求，

序

系统阐述了招标采购职业能力结构要素特点，以及建立职业能力建设、考核评价体系的必要性和重要性；借鉴国外招标采购职业能力认证的成功方法和经验，研究并系统提出了我国招标采购服务成果与招标采购职业能力建设、激励和考核评价的科学体系、方法。同时，本书在充分吸收和系统梳理了国家发展改革委、财政部、人社部以及招标投标行业对于我国招标采购职业队伍建设实践和理论研究的已有成果的基础上，填补了我国招标采购能力建设系统理论的空白，为我国未来招标采购职业发展取向提供了理论依据。

赵勇能够实现职业兴趣与人生价值目标以及行业发展需求的紧密融合是值得庆幸和令人羡慕的。在此书即将付印之际，我既为他取得的研究成果表示祝贺！更期待这一成果对于促进招标采购队伍职业能力建设、激励提高和考核评价，能够获得更多的行业共识和实践基础。

李小林
中国招标投标协会
2016 年秋

前言

自20世纪80年代改革开放以来，招标采购的实践及理论在我国逐步发展起来。特别是自2000年《招标投标法》和2003年《政府采购法》生效至今，招标采购的规模逐步扩大、法律体系逐步健全、管理机制日趋完善、规范化程度逐步提高、国际化进程不断加快。当前，招标采购已不仅是单纯的经济行为，还承担起了实现国家政策目标的使命。

在招标采购制度的先进性和优越性日益显现的同时，改革与发展中也暴露出一些问题。当前的招标采购工作与社会公众的强烈预期相比还有不小的差距，在实践中仍然面临不少困难和问题：宏观层面上，招标采购法律制度体系还存在疏漏、有关法律之间的规定还存在矛盾和冲突；管理监督层面上，存在监管缺位或干预采购活动的现象；采购人的招标采购活动，存在规避招标采购管理以及违法违规采购、采购过程不规范、采购效果不理想等问题；评审专家制度，存在专家库的重建立、轻管理、重使用、轻评估的问题以及评审专家的权利责任不匹配的问题；投标人围标、串标现象屡禁不止……从表面上看，制度越来越多、规定越来越细，但是招标采购领域的违法违规现象却有增无减，甚至愈演愈烈。

招标采购在我国只有三十几年的历史，作为一项蓬勃发展的新兴事物,该领域出现一些问题是正常的。这些问题的解决,有赖于政府部门、监督管理机构、采购人、供应商、评审专家等相关各方的共同努力。特别是,招标采购机构及其从业人员既是联系采购人与供应商的桥梁,也是招标采购的重要执行者。他们在招标采购活动中发挥着极为重要的作用。他们的运作中是否规范、高效,他们的能力素质能否完全适应改革和发展的需要,将直接影响招标采购的结果与声誉。

当前招标采购制度改革面临着深化改革、完善政策、推进国际化进程的任务和挑战,招标采购事业发展正处于关键阶段,迫切需要提升招标采购机构和从业人员的能力和素质,加快建设职业自律机制。本书分为上下两篇,上篇着重分析招标采购机构的能力建设;下篇重点阐述采购人员的能力建设和职业自律。

上篇从集中采购机构和招标代理机构的基本概念、特征、发展以及在当前社会环境下面临的机遇与挑战入手,采用文献调研的方法,对我国集中采购机构和招标代理机构的情况进行梳理,查找问题;分析、借鉴了美国联邦采购中对于联邦服务总署(General Services Administration,GSA)的考核方式,提出了我们学习的方向。采用专家访谈的方法,设计了初步的指标体系。然后通过向业内专家发放及回收问卷以及效度检验的方法,对于初步设计的指标体系进行了补充、完善和优化。在此基础上,采用层次分析法(AHP),设计、发放和回收了量化分析问卷,通过求解函数矩阵,得到了反映各项指标重要程度的权重系数。继而提出了完善的集中采购机构和招标代理机构考核体系。上篇主要由以下七部分内容组成。

第一部分与第二部分对于招标采购机构,即集中采购机构和招标代理机构的概念、发展历程、属性和特性进行了梳理,详细论述了招标代理行业的现状。同时用 SWOT 分析法对招标采购机构的优势、劣势、机会和挑战进行了深度剖析。

第三部分与第四部分阐述了招标采购机构绩效考核的重要意义以及本书所涉及的委托代理、信号显示、绩效评价等理论基础和德尔菲法、理论政策分析、层次分析法等主要研究方法。对绩效评价指标构建的定性与定量相结合、系统性与整体性相结合等原则进行了介绍，同时分析了招标采购机构进行绩效考核所面临的难题。

第五部分对当前各个省市招标采购机构的考核监督办法进行了研究。从考核工作的组织实施、考核的频率及方式、考核内容、考核结果以及应用等方面进行了全面梳理。具体分析了每个地区在考核主体、考核小组的构建、考核客体认定、考核程序、考核等级评定、考核结果应用等方面的不同与相似之处。最后指出了当前各地的考核方式有待提升的空间。

第六部分主要对美国的联邦采购的法律体系、联邦采购条例系统、监督体制进行了论述，继而简要介绍了美国联邦的两家集中采购机构——负责国防采购的国防后勤局（Defense Logistics Agency，DLA）和负责民用采购的GSA的概况。特别对GSA的组织机构以及绩效考核体系进行了系统、深入的阐述和分析，从而对我国的招标采购机构的考核评价体系的建立提供了宝贵的经验借鉴。

第七部分分步构建了集中采购机构和招标代理机构的评价指标体系。首先，根据招标采购机构评价指标体系的构建原则、影响因素等建立了绩效评价体系的总体框架，确立了绩效评价指标体系的层次结构与具体的指标项目名称，并通过专家调查法、问卷分析法等进行了绩效评价指标效度检验与修正，确立了优化后的招标采购机构的考核指标体系。指标体系从能力指标、过程指标、结果指标3个一级指标入手，接着设立了硬件条件、内部管理、队伍建设、采购过程、业绩以及信誉、社会效益等6个二级指标以及营业场所及设备、设施配备情况等21个三级指标。本书作者运用专家调查法以及层次分析法确定了各项指标的具体权重。最后，作者将三级评价指标进一步细化为可应用于具体评价工作的操作性指标，建立了招标采购机构的综合绩效评价模型。

上篇运用工程科学的研究方法，将管理学与和公共财政学理论研究相结合，体现了多学科的交叉于融合，落实了全面、科学、可持续发展的理念，使得研究内容具有鲜明的理论前沿性、现实针对性和实践指导性，本书的研究成果对于进一步建立全国统一的集中采购机构和招标代理机构专项检查指标体系，通过检查督促集中采购机构和招标代理机构提高执业能力和水平，提升政府采购工作的效率与效益具有重要的指导意义。

下篇侧重于分析招标采购人员的能力素质。目前招标采购人员能力素质在这方面表现出以下问题：一是行业内部分招标采购人员虽然经验丰富，但大多数非专业出身、学历不高，工作凭经验、靠感觉；二是招标采购人员的知识结构老化，缺乏招标采购专业知识和理论指导，年龄结构呈现出青黄不接的局面；三是招标采购人员的在职培训和后续教育不足。多数人员疲于应付日常的采购工作，没有时间和精力学习新出台的法律、政策、法规，更很少去研究新的采购技术、提高自身素质。与此同时，招标采购的内容越来越广泛、规范和要求越来越具体、政府和社会各界对于招标采购越来越关注，这都对招标采购人员的素质提出了更高的要求。

从国际上来看，招标采购专业化、职业化已成为全球发展趋势。目前，英国、美国、韩国以及中国香港等地区先后开展了公共采购有关职业资格考试与培训工作。中国作为世贸组织成员国，随着政府采购协定谈判的进行和采购市场的开放，特别是随着我国"一带一路"战略的深入实施以及亚洲基础设施投资银行的建立运行，我国的招标采购活动也将日益融入国际化轨道。我国政府和企业将更多地按照国际规则组织招标采购，企业必须按照国际规则参与国内和国际市场的投标竞争。这就需要我国建立与国际接轨的招标采购职业资格制度，按照我国的法律政策制度结合国际规则和惯例的要求对招标采购从业人员开展全面的专业教育和资格认证。

下篇由以下七部分内容组成。

第一部分回顾和分析了招标采购从业人员的产生和发展历程，分析了招标采购从业人员在招标代理行业的导入期、成长期和成熟期的角色、功能、自身的构成、与招标人的法律关系、市场竞争状况以及在招标采购制度中所发挥的作用。

第二部分通过走访、调研的方式，系统地梳理和分析了招标代理机构及招标采购人员的现状和存在的问题。

第三部分从理论上论证了建立招标采购从业人员职业资格制度的必要性。重点运用了经济学中委托—代理理论、体现信号理论、竞争性理论和信用体系四个角度论证了在市场经济制度中，个人职业资格管理与企业资质管理的优越性。

第四部分介绍了我国招标采购专业技术人员职业水平评价制度的建立实施过程，以及招标师职业水平考试的科目设置、考试办法和考试情况等内容。

第五部分在对注册会计师、律师、物流师、建造师和造价工程师等5个已经实施职业资格管理的制度进行了深入分析和比较的基础上，对于新建立的招标师职业资格制度提出了具体的思路和建议。

第六部分参照了美国联邦采购人员能力建设的思路，运用量化分析的方法，对我国招标师职业能力结构进行了分析与测试，在此基础上提出了招标师职业资格考试的大纲和培训教材目录。

第七部分对于如何完善招投标职业自律机制进行了全面分析。内容包括招标采购活动的监督机制现状、增强招标采购从业人员职业道德的迫切性、各行业培养职业自律做法的分析与借鉴以及招标采购从业人员职业道德等内容。

作为一个新兴的、规模庞大、发展迅速的职业，对招标采购从业人员职业素质、职业责任、职业行为和职业资格的相互关系分析，提出建立以招标职业资格为基础的职业自律机制的必要性、可行性以及实施方案建议，对于招投标领域的改革与发展，具有重要的理论和现实意义。

在本书的撰写过程中，国家发改委法规司、财政部国库司及国际财金合作司、人力资源和社会保障部人事考试中心、中国招标投标协会和国际关系学院在本书选题、资金支持、组织论证、协调调研等方面为本项研究提供了大力支持。在资料搜集、数据整理等方面，得到了我指导的国际关系学院国际公共采购学专业研究生李汉文、戴茈之、徐轲、张雨、孟千等同学的倾心协助，在此一并致谢！

Preface

In the twenty years since China's reform and opening of the markets in the 1980s, the theory and practice of public procurement has developed step by step, notably with the promulgation and implementation of the "Bidding Law" in 2000 and the "Government Procurement Law" in 2003. Over the years, public procurement in China has increased in scope, the legal system has expanded, the management mechanisms have matured, the standardization has improved, and the country as a whole has become more globalized. Today, public procurement has become much more than a mere economic activity; it has become a key means through which China can achieve its national policy goals.

As the advancement of China's public procurement system has become increasingly evident, its problems have also manifested. A substantial gap exists between the how the system currently works and how it should work, based on the public's high expectations. On the macro scale, there remain holes in the system's legal structure, contradictions among currently existing laws, and oversights by administrators. Within procurement activity, there are officials who altogether forego procurement procedures, violate procurement regulations (illegally), circumambulate regulations (legally), or lack the expertise to make a successful best value purchase. Though much effort has been dedicated to the formation of a system of contracting officials, the administration and maintenance of such a system is lacking, resulting in officials' incompetency. Thus, while on the surface one sees that China's procurement system has expanded and its provisions have become more detailed, at deeper glance it is evident that illegal procurement practices have not only failed to be curbed, but instead have grown more rampant.

With public procurement in China possessing only a thirty-year-long history, during which time it experienced rapid growth, it is normal for problems to have arisen. Solving these problems requires reform of many of the players involved in procurement: government departments, procurement agencies, purchasers, suppliers, evaluation experts, and more. Procurement agencies and their personnel are in particular need of reform, as they serve not only as the bridge between purchasers and suppliers, but as the very practitioners of procurement. Procurement agencies play a critical role in the functionality of public procurement: whether they are standardized, efficient, and able to fully adapt to the needs of reform and development, will directly affect the results and reputation of China's public procurement system.

Currently, the needs of China's public procurement system include expanding reform, implementing more comprehensive policies, and fulfilling the tasks and challenges required for globalization. Public procurement is at a critical developmental stage-there is an urgent need to improve the competency and quality of procurement agencies and practitioners, in addition to speeding up the establishment of professional self-regulatory mechanisms. This book is divided into two parts: the first part analyzes the capacity-building of procurement agencies, while the second part elaborates on procurement personnel capacity-building and the creation of professional self-discipline.

The book starts by addressing centralized and public procurement agencies, covering their basic concepts, characteristics, and development, in addition to the opportunities and challenges they face in our current global environment. Using the method of literature research, the current state of such procurement agencies in China is assessed and its problems identified. For the direction of our analysis and research, we draw on the U. S. federal procurement services for the General Services Administration and their assessment method. Then, through issuing a questionnaire to industry experts and examining the extent of its validity, the preliminary design for the index system was supplemented, improved and optimized. On this basis, using the Analytic Hierarchy Process (AHP), as well as the quantitative analysis of the retrieved questionnaires, the weight coefficient of the degree of importance of the index was obtained by solving the function matrix. Through the analysis of this data, my book puts forward a comprehensive and ideal evaluation system for centralized and public procurement agencies. The first part of the book consists of the following seven main sections:

The first and second sections address centralized and public procurement agencies, specifically their conception, course of development, attributes and characteristics, and the like. The status quo in the procurement industry is also discussed in detail. The advantages, disadvantages, opportunities and challenges of current procurement agencies are analyzed using the SWOT analysis method.

The third and fourth sections expound the significance of performance evaluation for the procurement agencies; they also cover entrusted agencies, signal display, the main research performance evaluation theory and the Delphi method, theoretical policy analysis, hierarchical analysis (AHP) and other methods. A qualitative and quantitative performance evaluation index is formed by a method introduced that combines both systemic and holistic principles; the problems faced in the performance evaluation of procurement agencies are also discussed.

The fifth section is an assessment of the current methods of supervision of procurement agencies in all provinces of China. The assessment is highly comprehensive, covering the organization and allocation of work within agencies, the frequency and manner in which the work is undertaken, the results of the work, and its applications. In analyzing the performance of government procurement agencies, every specific area is assessed in detail, including teamwork/team-building, identification of best value purchases, procedures, rankings, and the results of the procurement process. Overall, the assessment reveals that much room remains for improvement within procurement agencies.

The sixth section mainly explicates the legal, regulatory, and monitoring systems within the United States federal procurement industry. This is followed by a brief introduction of the two U. S. federal centralized procurement agencies: the DLA (English abbreviation for "Defense Logistics Agency"), responsible for defense procurement; and the GSA ("General Services Administration"), which is responsible for civilian procurement. A particularly in-depth analysis is given to the organization and performance evaluation system of the GSA, so as to provide a valuable framework for the improvement and reform of China's procurement agency evaluation system.

The seventh section creates the index system for evaluating Chinese procurement agencies and agents. First, according to the principles of constructing an evaluation system, influencing factors are identified, such as establishing a general framework and developing a hierarchy system and specific project name index. Then, the methods of expert investigation and questionnaire analysis are used to improve and perfect the system, so that it can be used to optimize the performance of procurement agencies.

The evaluation index system is comprised of three levels of indicators. At the first level are three indicators: a capacity indicator, process indicator, and outcome indicator. At the second level are six indicators: establishment of hardware conditions, internal management, team construction, procurement process, performance and reputation, and social benefits. Finally, at the third level are twenty-one indicators, which include business premises, equipment, and facilities. I use the expert investigation method and analytic hierarchy process to determine the specific weight of each indicator. In the end, I further refine the three-level evaluation index to adapt to the operational indicators of the specific evaluation work, and thus establish a comprehensive performance evaluation model of procurement agencies.

The first part of the book combines the research methods of science and engineering, management and public finance theory to produce a truly multidisciplinary analysis. Through such an analysis, the book proposes the implementation of a comprehensive, scientific approach to sustainable development, with its research having a distinct and cutting-edge theory, in addition to realistic pertinence and practical guidance. The book's research seeks to advocate for a unified national centralized procurement agency system as well as a special inspection index system for procurement agencies. Through the regulated inspection and supervision of these centralized agencies, the door to improved operations and function is opened, in addition to the door to enhancing the efficiency and effectiveness of the government procurement industry as a whole-this bears great significance.

The second part of the book focuses on the abilities and competency of procurement agency personnel. Currently, personnel exhibit the following problems in competency: first, although they are experienced, many have non-professional backgrounds or lack a high level of education, which results in decision-making based on whim or feeling. Second, procurement agency personnel use a knowledge structure that is aging and antiquated, they lack professional procurement knowledge and theoretical guidance, and their age composition presents a situation of temporary shortage. Finally, they do not receive on-the-job training or further education.

The majority of personnel struggle to cope with daily procurement work, with little to no time or energy to learn about new laws, policies, regulations, and procurement technologies. This makes it difficult and rare for personnel to improve their own quality. Simultaneously, the scope of procurement content is becoming wider and wider; the specifications and requirements in procurement are growing more and more specific; and the concern and attention allotted to procurement by the government and society is greater and greater, which translates into higher proposed standards.

From an international perspective, procurement specialization and professionalization is becoming a global trend. Currently, the United Kingdom, the United States, South Korea, Hong Kong and other regions have carried out public procurement-related professional competency examinations and training. China, as a WTO member currently negotiating entering the GPA and opening its procurement markets, particularly with the establishment and in-depth implementation of its "The Belt and Road" strategy and the Asian Infrastructure Investment Bank, is increasingly integrating its procurement activities to fit the international trajectory.

As time passes, China's government will be more in accordance with international rules regarding the organization of its procurement system, and its businesses will have to comply with said rules while participating in both domestic and international market competition. This will require China to develop its procurement system in line with international standards of professional competency, combining its own legal policy regime with the international practices of foreign procurement practitioners, which include implementing a comprehensive professional education and certification system.

The second part of the book consists of the following seven sections:

The first section reviews and analyzes the emergence and development of procurement practitioners, introducing their role, function, and composition in the procurement industry's start-up stage, expansion stage and mature stage, as well as their legal relationship with bidders, the market competition situation, and the role of bidding in public procurement.

In the second section, the present situation and existing problems with procurement agencies and their personnel are systematically analyzed by means of agency visits, investigation, and research.

In the third section, the necessity of establishing a professional competency system for personnel in procurement agencies is proved theoretically. The section focuses on the economics of the principal-agent theory, embodied signal theory (reflecting-the-signal theory), competitive theory, and the four aspects of the credit system, in the end proving the advantage of professional competency management and enterprise quality management within the market economy system.

Preface

The fourth section describes the development and implementation of the professional competency system for procurement agency personnel, as well as the subject matter, examination method, and overall situation concerning the professional competency exam.

The fifth section thoroughly analyzes and compares the professional competency management systems having already been implemented in five different professions-public accounting, law, accounting, architecture, and cost engineering. From these observations, specific ideas and suggestions are put forth for the prospective professional competency management system to be applied to public procurement.

The sixth section covers personnel capacity-building techniques used in U. S. public procurement; then, using the quantitative analysis method, the professional competency system in China's procurement industry is analyzed. Finally, the outline for an improved Chinese professional competency examination and the content of the training materials are introduced.

The seventh section provides a comprehensive analysis of how to improve the professional self-regulatory mechanisms in Chinese public procurement. The current status of monitoring/regulatory mechanisms is discussed, followed by the importance of strengthening the professional ethics of procurement personnel. The professional self-discipline training in other industries is also referenced.

With the recent, large-scale, and rapid development of China's procurement industry, it is important to analyze the relationship between the professional quality, liability, conduct, and qualifications of procurement agency personnel. My book argues for the necessity, feasibility, and implementation of a professional competency system in procurement, which is of great theoretical and practical significance for the reform of China's procurement industry.

In the process of researching for and writing this book, I was aided in the selection of the book's topics, financial support, verification, and coordinated regulation research by NDRC, Regulation Department, Ministry of Finance, Treasury Department, International Finance Cooperation Division, Ministry of Human Resources, Social Security Personnel Testing Center, China Association of Procurement, and the University of International Relations. Regarding the collection and processing of research, I owe great thanks to the many post-graduate students specializing in government procurement at the University of International Relations, who assisted me in putting together this book – Dai Lizhi, Xu Ke, Zhang Yu, Meng Qian, and many others. Thank you!

目 录

上篇 招标采购机构能力建设

一、招标采购机构的概念、特性、发展以及现状 ················ 3
    （一）集中采购机构 ··· 3
    （二）招标代理机构 ··· 5
二、招标采购机构面临的挑战与机遇 ···························· 12
    （一）集中采购机构面临的挑战 ···························· 12
    （二）招标代理机构面临的挑战 ···························· 14
    （三）针对集中采购机构和招标代理机构的 SWOT 分析 ········ 20
三、考核招标采购机构绩效的意义 ······························ 24
    （一）目前招标采购机构考核存在的问题 ···················· 25
    （二）招标采购机构绩效考核的意义 ························ 25
四、相关的研究和理论基础以及本书的研究方法 ················ 27
    （一）理论依据 ··· 27
    （二）招标采购机构绩效评价所面临的挑战 ·················· 33
    （三）研究思路及方法 ······································· 34
    （四）招标采购机构绩效评价指标构建的考量及原则 ·········· 36
五、各省市招标采购机构考核办法汇总及分析 ·················· 39
    （一）考核工作的组织实施 ·································· 39
    （二）考核的频率及方式 ···································· 41
    （三）考核的内容 ··· 42

（四）考核结果及其应用 ·················· 47
　　（五）各省市考核办法尚存提升空间 ············ 49
六、美国联邦采购经验借鉴 ····················· 50
　　（一）美国联邦采购制度概要 ················ 50
　　（二）美国联邦采购的代理机构 ··············· 60
　　（三）美国联邦对于 GSA 的绩效考核体系及借鉴 ····· 61
七、构建集中招标采购机构评价指标体系 ·············· 71
　　（一）招标采购机构评价指标体系的初步构建 ········ 71
　　（二）招标采购机构评价指标体系的优化 ·········· 73
　　（三）评价指标体系中权重的赋值 ·············· 74

下篇　招标采购人员能力建设

一、招标采购从业人员的产生及发展 ················ 87
　　（一）招标代理行业的产业生命周期 ············· 87
　　（二）导入期的招标代理从业人员：1980~1993 年 ····· 88
　　（三）成长期的招标代理行业及其从业人员：1994~
　　　　　1999 年 ························ 91
　　（四）成熟期的招标代理行业：2000 年~职业资格制度建立
　　　　　之前 ························· 93
二、招标采购机构及从业人员现状 ················· 96
　　（一）招标代理机构整体状况 ················ 97
　　（二）招标采购从业人员的状况 ·············· 103
三、建立招标采购人员职业资格制度的必要性 ··········· 105
　　（一）招标采购人员在项目建设过程中发挥重要作用 ···· 106
　　（二）招标采购机构生存和发展的需要 ··········· 108
　　（三）进一步深化招标采购改革的需要 ··········· 109
　　（四）符合党中央、国务院及相关法律法规的要求 ····· 109
　　（五）符合市场经济条件下行业管理的规律 ········· 110

四、招标采购专业技术人员职业水平评价制度的建立实施 …… 114
  （一）招标采购专业技术人员职业水平评价制度的建立 …… 114
  （二）招标师职业水平考试的科目设置及考试办法 …… 115
  （三）考生报名参加招标师职业水平考试的情况 …… 115

五、招标师职业资格制度的建立 …… 116
  （一）招标师职业资格制度的建立 …… 116
  （二）其他相近行业职业资格制度情况汇总 …… 117
  （三）其他行业职业资格制度特点分析 …… 142
  （四）建立招标师职业资格制度 …… 143
  （五）招标师制度的评价和展望 …… 145

六、招标师职业能力结构与测试 …… 152
  （一）美国联邦采购合同官制度 …… 152
  （二）政府采购学历教育——以乔治·华盛顿大学法学院为例 …… 177
  （三）美国联邦采购人员能力建设对我国的借鉴和启示 …… 181
  （四）我国招标师职业能力结构与测试 …… 183
  （五）辅导教材编写、考试及培训的原则、方向及内容 …… 200

七、完善招投标职业自律机制 …… 205
  （一）招标采购活动的监督机制现状 …… 205
  （二）市场经济对于职业道德建设的要求 …… 206
  （三）增强招标采购从业人员职业道德的迫切性 …… 208
  （四）职业道德、自律和职业道德自律的概念 …… 209
  （五）自律与他律的关系 …… 211
  （六）招标采购从业人员的职业自律与他律 …… 214
  （七）建设招标采购从业人员的职业自律的主体 …… 217
  （八）各行业培养职业自律做法的分析与借鉴 …… 217
  （九）招标采购从业人员职业道德的内容 …… 220

八、高等院校中招标采购专业人才的培养 …… 225
  （一）各高校招标采购专业人才培养总体情况 …… 225

（二）中国招标采购研究与教学实践基地培养招标采购
专业人才的情况与经验 …………………………………… 226
（三）对于高等院校中招标采购专业人才培养的建议 ………… 237

附录一　全国招标师职业资格考试大纲 ………………………… 240
附录二　招标师考试辅导教材目录 ……………………………… 259
附录三　现有招标师继续教育网络课程 ………………………… 285
附录四　**2016～2018 年招标师继续教育网络课程规划** ……… 286
参考文献 …………………………………………………………… 288
后记 ………………………………………………………………… 293

上篇

招标采购机构能力建设

招标采购制度是公共财政管理和公共投资管理的重要内容。我国的招标采购制度的建立始于1980年在世界银行贷款项目中使用招标投标采购方式。到20世纪90年代招标采购制度全面推行，特别是2000年《招标投标法》和2003年《政府采购法》实施的十余年来，公共采购的范围和规模不断扩大、法规制度体系不断健全、管理体制机制不断完善、采购政策成效不断显现、开放谈判稳步推进，走出了一条从无到有、从点到面、从小到大，具有中国特色的公共采购制度改革之路。与行政体制改革要求及国际上比较成熟的政府采购制度相比，我们的差距主要表现在四个方面：一是"规范"与"效率"目标远未实现；二是高价采购与低价恶性竞争的现象并存；三是采购扶持政策与公平竞争原则难以平衡；四是招标采购从业人员素质与采购专业化要求不相适应。为实现经济社会发展目标，提供优质高效公共服务，提高政府治理能力等积极作用，今后公共采购制度改革的措施主要集中在：从注重节资反腐向实现"物有所值"转变，从注重公平竞争向完善市场规则的转变，从注重程序合规向专业化采购转变,从注重过程控制向结果评价转变。①

这些转变将对实施招标采购活动的主体——招标采购机构提出更高的要求。相应地,对于他们进行监督、考核的指标体系设计就变得尤其重要。在本书的上篇,作者综合运用文献调研、SWOT分析、专家访谈和召开座谈会、德尔菲法以及效度检验、层次分析法(AHP)等方法,构建了招标采购机构评价指标体系。

---

① 曾亮亮:《财政部副部长透露:政府采购将有四大改革举措》,《经济参考报》,2013年11月28日。

一、招标采购机构的概念、特性、发展以及现状

在我国，招标采购机构由集中采购机构和招标代理机构两类主体组成，下文分别予以阐述。

（一）集中采购机构

1. 集中采购机构的概念和特性

根据《政府采购法》第十六条，集中采购机构为采购代理机构。设区的市、自治州以上人民政府根据本级政府采购项目组织集中采购的需要设立集中采购机构。集中采购机构是政府采购的重要执行者，也是政府采购的主要当事人。它具有5个基本特性：

第一，强制性。《政府采购法》第十八条规定：采购人采购纳入集中采购目录的政府采购项目，必须委托集中采购机构代理采购。可见，对于集中采购目录内的政府采购项目来说，是否委托集中采购机构进行采购并不是采购人自由决定。委托采购因此具有强制性。

第二，公共性。政府采购的公共性决定了从事政府采购工作的集中采购机构的公共属性。《政府采购法》第十六条规定：集中采购机构是非营利事业法人，根据采购人的委托办理采购事宜。第十八条中则明确了我国集中采购机构的业务范围为政府集中采购目录中的采购项目。我国的集中采购机构是根据法律设定，承担政府委托的公共职能的事业法人。由此可见，我国的集中采购机构具有准行政、非营利的基本属性。

第三，服务性。集中采购机构的采购行为为代理行为，其法律地位则具有中介的属性。《政府采购法》第十六条规定明确了"集中采购机构为采购代理机构"，这意味着政府集中采购机构所进行的集中采购行为，是以采购人而非自己的名义做出，其民事后果亦由采购人而非自己承担。集中采购机构在采购法律关系中，处于居间的地位。其所提供的

服务，如格式合同的设定、采购合同的见证亦都针对合同双方而非单方。集中采购机构既要向采购人提供服务，亦要向供应商提供服务。

第四，经济性。我国的集中采购机构，是为了提高政府采购质量、确保公共资金的利用效率而设立的。《政府采购法》第十七条明确要求集中采购机构在进行政府采购活动时，"采购价格低于市场平均价格、采购效率更高、采购质量优良和服务良好。"由此可见，集中采购机构亦具有强烈的经济性特征。

第五，独立性。政府集中采购机构依法独立于行政机关。管采分离是我国政府采购的基本原则。既然法律将集中采购机构定位于非营利事业法人，其活动目的是节省财政资金、维护公共利益，就应当保证其机构的独立性。故而《政府采购法》第六十条第2款规定："采购代理机构与行政机关不得存在隶属关系或者其他利益关系"。

2. 集中采购机构的发展历程

我国政府集中采购机构的设立始于20世纪90年代中期开启的政府采购制度改革。为了提高采购效率、降低采购成本和价格及更有效地实现政府采购的社会政策目标，我国在1998年开始全面推行政府集中采购制度，相应的政府集中采购机构也由此得以设立。

1999年4月在财政部公布实施《政府采购管理暂行办法》明确规定了政府集中采购制度后，各地纷纷建立了隶属于各级财政部门的政府采购中心。此时的政府集中采购机构都是直接隶属于各级财政部门，在独立性上存在明显的欠缺。

《政府采购法》第六十条规定，"政府采购监督管理部门不得设置集中采购机构，不得参与政府采购项目的采购活动。采购代理机构与行政机关不得存在隶属关系或者其他利益关系"。根据这一"管采分离"的规定，原隶属于行政部门的部门集中采购机构通过剥离，纷纷转制为社会中介部门。从整体上看，31个省（台湾省除外）、自治区、直辖市共设有29个省级集中采购机构，河南和贵州尚未设立，山东3/4设区的市未设立政府采购中心。而江苏设有两个省级采购中心。从隶属关系看，可归纳为八种模式：中共中央直属机关采购中心（简称中直机关采购中心）、中央国家机关政府采购中心（简称：中央政府采购中心）、河北、山东、福建等10家政府采购中心归属机关事务管理局管辖；天津、甘肃、安徽等9家尚未实行"管采分离"，仍归属于财政部门；山西、辽宁等3家由省政府直接管理；海南省设在商务厅下面；湖北、内蒙古、隶属政府办公厅；北京市挂靠在国资委；广东、广西隶属省机械设备成套局；上海在市政府采购管理委员会领导下工作。江苏两个省级采购中心，江苏省政府采购中心隶属于省财政厅，江苏省省级行政机关政府采购中心隶属省级机关事务管理局。广州市也设有两个采购中心，广州市政府采购中心由广州市政府采购工作领导小组的领导，行政、组织关系由市政府办公厅托管，广州市信息工程招投标中心为广州市科技和信息化局属下的处级事业单位。从机构性质来看，中央两大采购中心与山西、湖北、吉林等9家采购中心是厅级机构，其他省采购中心为处级机构。其性质大部分为国家机关或全额拨款的独立事业法人单位，大多依照或参照公务员制度管理。宁夏、广东、广西3省区是差额拨款事业单位，天津、海南、安徽则属于自收自支的事业单位。作为企业性质的，仅重庆市一家，由政府出资组建的国有独资公司重庆招标采购（集团）有限责任公司来承担政府集中采购任务。

（二）招标代理机构

1. 招标代理机构的概念和特性

《招标投标法》第十三条规定招标代理机构是依法设立、从事招标代理业务并提供相关服务的社会中介组织。随着招标投标工作在我国的开展，招标代理机构发展很快，数量呈不断上升趋势，发挥的作用也日渐明显。在建筑市场经济的发展过程中，招标代理机构已成为政府、市场、企业联系的纽带，同时，招标代理机构还是招标人与投标人之间联系的桥梁，也是政府管理招标人的招标行为的纽带，具有政府行政管理不可替代的作用，在建筑市场成熟和经济发展中也呈现出重要的作用。招标代理机构的特性体现在以下方面：

第一，法律属性。在我国，招标人与招标代理机构的法律关系有一个演变的过程。招标代理机构脱胎于外贸代理机构。① 原外经贸部颁布1991年的《关于对外贸易代理制的暂行规定》中第十五条规定"受托人根据委托协议以自己的名义与外商签订进出口合同"，以部门规范性文件的形式为当时外贸领域实践操作中广泛存在的间接代理的法律关系提供了法律依据。1999年我国颁布实施了《合同法》，补充、完善了代理制度，不仅提升了《暂行规定》的法律层级，而且突破了《民法通则》中仅限于直接代理的规定，增加了有关间接代理的内容。《合同法》第四百零二条规定受托人以自己的名义，在委托人的授权范围内与第三人订立的合同，第三人在订立合同时知道受托人与委托人之间的代理关系的，该合同直接约束委托人和第三人。这为接受委托的招标代理机构以自身名义从事招标活动提供了法律保障。第四百零三条通过在委托合同中引入英美法系的委托人介入权、第三人选择权制度，平衡了当事人的权利义务。

同样于1999年颁布的《招标投标法》第十二条赋予招标人自行办理招标事宜或者选择招标代理机构，委托其办理招标事宜的权利；第十三条将招标代理机构定位于依法设立、从事招标代理业务并提供相关服务的社会中介组织；第十四条赋予了建设行政及其他行业主管部门认定招标代理机构的权利，并规定招标代理机构与行政机关和其他国家机关不得存在隶属关系或者其他利益关系；第十五条要求招标代理机构应当在招标人委托的范围内办理招标事宜，并遵守《招标投标法》中关于招标人的规定。《招标投标法》首次在法律层面上明确了招标代理机构的法律地位，为招标代理行业的大发展奠定了法律基础。

全国人大于2004年4月修订通过《对外贸易法》。商务部于同年6月出台了《对外贸易经营者备案登记办法》，从此外贸经营权管理由审批制改为备案登记制，取消了外贸经营权的门槛限制。至此，招标人与招标代理机构之间的法律关系已经完全理顺，是平等民事主体间的委托代理关系。双方的权利义务由自愿洽商的委托代理协议所规定，代理人

---

① 赵勇：《经济转型背景下招标代理行业的发展》，《招标采购管理》，2013年第12期。

可以根据协议采用直接代理或间接代理的方式开展招标活动。

第二，服务属性。为了向招标人提供专业化的服务，招标代理机构须具备一些特定的条件：①具有固定的营业场所和开展工程招标代理业务所需设施及办公条件、相应资金。②具有编制招标文件和组织评标的专业力量。是否能够编制招标文件和组织评标，既是衡量招标人能否自行办理招标事宜的标准，也是招标代理机构必须具备的实质要件。招标文件是联系、沟通招标人与投标人的桥梁，能否编制出完整、严谨的招标文件，直接影响到招标的质量，也是招标成败的关键。组织评标，即组织评标委员会，严格按照招标文件所确定的标准和方法，对所有投标文件进行评审和比较，从中确定中标人。能否顺利地组织评标，直接影响到招标的效果，也是体现招标公正性的重要保证。因此，编制招标文件和组织评标是招标代理机构应具备的最基本的业务能力。

2. 招标代理机构的发展历程

导入期的招标代理机构。1980年，为了满足使用世界银行贷款的相关要求，原中国技术进出口总公司成立招标事业部，成为我国第一家招标代理公司——中技国际招标公司的前身，此后，中化建以及另外两家招标代理公司陆续成立。这四家招标代理公司在20世纪80年代初垄断了世界银行、亚洲开发银行等国际金融组织以及外国政府贷款项目项下的招标代理业务。

成长期的招标代理机构。在相关政府管理机构的鼓励和扶持下，越来越多新的竞争者进入到招标代理行业，企业数量迅速提高。比较代表性的有两类企业：一是工贸公司拓展业务。这些公司隶属于石油、石化、航空、航天、电力等政府行业主管部门，在原来具有垄断性和行业特点的外贸进出口代理业务的基础上进行了招标代理的业务拓展；二是招标投标业务主管部门主导成立的专业招标公司。有代表性的是负责机电设备进口管理工作的中国机电设备招标中心于20世纪80年代后期在全国各地成立了机电设备招标公司的基础上，于1993年经国家经贸委批准、1994年组建的中招国际招标公司。在招标代理行业的成长期，有越来越多的新企业涌入或试图涌入这一行业。负责机电产品进口的原外经贸部和技术改造项目批准的原国家经贸委开始采用资质管理的办法对招标代理行业进行限制和规范。国家经贸委于1996年颁布了《机电设备招标机构资格管理暂行办法》和《机电设备招标投标管理办法》。后来演变为1999年的《技术改造项目设备招标代理机构资格审定暂行办法》，管理技术改造项目的招标代理资质；原对外贸易经济合作部1999年颁布了《机电产品国际招标管理办法》和《国际招标机构资格审定办法》，管理机电产品国际招标项目的招标代理资质。根据此后原国家经贸委发布的《2000年度技术改造项目招标代理机构资格年审结果》，获得技术改造项目招标资质的招标机构中：41家甲级、26家乙级资质、3家乙级（预备）资质招标机构年审为合格，另有13家机构收到暂停、暂缓或降级处理，合计83家；另据原对外贸易经济合作部2002年发布的《关于对符合年审条件的机电产品国际招标机构的公告》，获得机电产品国际招标资质的招标机构中，37家甲级、28家乙级、6家被取消资格，合计71家。由于其中约有31家机构同时具备以上两种资质，据此确定在招标代理行业的成长期具有各类资质的招标代理机构已超过100家。

　　成熟期的招标代理机构。随着招标采购这一方式逐渐被引入到内资的工程建设和政府采购项目中，一些具有敏锐市场嗅觉的投资人开始关注机电产品国际招标之外的招标代理市场。具有代表性的1999年国信招标有限责任公司的建立。该公司最初由6家国有及民营不同所有制形式的投资人共同发起，经原国家计委批准建立。自成立之初，该公司就把目光聚焦在当时方兴未艾的工程建设和政府采购领域的招标代理市场。《招标投标法》的颁布实施宣告了我国21世纪初招标投标行业大发展、大繁荣的开始。招标投标这一交易方式从个别项目全面扩大到工程、货物和服务各大类项目的采购。到2006年，从建设工程发包、机电设备进口、政府采购，到科研课题立项以及土地使用权转让，基本上实行了招标投标。2005年全国实行招标投标的房屋建筑施工面积281103万平方米，占全部房屋建筑施工面积的80.55%；水利工程限额以上项目施工的招标率接近100%，重要设备和材料采购的招标率在90%以上。

随着市场规模的急剧扩大，招标代理机构资质认定部门的增加以及市场进入壁垒的降低，招标代理机构如雨后春笋一般在中华大地上茁壮生长。据住房和城乡建设部的统计，2008年度全国工程招标代理机构共4961个。其中甲级机构1047个，乙级机构2316个，暂定级机构1598个。据中国招标投标协会估算，2011年全国约有6000家各类招标代理机构，年招标额可达13.90万亿元。业内人士估计招标采购从业人员已达百万之众。

根据客户需求的层次以及自身的专业水平，招标代理业务的服务按深度可分为三个层次，也是招标代理机构发展必经的三个阶段：

第一，程序性服务。招标代理机构遵循国际规则、惯例和中国的法律法规规章，严格按规定为客户提供程序服务，即通常认为的提供流程化操作、程序性服务，如发布招标公告（资格预审公告）、发售招标文件（资格预审文件）、组织现场踏勘、开标、组织评标、发送中标通知书或中标结果通知书等。一些招标代理机构的服务范围虽然也涉及招标文件的编制，但往往是"一本标书范本打天下"，很难编制出适用于特定招标项目特征需求的招标文件或招标方案。这种服务对于招标人的价值，主要在于满足内外部监督等方面的需要。该层次的服务必然导致同质化竞争，故招标代理服务市场陷入价格竞争的泥潭、招标代理机构靠打折收费承揽业务也就不足为奇了。在目前传统的纸质招标方式下，国内绝大部分招标代理机构业务人员的主要精力便耗费在这些程序性、流程化的操作工作上。

第二，专业型服务。招标代理机构在完成前述程序性服务的基础上，进入客户的采购执行流程，为客户提供个性化的招标服务，包括前期策划、潜在投标人分析、招标文件（包括技术标书）编制、协助签订合同、合同履行跟踪、中标人后评估等专业服务。能够提供这类服务的招标代理机构，对于招标人的价值相当于一个采购外包服务提供商。提供该层次服务的招标代理机构往往会选择有限几个专业或行业配置相关专业人士深耕细作，积累大量同类项目的招标文件、投标人信息、投标价格数据和专业操作经验，提供比一般代理机构、招标人自行招标更为专业、更深层次的差异化服务。为客户定制专业服务方案、编制适用于特定项目特征需求的招标文件，这本是招标代理机构存在的基石，也是其看家本领和生命力所在。提供该层次服务的招标代理收费比提供低层次服务的收费要高许多。但现有国内一般的招标代理机构较难达到这一层次，因为主要的时间和精力被传统纸质招标方式下大量的程序性工作所耗费了。

第三，顾问式服务。招标代理机构进入招标人的采购管理流程，为客户提供采购战略制定、采购方案编制、采购方式划分、招标管控模式和制度体系梳理、采购能力建设等管理咨询顾问服务。该层次是招标服务的最高境界，像麦肯锡、科尔尼、罗兰贝格等那样作为管理顾问，为项目业主提供招投标领域的专业管理咨询。这样的招标代理机构已不再是纯粹的服务中介，而是项目业主的采购管理顾问或成本管理专家，帮助招标人优化招标采购的管理体系。提供该层次服务，不但能增加招标管理咨询收入，还能绑定招标代理业务，即招标人通常会选择提供招标管理咨询的单位开展招标代理业务。提供顾问式服务要求招标代理机构不但要精通招标业务，还要熟悉成本管理、价值链管理、供应链管理等理论和实务。招标代理服务的上述三个层次，难度逐级递增，对招标从业人员的要求也逐级提高。这就要发挥人力资本的作用，也就是发挥知识、技能和经验的作用，即要充分发挥信息化的作用。

3. 招标代理机构的现状

①从招标代理机构和从业人员的数量来看，目前我国招标代理事业已进入了蓬勃发展期，招标代理机构日益成为活跃在招投标活动中的重要咨询力量。根据中国招标投标协会2011年《招标代理机构发展现状调研报告》统计数据显示，到2011年为止，经政府有关部门认定的具有相应招标代理资格（主要包括中央投资项目、工程建设项目、政府采购项目、机电产品国际招标项目以及通信建设项目等），从事招标代理业务的中介机构，全国约6000家，招标采购从业人员上百万。招标代理企业数量迅速增多。据估计，相关企业数量截至今天已达10000余家。

②从招标代理机构业务的发展方向来看，绝大多数招标代理机构逐

步由单一业务向多元业务方向转型。根据住房与城乡建设部2007年对工程招标代理机构的调研报告显示，在全国4802家工程招标代理机构中，单一从事招标代理业务的招标代理机构占招标代理机构总数的26.3%，兼营其他工程咨询业务（如造价、设计、监理、房地产评估等）的招标代理机构占招标代理机构总数的73.7%。以与《招标投标法》同步发展的国信招标集团为例，经过十二年的创新发展，除主营招标代理业务外，服务范围已经涵盖工程咨询、项目管理、造价咨询、工程监理、国际贸易、拍卖、投融资咨询、软件开发与网络信息服务等，成为国内规模最大、行业影响力和综合服务能力最强的招标咨询机构。

③从招标代理机构拥有的招标资质数量来看，我国招标代理机构的代理业务已经从单一类向综合类方向发展。根据住房与城乡建设部最新统计数据，2010年度参加统计的全国工程招标代理机构共4799个，其中具有两个及两个以上招标资质的企业占3339家，约占所有工程招标代理机构总数的70%。同时据中国招标投标协会调研统计，在全国约6000家招标代理机构中拥有四个以上招标资质的企业有36家。

④从招标代理金额的逐年增长态势和涵盖范围来看，我国招标代理业务已基本覆盖依法必须招标的范围，其中房屋建筑与市政基础设施建设工程招标代理率最高。中国招标投标协会2011年调研报告显示，据初步估算，目前全国招标代理机构年招标额可达13.90万亿元，与2009年全国固定资产投资总额22.46万亿元相比，招标代理率达到61.89%左右。根据建设部最新公布的有关数据显示，目前，各类工程建设项目招标代理机构近5000家，从业人员达33万人，年平均工程招标代理中标金额5万亿元，和每年建筑业的建设规模基本相匹配。2010年度工程招标代理机构工程招标代理中标金额49505.3亿元，与2009年同比增加51.8%。其中，房屋建筑和市政基础设施工程招标代理中标金额40441.79亿元，占工程招标代理中标金额的81.69%；招标人为政府和国有企事业单位工程招标代理中标金额35118.39亿元，占工程招标代理中标金额的70.94%。

⑤从招标代理收入及利润情况看，由于存在恶性竞争，招标代理收费过低行业整体利润率不乐观。住房与城乡建设部最新统计数据分析，

2010年度工程招标代理机构的营业收入总额为1267.75亿元，营业成本合计1088.70亿元，利润总额合计145.54亿元，负债合计5055.31亿元。据此推算行业平均毛利润率为11%，如果按照行业净利润计算的一般规律，毛利润率在30%以下的，其净利润率应该在7%以下。由此可见，近年来招标代理行业整体收益情况不容乐观。

二、招标采购机构面临的挑战与机遇

（一）集中采购机构面临的挑战

我国集中采购机构主要面临两大方面的挑战，其一是在采管分离的过程中出现的结构性问题；其二是在采购的执行过程中由于监管不严等原因所出现的操作性问题。

第一，由于"采管分离"的改革尚缺乏时间以深化，我国集中采购机构的布局存在一些有待进一步梳理的无序状态。主要表现为：其一，一些行政部门在"采管办分离"前并未设立隶属于其的部门集中采购机构，这使得其集中采购面临无人可以委托的状况。其二，一些行政部门的下属集中采购机构，在"采管分离"的改革中，并为转制为事业法人单位，而是根据精简机构的原则，转制成为了营利性的一般社会中介。这使得它们亦不再适合承担非营利性的政府集中采购任务。其三，一些政府集中采购机构（政府采购中心）在机构设置上基本处于无序状态，各地区集中采购机构属性与隶属关系各不相同，管办分离不仅没有理顺关系，反而加剧了分离后监管体制的混乱。据不完全统计，集中采购机构的上级部门有十几种之多。它们分别隶属于：省（市）政府直属、机关事务管理局、政府办公厅、国资委、发改委、财政厅（局）、财政局代管、行政上归财政局、业务上归财政局和机关事务管理局、接受市政府采购委员会领导、接受市政府采购专业技术顾问委员会和政府采购行政监督委员会领导、机械设备成套局、公司性质，无上级。有的省市还设了两个政府采购中心，有的地区没按照政府采购法规定设立集中采购机构，也有的设了采购中心又被撤销等。

第二，在政府采购过程中，一些集中采购机构侵犯相关权利者合法权利的现象还比较普遍，集中采购机构违反义务、滥用代理权等不规范行为频繁发生。主要表现为：①集中采购机构在编制招标公告、预审供应商设定不合理条件限制外地供应商进入本地市场。②集中采购机构的采购效率难以保证。《政府采购法》第66条规定了执法机构应当对集采机构的采购价格、节约资金效果等方面进行考核，并定期公布考核结果。但实际中很难发现执法部门充分履行这一义务。集采机构采购高价项目，严重违反《政府采购法》规定的义务要求，应当追究其法律责任。但执法机关执法不严，相关责任人员得不到严厉问责，造成"天价采购"（指以远高于市场平均价采购商品或服务）、"奢侈采购"（指采购不必要的标的）、"指定采购"（指在采购中有意排斥竞争）、"黑心采购"（指采购劣质商品）等现象屡禁不止。实践中，天价采购等新闻屡屡见诸报端，但鲜见集采机构因此受到问责、处罚的报道。造成执法不严的现象有着多方面原因。主观方面，集中采购机构的性质和法律地位决定了其与行政机关有着千丝万缕的联系，集中采购机构的违法行为很有可能会给相关执法机关带来利益，这样为了一己私利很难保障执法机关大公无私地追究集中采购机构法律责任。客观方面，执法机关执法能力、执法水平、执法条件等都限制了执法机关严格追究集中采购机构的法律责任。主客观原因造成了实践中集中采购机构的违法行为该追究的不追究，或者该追究的不依法追究，程序走过场，不仅没有对集中采购机构行为形成约束作用，而且侵犯了更多利益相关者的合法权益。

第三，集中采购机构的责任主体地位有待进一步明确。《政府采购法》以及相关法规对集中采购机构违反法律尚不构成犯罪的行为规定了一系列行政责任与民事责任，但仍有比较明显的不足。在民事责任上，我国在对于直接损失的计算中，对于供应商的律师费、专家鉴定费，投标方案制定费等以及投诉成本，尚缺乏明确规定，从而导致集中采购机构的民事赔偿不足以弥补其对供应商造成的损失。在行政责任上，虽然已经在2015年3月1日起开始施行的《政府采购法实施条例》中有了一定的细化，但是对于集中采购机构本身的代理资格却始终没有涉及，尚未对能否建立不合格集中采购机构的退出机制进行充分讨论。

第四，监管越位和交叉。《政府采购法》第 13 条规定了各级人民政府财政部门是负责政府采购监督管理的部门，第 60 条进一步明确了监督管理部门不得设置集中采购机构，采购代理机构与行政机关不得存在隶属关系或其他利益关系，明确要求在政府采购领域实行"采管分离"。但实践中频频出现对集中采购机构监管越位、失误等现象。首先，监管部门直接插手集中采购机构业务活动，进行具体采购事务。监管部门的职责是对集中采购机构的行为进行监督和约束，对于具体采购事宜不能亲自进行。但实践中，曾出现财政部门编写招标文件、收取履约保证金、组织合同履约验收等，形成了自己采购、自己代理、自己监管的混乱现象。监管越权、监管部门既当运动员又当裁判员的现象直接违背了"采购分离"的活动原则。其次，监管部门不协调造成监管体系混乱。《政府采购法》在第 13 条第 1 款明确了财政部门是监管部门，第 2 款规定了各级人民政府其他有关部门依法履行与政府采购活动有关的监督管理职责；第 68 条、第 69 条分别赋予了审计机关、监察机关的监督职能。但由于实践中各地集中采购机构设置标准不规范，造成同一项政府采购活动可能涉及不同部门利益而出现监管不统一的现象，各部门监管的多重标准给集中采购机构工作造成了很大负担。监管部门不协调也可能使集中采购机构趁机钻法律空子，违法行为无法得到追究。再次，政府采购体系内部监督不利于政府采购活动公平、透明。目前，对于集中采购机构的监督主要来源于财政部门以及其他相关部门以及采购人和供应商，可以说是一种政府采购体系内监督。这样缺乏媒体、公众等外部监督，极易造成集中采购机构与其他政府采购主体腐败，侵害社会公共利益。

（二）招标代理机构面临的挑战

目前，招标代理机构在数量规模、技术水平、企业建设、规范管理等方面取得了长足的发展。但以下几个方面存在的问题严重制约招标代理机构的发展。

1. 管理体制不协调

一是上位法法律条款口径不一问题。《招标投标法》与《政府采购法》法律条款口径不一问题，增加了招标代理工作中执行难度。尽管《招投标法实施条例》细化了《招标投标法》的有关规定，但两部法律个别条款界定统一，关系着我国招标投标活动的执行标准。

二是地区、行业间协调问题。行业间、地方政府间变相垄断。某些行业和地方行政主管部门自立"规定"，设置门槛，以达到排斥外地供应商的目的；行业之间缺乏协调性和统一性。条块分割、职能交叉、多头管理等问题导致招标代理机构不得不面对政出多门、多种认定、多重标准的"几难"境地。

三是法律、政策执行问题。虽然，我国《招标投标法》实施已有十年，但是一些行业和地方主管部门的理解和执行力度还不够，同时缺乏有效的检查和监督机制，部分法律规章没有得到扎实地贯彻和落实，市（县）级以下地区管理部门尤为明显。

四是部门、行业、地方性监管文件制定的过多问题。一些部门、地方以及建筑市场交易中心仅站在本地区、本部门的立场考虑问题，制定本地区、本部门、本行业的监管规定，制度机制自成体系、缺乏协调，甚至存在相互摩擦，导致招标代理工作无所适从，不仅增加了管理成本，而且时常因为自身利益而相互掣肘、扯皮，降低了行政效能。

2. 制度建设不完善

一是行业信用体系缺失问题。在我国社会主义经济制度不断建立过程中，招投标行业信用体系建设明显滞后，导致招投标行业各方主体信用缺失问题比较突出。已经成为影响招投标行业各方主体健康发展的严重制约因素。由于行业信用体系不健全，缺乏必要的制度约束，行业各方主体违法违规成本太低，严重扭曲了招投标市场的信用关系，导致失信行为的发生。

二是部分规章有待完善问题。招标投标法律制度在我国建立的时间还不长，随着市场化进程的加快，招标投标规章制度还在不断建立和完善的过程中，其中有些规章太粗、有些规章过细，操作中与上位法无法衔接。

三是代理服务收费标准问题。我国招标代理机构服务收费管理办法于2002年印发执行，到目前为止，市场情况已发生很大变化，且现行的招标代理服务收费标准在执行中，还存在最低下浮比例规定缺乏有效监督，下浮不受限制，压价、价格恶性竞争现象较为普遍、工程量清单编制费用不单独计价收费等问题，93.5%的调查单位认为存在招标人恶意压低代理服务费现象。导致代理机构利润微薄，从业人员工资水平偏低、人才吸纳乏力，从业人员素质与招投标活动要求不相适应，行业整体执业水平难以提高。

四是招标代理市场门槛问题。招标代理机构作为服务型的专业机构，因其投资少、市场准入门槛较低等特点，其企业迅速增加，仅黑龙江哈尔滨市就有100多家大大小小的招标代理机构，加之市场缺乏有效管理机制，导致一些无资质、无经营场所、无专业队伍、无评标专家库，甚至无编制招标文件能力的企业或个人进入招标投标代理市场，扰乱了市场秩序。调查中，我们了解到95.0%的代理机构认为投标竞争十分激烈，串标、挂靠行为较为普遍。此外，个别大型招标代理机构在各省的分支机构过多，一个省甚至好几个，无法有效控制分支机构的不良行为。

3. 招投标活动操作不规范

（1）招标人的问题

调查显示，有的招标人在部分项目，尤其是部分中央投资项目中存在场外运作、规避招标的现象，并且规避招标手段层出不穷。部分招标人对招标投标有关法律法规不熟悉或认识存在偏差，阻碍了招标代理机构有效开展招标活动。

（2）投标人的问题

有些投标人存在私下串通投标，排斥他人等问题，其通过部分联盟或全部联盟，相互勾结，以事先约定投标报价的方式，控制中标结果。或与招标人或代理公司串通，使公开招标流于形式，不仅损害了国家利益，而且破坏招投标正常秩序。

(3) 招标代理机构的问题

有的代理机构专业不专，立场不公。代理机构从业人员素质参差不齐，专业技术力量不够强，无法通过有效服务，为招标项目把关，导致投标人质疑、投诉较多。有的代理公司未站在公正的立场，在代理活动中，以招标人的意图和想法为标准，给招投标市场带来不健康隐患。招标代理机构规模和从业队伍素质参差不齐，职业自律意识薄弱的情况严重制约了招标代理服务质量、水平和效率的进一步提高，并将制约招标投标行业的长远、持续发展。一些招标代理机构的从业人员没有任何招标投标专业基础和必要的培训学习就上岗，规则不明，盲目操作，失误不断，编制招标文件依葫芦画瓢，生搬硬套，漏洞百出；有的招标代理从业人员甚至缺乏诚信守法的基本职业自律意识，无视公共利益和招标人利益，放任和参与串标、围标等违法违规活动。

(4) 评标专家的问题

一是评标专家专业不对口，不同行业在抽取评标专家时，存在与项目要求不对口现象，导致招标效果不好。二是评标专家素质良莠不齐。除专业技术外，评标专家职业道德水平亟待提高，评标敷衍了事现象比较普遍。三是针对评标专家责任和义务在法律中没有明确规定。评标专家行为不仅没有详细规范，在执行现有的评标专家有关规定时，还存在走过场及执行走样现象。

(5) 监管部门的问题

一是监管不到位。个别地方监管人员对招投标活动行政监督存在走过场现象，监督流于形式，监管内容缺乏规范。二是行政监管主体过多。近年来，随着我国反腐败和反商业贿赂力度的加大，各级纪检、监察、检察、审计、公证等部门也介入到工程建设及政府采购招投标工作的监督，这一方面促进了招投标活动的公开。但是，弊端也随之越加显现，少数执法人员违法、干预招标的问题时有发生。由于监督主体过多，导致职责不明、主次不清、流于形式等问题的出现，弱化了监督，阻碍了工程建设招投标市场的健康有序发展。调查数据显示3.0%的代理机构指出监督评标的除有关行业行政监管部门外，纪检、预防职务犯罪等部门也参与监督；2.5%指出监督人员在个别时候会直接干预评标。

三是监管人员执法能力、职业道德和监管质量有待提高。招投标活动中，国家职能监管部门、纪检监察部门、各级政府部门设立的招投标管理办公室以及招标代理机构等涉及招标活动的主体尚未形成一个高度职业化、专业化并能达成协作的完整的职业共同体。

4. 社会认知度不高

近年来，通过政府及行业自律组织的大力推动，招投标诚信自律逐渐成为行业共识。虽然人们对招投标工作的重要性有了更深层次的认识，但存在偏差，认为市场很多招投标活动未符合"公平、公正、公开"原则。这是由于针对招投标工作的宣传力度不大，新闻媒体的报道以负面居多，导致社会上有些部门、单位或人员对代理机构的招投标工作存在着片面的认识，认为代理机构与招标人串通、暗箱操作，其工作人员唯利是图，弄虚作假。整个社会对招标代理机构的工作并不熟悉和了解，导致招标代理机构的社会形象不佳，认知度不高。

5. 招标代理机构缺乏核心竞争能力

政府或行业在传统计划经济年代组建的招标代理机构主要依靠行政授权或强制性规定获得招标代理业务，而不是依靠市场竞争承接招标代理业务。受其影响，目前许多招标代理机构为项目招标人服务的理念及其服务方式仍然有待于转变；同时，受职业素质和恶性竞争两方面的影响，现在招标代理服务往往重程序，轻结果，服务内容单一，缺乏拓展全过程系统服务的能力。招标前不能为招标人策划制定合理的招标方案，招标后无力配合招标人承担合同管理。这些都使招标人和社会公众对招标代理服务的定位、作用及其优越性产生了相当大的误解。

近年来，随着招标项目实施全过程系统管理要求的日益提高和招标代理业务市场的竞争发展，单一的招标代理服务已经难以满足市场需求，促使招标代理机构开拓其他服务内容，并对从业人员素质和服务水平提出了更高的要求。

6. 招标代理行业恶性竞争与垄断经营同时并存

目前招标代理服务收费的低价恶性竞争与垄断经营同时并存，两极分化严重。由于招标代理机构规模的过度扩张和一些招标人"重代理费用，轻服务质量；重结果如意，轻程序合法"的片面要求，造成招标代理市场恶性竞争严重。

招标人违规压低招标代理服务费、地方行政监督部门规定代理机构选择采用比选，直接导致招标代理服务费恶意竞争现象，收费普遍低于国家收费标准。西北地区有82.36%、西南地区有88.46%的被调查者反映招标人在委托代理过程中，采用各种方式在国家招标代理服务收费标准基础上，违规压低招标代理服务费。

大多数招标人把招标代理堪称是一种简单的"走程序"工作，一个1000万元左右的项目，招标人仅支付几千元的服务费；同时，在市场恶意竞争情况下，一些企业为争抢代理项目甚至出现"零收费"、"零报价"现象。据部分调查者反映，2004~2010年，招标代理机构实际收取服务费占应收取招标代理服务的比例从2004年的81.5%，逐步下降到79.5%、78.7%、65.6%，到2010年已经降至60%，个别项目甚至已经降到收费标准的40%~50%。一方面招标代理服务收费水平逐年降低，另一方面地方行政部门的人员又迫使招标代理机构不得不增加一些额外支出项目，极大地影响了招标代理事业的发展。

与此同时，某些政府部门、垄断行业或企业集团自己建立一家或少数几家集中招标代理机构，相当于自行招标的专职机构，招标代理业务没有市场竞争，其代理服务费用基本按国家标准收取，旱涝保收，由此往往影响和制约了招标代理的公正性和服务水平的不断提高。

造成招标代理市场恶性竞争和垄断经营同时并存的主要原因是行业和地方条块分割市场，开放、公平的竞争机制尚未完全形成；招标代理机构缺乏以招标投标职业准入资格为基础的统一和严格的准入标准；政府审批市场准入，却管不了市场退出，导致招标代理机构准入容易，退出困难，优者胜不了，劣者淘不了。一方面，新的招标代理机构源源不断进入市场分摊招标代理业务份额，另一方面，已有的招标代理机构的专业素质和服务水平没有相应提高，招标代理机构处在低水平层次上无限扩张，难以调整结构和优化发展。

招标代理市场的无序竞争状况导致招标代理机构为了维护和晋升资

格以及承接代理项目，不得不投入过多资源处理与政府部门及招标人的关系，且企业经营支出不断上升，盈利率不断下降，以致无力也无心关注企业自身建设，企业对专业管理力量和科技创新投入不足，专业人才留不住，职业素质下降，代理服务质量、水平和效率降低，缺乏持续发展的后劲。更为严重的是，招标代理机构依靠不正当方式承揽代理项目和获取费用，必然造成过度迎合和迁就招标人，丧失依法、客观、公正的应有作用，甚至从事串标、围标等违法违规行为。招标代理机构从事不法行为的根源大多数来自于招标人的非法要求。

（三）针对集中采购机构和招标代理机构的SWOT分析

本书运用优劣势分析法（SWOT分析）对招标采购机构面临的优势、劣势、机会和挑战进行分析。

1. 优势

经过多年的发展，我国招标采购机构可以以其政策法律、技术人才、专业和信息优势，为采购人提供法律咨询，通过专业代理服务，寻求到质量更优、服务更好的产品与劳务的供应商。招标采购机构通过多方位地为招标人提供咨询，规范采购行为，节省采购成本，提高采购质量。此外，招标采购的优势还在于其作为采购人与供应商之间的桥梁，组成采购人的买方群体，与供应商构成重复性合作关系，对整个竞争态势起到催化和放大作用，为采购人选取质量好、信誉高、价格合理的供应商，促进市场资源的优化配置发挥了作用。

2. 劣势

招标采购机构作为招投标行业的重要主体，发挥着连接政府与企业之间的桥梁作用。然而，实践中处于重要地位的集中采购机构和招标代理机构及其从业人员所拥有的交涉力相当微弱，尤其是在与政府机构和采购人的沟通中，尚不具备与二者平等对话和交涉的条件。招标采购机构的权力与责任不对等，从业人员边缘化问题较为突出。代理工作往往受制于采购人、众多的监督方，以及地方各自为政的制度体系的多重约束，其依法执业的独立性空间微乎其微，招标采购机构甚至用"被绑架"形容他们的执业处境。此外，受到技术力量等方面的限制，招标采购机构以提供"程序型"业务居多，技术含量不高。

3. 机遇

近年来，国家为巩固和发展扩内需、保增长成效，中央投资不断增加，同时，财政部等部门出台了多项有关政府采购的规章制度，进一步细化完善了《招标投标法》和《政府采购法》的配套法律制度，增强了招标采购的可操作性，为招标采购机构以规范服务赢得市场、拓展企业发展之路带来了新的机遇。此外，国务院有关部委大力推动电子招标投标法制及技术标准建设，为招标采购机构优化服务，促进服务升级、转变服务方式提供了契机。

4. 挑战

随着我国经济转型的进展，市场化改革是中国未来经济的发展方向。招标采购的目标、内容以及管理理论和技术方法都在发生着变化。

随着我国经济的发展和经济转型的进行，第三产业在最近30多年中发展迅猛，特别是把发展第三产业作为国策倡导以来，服务作为采购对象在整体采购中的比重也在逐年上升。2014年，政府采购中的货物类、工程类和服务类分别实现5230.04亿元、10141.11亿元和1934.25亿元，较上年同期分别增长6.3%、2.2%和26.1%。[①] 继2013年增长26.4%之后，服务类采购的增速继续保持领先。

改革开放以后，我国国民经济保持高速发展。近年来，经济结构进入转型、升级时期，表现之一即为服务业的迅猛增长。发展服务业已经成为国家的基本经济政策。在政府采购货物、工程、服务的三大类别中，服务所占的比重逐年提升。详见图2-1。

---

① 2014年全国政府采购规模达17305.43亿元，中央政府门户网站，2015年7月31日。http://www.gov.cn/xinwen/2015-07/31/content_2906472.htm

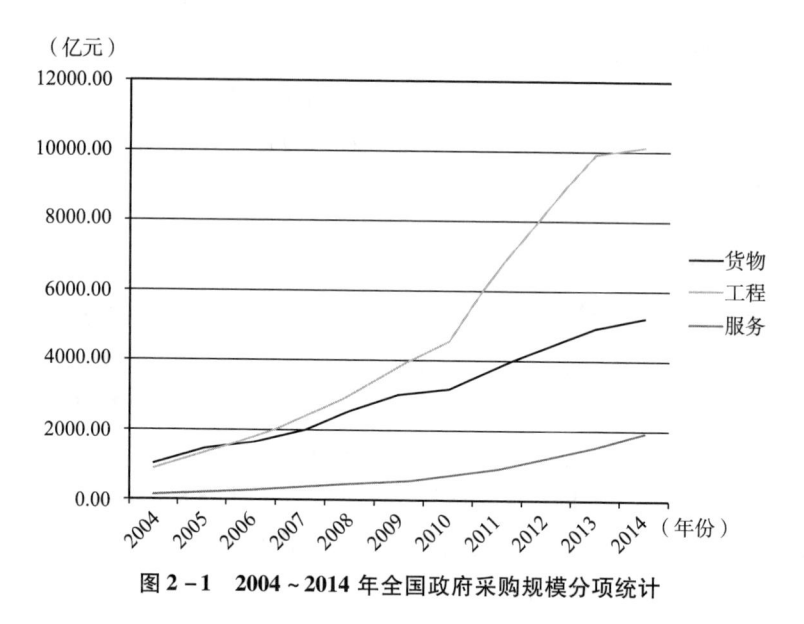

图 2-1 2004~2014 年全国政府采购规模分项统计

如果按照比较货物、工程和服务采购的增长率，则可以看出总体而言，服务采购的增长率总体上超过货物和工程，详见图 2-2。

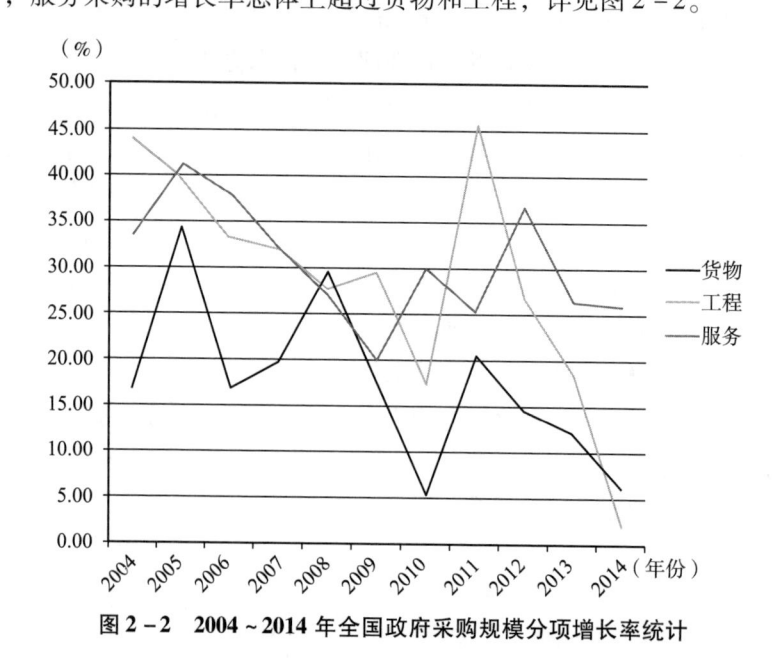

图 2-2 2004~2014 年全国政府采购规模分项增长率统计

此外，根据2013年国家统计局的统计公报，我国服务业占国民生产总值的比重达到46.1%，首次超过了工业。对比发达国家的情况，以美国为例，从20世纪50年代到80年代，第一产业的GDP比重和就业比重持续下降，从1950年7.0%和12.5%下降到1980年的2.5%和3.5%；第二产业的GDP比重和就业比重略有下降，下降到1980年的33.4%和30.8%；第三产业的GDP比重和就业比重一直上升，从1950年的55.0%和56.6%，上升到1980年的64.1%和65.7%。在20世纪初，美国10个劳动者中有3个从事服务业；20世纪50年代服务业就业人数达到总就业人数的50%；今天则占到了80%。通过比较发现，我国经济发展水平达到了新阶段，意味着我国产业结构和消费结构升级到了新水平。服务类采购的快速增加，是我国经济发展、产业结构调整的必然结果。对比发达国家政府采购的发展历程，在可以预见的将来，服务业仍然有巨大的发展潜力，服务业政府采购的规模有望继续保持高速发展的势头。值得注意的是：我国招标采购法律法规制度建设的初期，其背景是以货物和工程采购为主的。服务类采购的快速增加，会给招标采购人员和采购制度带来巨大的挑战。服务类采购在未来仍会保持强劲的增长势头，因此客观合理地选择优质的服务供应商就变得至关重要。服务项目本身具有无形性和异质性的特点，所谓无形性是指采购人很难用一种标准量化的手段来客观评判一个服务项目的好坏，比如顾客在购买服务前总是需要通过观察、触摸来测试产品，甚至只能依赖服务企业的声誉；所谓异质性是指服务供应者提供给各个顾客的服务各不相同，服务一般会根据消费者的需求做出适当的个性化调整。采购人很难通过量化的指标客观准确地评定服务性价比。招标采购工作难度的增加对招标采购机构及从业人员提出了挑战。

正确的招标采购活动应当符合采购价格低于市场平均价格、采购效率高、采购质量优良的目标。在改革开放初期，招标采购过程中的腐败现象时有发生，此时设立以公开招标为主的采购方式的最主要目的是为了遏制腐败问题，提高采购资金的使用效率，防止资金浪费，保证采购过程的公开、公平、公正。随着我国的经济转型，人们的价值观念也必然发生深刻的变化，正如恩格斯所说："随着每一次社会制度的巨大历史变革，人们的观点和观念也会发生变革。"招标采购领域中采购人的价值目标逐步变化升华是顺其自然的。在传统的价值观念里采购人一般会选择报出价格最低的供应商，这和当时的经济发展水平以及采购环境都是有联系的，其目的是解决招标采购腐败问题。但是从整体的发展趋势来看，随着采购人经济实力的提高以及采购观念的进步，从单纯追求最低价发展到追求物有所值。招标采购价值目标多元化也对招标采购机构及从业人员提出了新的挑战。

三、考核招标采购机构绩效的意义

21世纪20年代以来，公共采购逐渐在现代公共财政学的框架下发展起来，当今社会政府采购已不仅仅是稳定经济的手段，它还承担起了实现国家政策目标的使命。我国自改革以来，公共采购规模不断扩大，特别是《招标投标法》和《政府采购法》颁布实施至今，招标采购规模呈现出爆炸性的发展。当前我国政府采购实行集中采购与分散采购相结合的采购模式，其中集中采购模式是政府采购的主要方式，而集中采购机构和甲级代理机构是政府采购业务代理机构，既是政府采购的主要当事人，是联系采购人与供应商的桥梁，也是政府采购的重要执行者，它们在政府采购活动中发挥着极为重要的作用。招标采购机构在运作中是否规范，直接影响政府采购的声誉。

目前，中央和大部分省、地市政府根据本级政府采购项目组织集中采购的需要，依法设立了政府集中采购机构。集中采购机构在有效实施政府采购制度、提高财政资金使用效益、维护国家和社会公共利益、促进廉政建设等方面，发挥了积极而重要的作用。但是，另一方面来说，随着市场和采购规模的发展，上述机构包括甲级代理机构在开展采购工作、履行法定职能中暴露了其不足之处，其中，集中采购流程各环节都不同程度地存在一些风险因素。

（一）目前招标采购机构考核存在的问题

①随着政府采购金额在我国国民经济和财政支出中的比例不断扩大，我国对招标采购机构的监督管理相对而言还停留在低层次的规范流程上。到目前为止，我国仍未形成统一的招标采购机构绩效评价指标体系。

②大部分地区的招标采购机构绩效评价基本上都是由公共采购的监督管理部门，如财政部门或财政部门下设的政府采购管理部门来进行的，评价的方式则是采用定期与不定期的考核的办法，更多地注重对违法违规的处理，对专项检查的结果也运用不足，这会偏离招标采购机构绩效评价的初衷。

综上，应该在注重基本要求的基础上，发挥各方力量，强化对整体过程的监督与管理。为了更好地发挥集中采购的优势，控制风险，有必要构建一套完善的、新型的、综合的、具体的、有信号导向作用的招标采购机构的专项检查指标体系。建立招标采购机构的专项检查指标体系，实质上是建立一套完整的行为约束机制（包括行政约束和舆论约束），使招标采购机构以可操作、可量化的形式注重成本与效益，是公共支出管理由粗放型管理向量化指标体系管理转化的重要步骤，有助于增加政府公共资金管理的科学性与公开性，提高政府理财的民主性与社会参与性。

（二）招标采购机构绩效考核的意义

加强对招标采购机构绩效评价的研究对于提高招标采购行为规范性具有重要的现实意义。评价是指为达到一定的目的，运用特定的指标，设定的标准和规定的方法，对事物发展结果所处的状态进行分析判断的计量。招标采购机构的绩效评价是招标采购绩效管理中不可或缺的组成部分，也是招标采购监督管理的重要方面。

1. 提高招标采购效率的需要

①从建立招标采购制度的初衷来看，效率是招标采购的首要目的。

我国公共财政的管理，在20世纪90年代之前一直是"重收入，轻支出"，过分强调了收入管理的重要性，却忽视了财政支出管理的重要性。

②纳税人要求提高招标采购效率，效率是公众的要求。

③提高招标采购效率是政府本身执政的需要，通过加强对招标采购机构评价体系的建设，不断提高招标采购效率，是消除财政赤字、提高执政能力的需要。

2. 加强招标采购监督的一种有效方式

①目前，对于招标采购机构往往仅从合法性来审核。这里存在两个误区：一是混淆了"合法"与"合理"，应当区分法律和经济的不同视角。对于代理机构，更多地需要转化为一种能力考查。二是混淆了项目的绩效评价和机构的绩效考核。目前建立招标采购机构的绩效评价体系，是我国完成公共财政体制改革的基本目标，也是完善我国政府财政支出宏观调控功能的迫切需要。

②政府作为国家行政机关，在国家内部具有强制力。招标采购机构的采购活动从某种程度上说，具备了一定的公益属性和公权属性，在这种优势地位下，要保证招标采购机构的行为符合经济社会发展的需要，就必须为它建立一套制衡机制。

③招标采购机构评价体系的存在能够有效地促使保证招标采购活动按照评价的标准来执行采购工作；同时这种行业标准所形成的一系列评价结果也会为招标采购机构接受外部监督提供了基本标准。对于采购人来说，可以很直观地通过评价体系以及结果来选择更合适的招标采购机构。

3. 提升和改善政府公信力与政府形象的重要举措

当前，社会公众对于招标采购之结果公平与公正性给予了更多的关注，一举使招标采购行为成为政府与公众相交流的途径，并承受着巨大的舆论压力和质疑。在政府职能转型为服务型政府的阶段，开展招标采购机构绩效评价工作显得尤为重要。当前的招标采购机构在招投标过程中存在的资料信息泄露、围标、陪标等问题，这样一些问题与黑暗面的存在，不仅对政府公信力造成较大损益，更造成各级政府财政资源的无端浪费，一则影响经济建设，二则降低民众对政府的支持度。为有效降低招标采购活动中的腐败现象，保证招标采购行为的严肃性与公正性，通过规范的采购流程与依托法制等措施是可资借鉴的方式。我国当前仍处于不够成熟和完善的社会主义市场经济初期，在招标采购中仍普遍存在不公平与不透明等现象，容易引起"寻租"行为的产生，例如采购单位与供应商之间的暗地交易，相互给予对方以"待遇"与"好处"等，这些行为严重制约了招标采购的健康发展。招标采购机构绩效评价的开展能够充分暴露招标采购机构在实际操作过程中存在的问题和漏洞，并通过制定相应制度或者采取相应措施等方法，能够有效杜绝违法违规行为发生并大幅度提高招标采购工作效率。

4. 应对当前地方招标采购绩效低下的现实困境的迫切需要

招标采购中仍然存在寻租、浪费和腐败等现象，导致地方招标采购绩效低下，这是目前我国地方招标采购所面临的突出问题。具体表现在以下几个方面：一是地方招标采购在监管过程中仍然存在漏洞和死角，例如采购资料信息泄露、投标人围标或串标等行为无法取证、中标供应商提供劣质产品或者偷工减料、缺乏严格验收制度等；二是地方招标采购的经济效益较差；三是忽略了调动采购人员积极性等。这些都成为阻碍我国经济社会发展的障碍，因此研究和构建招标采购机构评价指标体系是提高招标采购绩效、改善地方政府支出存在的现实困境的迫切需求。

四、相关的研究和理论基础以及本书的研究方法

（一）理论依据

1. 委托—代理理论

招标采购所涉及的关系人主要有：纳税人、缴费人、各级政府、各

级政府监督部门、主管部门、行政事业单位和供应商。在集中采购运行机制下，上述关系人形成以下几种委托代理关系，在政府采购管理过程中形成了一个委托—代理链。以政府采购为例：①在这个委托代理链的最上方是委托人——政府采购资金的供给者（纳税人），纳税人通过法律程序将公共资金委托给国家公共事务的管理机构——政府。这样就形成了纳税人——政府的一级代理关系。②由于政府公共管理的领域十分广泛，它不可能事事包揽，于是根据事权进行职能划分，进一步将理财职能委托给财政部门。这样就形成了政府——财政部门的二级代理关系。③财政部门主要负责政府采购法规及政策的制定和监督执行，供应商的资格标准的制定和审查，采购官员的培训和管理，采购信息的发布，采购统计和公布等。财政部门也不可能包揽一切，于是对政府采购进行分权管理，在其内部设置专门机构（如政府采购中心），将人大审议通过的采购预算项目委托给招标采购机构，由其进行招标性或非招标性采购。这样又形成了财政部门——专门政府采购机构的三级代理关系。④具体的政府采购活动是由具有专门知识的政府采购官员来执行的，从而形成了专门政府采购机构—政府采购官员的四级代理关系。综上所述，政府采购过程中一般会形成纳税人—政府—财政部门—专门政府采购机构—采购官员，这样一条长长的四级委托—代理链。由于委托代理链的存在，每一级代理关系都会因代理人与委托人效用函数的不一致而发生委托代理问题，天然地产生了委托人与代理人激励不相容。在这个委托代理链的最上方是纳税人，它是政府采购资金的供给者，采购人员是最终代理人。然而，作为初始委托者的纳税人在这一过程中实际上并无相应的决策与管理权力，它既不能在市场上进行采购决策，签订契约，也不能从中获得利润。因此，在这一链条中真正起到决定作用的实际上是具有专业知识、具体负责采购活动的政府采购人员，由他与供应商发生买卖交易行为。政府采购人员是理性经济人，他同样追求自身利益最大化，当其自身利益与委托人的利益发生冲突时，他很可能忽视政府采购法律法规，从而难以保证政府采购制度得到不折不扣地执行。

2. 招标投标方式下的价格均衡理论

招标采购制度的一个重要功能是发现均衡价格，在此价格下招标人和投标人之间达到了帕累托状态，促进社会总体福利水平的提高。而对于现实生活中的均衡价格的取得，瓦尔拉斯认为需要一个"搜索"的过程，由价格的向上和向下变动得到。后来的经济学家在经过研究后普遍认为，瓦尔拉斯所谓的"搜索"过程，实际上是一组抽象的拍卖过程。随后，在20世纪50年代，经济学家阿罗和德布鲁对瓦尔拉斯的一般均衡理论进行了严格的阐述，在其经典著作《价值理论》中证明了均衡价格的存在。阿罗和德布鲁还证明了均衡价格的帕累托最优性质，也即是说，均衡价格的任何改革都不能使一些人变得更好而使得另一些人保持不变，因而从社会福利角度来讲，它就是最优的。与拍卖制度相似的政府采购招投标制度对于市场中均衡价格的发现有着极端的重要性。在招标采购制度中，招标工程、货物或服务的交易条件被公开发布，市场中所有供应商都在瞬间获得这一信息。由于不知道竞争对手经营方面的信息，每一个投标者根据各自的生产函数计算标价，如果最低投标价中标，那么这一价格就是市场中的均衡价格。在中标价格下，一家或几家中标厂商的产量只好与需求均衡，这时市场出清。当有高于均衡价格的市场价格存在时，则会有更多的生产厂商愿意供给，市场就会出现剩余；如果市场价格低于均衡价格，则会出现稀缺。在招标投标情况下，供求是均衡的。

3. 信号显示理论

信号显示理论可有助于解决采购代理机构的委托—代理问题，降低代理成本。迈克尔·斯彭斯的信号发送理论认为：在劳动力市场上，雇主和雇员存在着信息不对称，雇员存在着信息优势。作为信号的文凭或证书有助于减少雇主对雇员生产效率评价的不确定性，起到信号显示的作用。信息优势的一方能通过制造或显示市场信号使信息劣势的一方确信他们的能力或其产品的价值和质量。只有存在充分的信号成本差别时，信号显示才能成功。个人接受教育的成本与个人能力成反比。能力较高的个人愿意支付相应成本，选择更高等的教育水平和考取相应证书，因此教育水平或证书可以作为社会成员生产率和素质的信号。由于社会公众、政府财政部门以及招标采购机构之间的信息不对称，政府采购监督管理部门难以获得采购代理机构采购活动效率、工作服务质量、财政资金节约率等方面的完全信息，采购代理机构也缺乏向公众和相关政府部门提供的显示信号。相比之下，建立一套完善的具有信号导向作用的招标采购机构评价指标体系，通过对招标采购机构人员素质，代理业绩等各方面的综合评价，具有较强的信号显示作用。

4. 公共选择理论

公共选择就是通过集体行动和政治过程来决定公共物品的需求、供给和产量，是对资源配置的非市场选择，即政府选择。公共选择理论认为，所谓政府失灵，是指个人对公共物品的需求在现代代议制民主政治中得不到很好的满足，公共部门在提供公共物品时趋向于浪费和滥用资源，致使公共支出规模过大或者效率降低，政府的活动并不总像应该那样或像理论上所说的那样"有效"。布坎南从政府政策的低效率、政府工作机构的低效方面加以纠正。公共选择理论对政府管理理念尤其是预算理念的变化产生了重要影响。该理论认为，正是由于政府自身的缺陷，使得个人理性并不必然导致集体决策的理性，因此，我们有必要将预算决策过程纳入公共选择程序。这个程序要通过制度建立合乎公众的利益表达程序，从而使政府预算合乎市场化选择的价值取向，而绩效是这种市场化选择的最终目的。可以看出，政府绩效考评制度的建立和绩效预算的推行是市场经济条件下政府管理模式发展到一定阶段的必然产物。

5. 规模经济理论

规模经济理论指出在一特定时期内，扩大经营规模可以降低平均成本，从而提高利润水平。集中采购正是基于该理论，通过整合采购资源，扩大采购规模，来实现降低采购平均成本，提高经营利润的目的。采购环节规模经济的特征表现为：①集中采购模式中采购量在供应商的总销量中所占比重较大,提高了企业的议价能力,使企业获得较低的采购成本。②集中采购由于采购规模大,更易于享受供应商折扣、返利等优惠政策。③集中采购模式下,采购活动通常在集团或子公司层面统一进行,有助于提高工作效率。

6. 寻租理论

寻租理论是指市场主体在谋求物品能带来效用的价值实现的过程中企图使自己的收益超过一般租金的行为。寻租行为主要表现为非法的权钱交易,通常以行贿的方式从政府官员处获取垄断特权,或者以回扣的方式从政府官员处获取平价生产要素和商品以及向国有部门以市价推销伪劣产品。传统分散采购模式中,采购由各分公司自行组织,存在多头领导等问题,供应商直接与各分公司进行采购业务洽谈,不可避免地出现走后门、实施贿赂等寻租行为。推行集中采购模式,整合采购资源,统一规划和调配,将采购权集中到集团层面,在一定程度上降低了采购过程风险。但集中采购仍然存在着采购计划、供应商管理、采购方式、招标、物资验收等多方面风险,如果没有合理的监督机制,采购人员更容易成为供应商寻租的公关对象,使腐败更加严重。因此,建立一套完善的采购代理机构的专项检查体系有利于规避因寻租而产生的采购腐败风险。

7. 内部控制理论

内部控制是指社会各经济单位和组织机构在开展经济活动的过程中建立实施的一种相互制衡的管理组织形式和监督制度。内部控制的目的在于规避经营管理中的潜在风险,提高经营管理的效率和效益。内部控制是基于经营管理需要产生的,并伴随社会经济的发展和外部环境的变化而不断发展完善。目前,内部控制已经发展成为现代的覆盖经营活动全过程的内部控制系统。内部控制理论的发展过程经历了内部牵制阶段、内部控制制度阶段、内部控制结构阶段和内部控制整体框架阶段。COSO委员会在2004年发布的《企业风险管理——整合框架》报告中,在内部控制原有的"控制环境、风险评估、信息和交流、控制活动、监控"五要素基础之上增加了三个风险管理要素"目标制定"、"事项识别"和"风险反应",形成了内部控制的八大要素。内部控制理论发展到整合框架阶段被认为是内部控制理论研究的最高阶段。

8. 绩效评价相关理论

绩效是指组织或个人为了达到某种目标而采取的各种行为的结果。关于绩效的内涵,目前国内外学术界对绩效的内涵有着不同理解。早在1984年,伯纳丁(Bemardin)等学者提出,绩效的内涵是指在某个特定时间范围内,由工作职能带来的活动或行为所产生的结果。1990年坎普赫(Camphell)等学者认为绩效由八个相互关联且不同的部分组成,分别是特定工作任务的熟练度、非特定工作任务的熟练度、口头或书面任务的熟练度、遵守规章制度、努力、为同事或集体提供便利、领导与监督、管理。通过细化,将因特定任务和其他原因产生组织成效的绩效行为区分开来。1993年迈克罗依(Mccloy)、凯恩贝尔(Caranbell)等学者认为绩效是多维的,不能只是单一方面的测量绩效,同时绩效也是一种行为,并不只是完成任务或达到目标的行为结果,这个行为可以由员工所控制。摩托维德勒(Motowidlo)和波曼(Bonnan)深入研究了任务绩效和关系绩效,并对两者的概念做出了经典阐述,任务绩效与特定工作的核心技术活动有关,是组织规定的行为,关系绩效与特定工作任务无关,是个人自发行为,不会直接增加核心技术活动。卡恩(Kahn)和卡兹(Katz)则首次将绩效分为三个方面来理解,创造了三维分类法:一是参与组织制度的绩效标准工作;二是达到或者超过组织规定的绩效标准;三是自发的开展组织规定的绩效标准之外的工作,例如与他人合作、维护组织利益、为组织发展献计、自身发展等。2003年我国学者尚长风认为"绩效是一种政策效果",2004年绩效评价知名教授彭国甫则认为绩效是一种有效输出,是主体为实现自身目标在不同层面上的一种展现等。

绩效评价是指组织按照预先确定的标准和一定的评价程序,运用科学的评价方法、按照评价的内容和标准对评价对象的工作能力、工作业绩进行定期和不定期的考核和评价。绩效评价的目的在于提高员工的能力和素质，改进与提高公司绩效水平。绩效评价所涵盖的内容很多，它的侧重点体现在以下几个方面：计划式而非判断式；着重于寻求对问题的解决而非单纯的寻找错处；体现在结果和行为两个方面而非人力资源的程序；是推动性的而非威胁性的。

20世纪70年代，随着新公共管理运动在西方国家的兴起，政府绩效成为各国关注的热点，掀起了一股以建设高效的服务型政府目的的政府绩效评价改革热潮。政府绩效评价是对政府管理效益的综合评价，是政府绩效管理的重要环节，但实际操作中更侧重于对政府管理结果的事后评价，对事前、事中的政府行为则有所忽略。

（二）招标采购机构绩效评价所面临的挑战

1. 相关理论研究薄弱

由于招标采购机构绩效评价涉及诸多层面，影响因素复杂，存在诸多主观难以量化描述的内容，因此，要求研究者具备多学科的知识背景，如行政学、管理学、统计学、经济学、心理学、法学、统筹学、概率论、人力资源管理学等，对研究人员的要求较高。此外，与国外相比，我国绩效评价研究起步较晚，基本上还处于研究的初级阶段，因此，对如何构建符合我国国情的政府代理机构绩效评价模式、采用何种绩效评价的基础理论、方法和技术等基本问题还需要进一步加强研究。

2. 招标采购机构指标设计不够合理、评价体系不够科学

绩效评估是绩效评价管理的重要内容。目前，我国招标采购机构的评价在实践中存在着评价浮于表面、无法满足实际需求的问题，就其原因主要有以下几个方面：①在招标采购机构的指标设计上，缺少了社会公平、生态环境、资源节约和政府创新等方面的指标，而这些指标本身是政府职能的体现，采购代理机构作为采购中间人与其他服务中介相比具有特殊性，如何有效地将政府职能转化为考核指标的设置以其实现其政策功能，具有一定的难度。②在方法上，忽略了公民导向和结果导

向，缺少外部评测和公民参与。③在结果应用上，缺少了评估结果与干部任用、奖惩和资源配置的衔接，没有有效应用激励与约束相结合的导向作用。

3. 缺少招标采购机构绩效改善的理论方法

由于核心与难点是建立科学、准确、有效的绩效评估体系，因此，国内外大部分学者主要从绩效管理的评价和考核的功能研究了如何构建完善的绩效评价理论体系，而对于绩效改善的理论研究较少，也很少有学者提出实际可行的技术方法。

（三）研究思路及方法

本书以招标机构评价体系建设的理论基础→技术、方法→对策研究为主线，从理论基础→问卷及专家调查→指标体系→评价模型等层面逐层展开研究，初步系统地构建一个科学的招标采购机构评价指标体系，充分体现管理科学与工程和公共财政学研究、招标采购机构评价体系研究和制度设计研究的有机结合。作者在本书中主要采用了以下几种研究方法。

1. 理论和政策分析法

在理论方面，本书作者对加强对集中采购机构和采购代理机构的管理的意义和国内外研究现状进行了深入而系统的梳理和总结，对于美国联邦采购中联邦服务总署（GSA）的考核方法进行了研究和分析，并且对我国目前23个省份，4个直辖市的招标采购机构考核评价以及监督管理办法进行梳理总结，对现有的集中采购机构考核代理机构专项检查的情况进行梳理，针对集中采购机构和甲级代理机构活动的业务特点进行了全方位的研究。

2. 德尔菲法

德尔菲法又名专家意见法，是依据系统的程序，采用匿名发表意见的方式,即团队成员之间不得互相讨论,不发生横向联系,只能与调查人员发生关系,以反复的填写问卷,以集结问卷填写人的共识及搜集各方意见的方法。其主要特征是:①吸收专家参与预测,充分利用专家的经验和学识;②采用匿名或背靠背的方式,能使每一位专家独立自由地作出自己的判断;③预测过程几轮反馈,使专家的意见逐渐趋同。德尔菲法的这些特点使它成为一种最为有效的判断预测法。本书在指标选取以及权重设计的问卷调查中都用到了专家意见法,对于招标采购机构评价指标的选取,先是组织专家集中发言讨论确定参考指标系,再通过专家意见法收集了来自政府部门、科研机构、供应商、集中采购机构、招标代理机构等不同服务单位的专业意见,并通过指标效度,对于指标进行修正完善与改进,并再次发放匿名问卷,使得采购代理机构评价指标的选择更加科学、合理、全面。

3. 层次分析法

层次分析法(Analytic Hierarchy Process,AHP)是指将一个复杂的多目标决策问题作为一个系统,将目标分解为多个目标或准则,进而分解为多指标(或准则、约束)的若干层次,通过定性指标模糊量化方法算出层次单排序(权数)和总排序,以作为目标(多指标)、多方案优化决策的系统方法。层次分析法是将决策问题按总目标、各层子目标、评价准则直至具体的备择方案的顺序分解为不同的层次结构,然后得用求解判断矩阵特征向量的办法,求得每一层次的各元素对上一层次某元素的优先权重,最后再加权和的方法递阶归并各备择方案对总目标的最终权重,此最终权重最大者即为最优方案。这里所谓"优先权重"是一种相对的量度,它表明各备择方案在某一特点的评价准则或子目标、标下优越程度的相对量度,以及各子目标对上一层目标而言重要程度的相对量度。层次分析法比较适合于具有分层交错评价指标的目标系统,而且目标值又难以定量描述的决策问题。

由于影响招标采购机构绩效评价的因素多、层面广,本书采用群决策方法汇集专家学者及政府采购实务人员的意见,运用层次分析法将复杂的绩效影响因素转化为系统的层级。从招标采购机构的能力指标,过程指标，结果指标三个模块着手，通过对硬件条件，内部管理，队伍建设，采购过程，业绩以及信誉，社会效益等6个二级指标以及6个指标所涵盖的营业场所，设备、设施配备情况等22个三级指标，进行交错评价，建立了目标系统模型。

（四）招标采购机构绩效评价指标构建的考量及原则

1. 构建评价指标体系的考量

绩效评价对于招标采购的重要价值主要体现在绩效管理是政府部门战略规划与实施的重要途径，在提高招标采购的效率和质量、科学评价与引导招标采购机构及其从业人员行为为实现招标采购的目标方面具有至关重要的地位和作用。首先，政府部门对绩效（效率、效果、效益等）的关注其实就是在关注与绩效相关的政府采购的目标与一些核心价值，比如廉政、公正性、物有所值等，体现了其公共管理的战略导向，这些都将成为招标采购绩效管理制度的价值基础。整个绩效指标体系的设计、绩效考核过程的设计都必然以实现政府采购制度所承载的使命与价值为前提，是一种战略实施和使命完成的途径。这种战略导向，从某种意义上说，是对只重视程序的遵守，不探讨价值的一种修正。其次，绩效评价应引入成本效益机制，切合现今招标采购管理的迫切需要。绩效管理不否认程序和规则，但必须以政府的结构是否满足采购人的需求来衡量，以结果为导向来组织、落实和协调管理，从而为减少或克服以往政府管理的种种弊端开辟新的路径。另外，绩效评价是一种责任机制，包含管理人员的责任落实、资源的优化配置及整个组织系统协调。最后，绩效评价为科学评估集中采购机构和招标代理机构的内部管理提供了工具。确定科学的可量化的指标进行管理目标分解和评估是绩效管理的基本方式。绩效评价在集中采购机构和招标代理机构中的应用，也同时为管理部门、采购人乃至公众即组织外部正确地认识和评价招标采购机构提供了可能，同时也成为对其进行监督，促使其提高绩效的有效工具。招标采购机构绩效评价应体现的使命感、战略导向、结果导向、责任机制以及开放性等价值取向，突破传统的管理理念和方法。如何应用新的绩效管理理论和技术来实现上述这些价值，成为目前公共部门管理面临的重要课题。美国联邦政府采购中使用的平衡计分卡理论与方法无疑将是一个很好的尝试（将在本书上篇第六部分详述）。

2. 构建评价指标的原则

招标采购机构评价指标体系应包括以下几个方面，评价主体、评价事由、评价指标、评价方法和评价标准。其中，评价指标是整个体系的核心，指标的设计直接影响招标采购机构绩效评价的结果，并间接影响到政府部门对绩效评价结果运用的效果。招标采购机构绩效评价应遵循以下原则：

（1）定性与定量相结合的原则

招标采购机构的评价标准是招标采购机构评价体系建立的核心要素之一，是评价工作的基本标尺，决定着评价结果的准确性以及评价目的是否能够顺利实现。

招标采购机构评价标准按照可计量性可以分为定量标准和定性标准。定性评价标准根据以往的经验和评价对象，做出主观评价，定量则是客观的一系列的效益指标按照统一的计算口径、尺度来测定。其中，定量标准和定性标准又可以根据取值基础不同，分为行业标准、计划标准、经验标准和历史标准四种；按照时效性分又可以分为当期标准和历史标准；按照标准形成的方法又可以分为测算标准和经验标准。采用定性与定量相结合的分析方法，构建集中采购中心和甲级代理机构专项检查指标评价体系，力求做到研究既有定性的考核指标，又有定量的计算模型和考核指标。

（2）可测性原则

招标采购机构评价指标的可测性主要包括评价指标本身的可测性和指标在评价过程中的现实可行性。评价指标本身具有可测性是指评价指标可用操作化的语言定义，所规定的内容可以运用现有的工具测量获得明确结论，如用问卷测量政府采购项目申请人对采购物品的满意度等。不能量化的指标，定性描述也应该具有直接可测性，不具有直接可测性的内容，应通过可测的间接指标来测量。首先，责任心不具有直接可测性，不能把责任心作为评价指标，在评价的过程中，可以通过采用遵守时间情况、接受工作任务情况及本人对完成工作任务的投入程度、乐于与其他人合作共事并提供必要的协助、能够节约并有效控制开支、能够对他人起到榜样示范作用等这些指标来评价工作责任心的强弱。其次，绩效评价指标在评价过程中的现实可行性。一是能不能够获取充足的相关信息。如果获取相关信息渠道不畅通，不能获取充足的相关信息，不管评价指标怎么好，也只不过是水中之月。二是评价主体能不能够作出相应的评价。如果指标很理想，但找不到具有相关素质的评价主体对该指标作出正确的评价判断，这种指标也不具有可测性。

（3）系统性和整体性相结合的原则

系统论的整体性观点是系统科学方法的首要原则，是应用系统方法研究和解决问题的出发点和根本依据，从系统整体而到局部要素，它不仅仅着眼于各个要素的优劣，而是从整体出发，着眼于要素间的联系和作用，通过这些联系和作用的有机组合以提高系统的整体水平。招标采购机构绩效评价指标的设置应与体制转轨、财政改革的战略目标相一致，将普遍适用和个别选择相结合，根据不同项目的特点单独分项设计评价标准，并能从不同角度反映政府采购支出的内涵及其特征。整体性原则要求指标体系内指标能够全面、系统地反映招标采购机构绩效管理的数量和质量要求。它要求指标体系不遗漏任何一项重要指标，通过各项指示的相互配合能够全面、系统体现政府采购绩效的数量和质量要求。

（4）可行性与可比性相结合原则

根据财政经济和社会发展的现状和发展趋势，参照国际标准，针对我国现阶段采购代理机构政的特点和现状，与实际相结合，研究并设计相应的考核指标，以达到监督政府采购支出的目的，这是进行招标采购机构绩效评价的出发点。评价指标的设置既要有一定的超前性、激励性，又要符合政府采购管理工作的实际，具有较强的可行性。评价指标的设置以客观指标为主，主观指标为辅，将共性指标与个性指标有机结合，定量指标与定性指标相结合，形成互为补充、彼此修正的评价体系。

(5)"4E"原则

借鉴西方发达国家的实践经验,以行政改革的新理念以及治理理论为理论支持,在宏观层面上以政府采购指标体系的构建原则为指导,充分考虑政府部门和政府采购工作性质的特殊性,在"3E"原则（Economy 经济性, Efficiency 效率性, Effectiveness 有效性）的基础上,提出了 Equity 公平性原则,一方面充分考虑政府采购的职能和招标采购机构绩效评价的权变因子,另一方面侧重对政府采购目标进行全面系统的考察。"4E"原则的提出也是政府部门"三公"原则的体现。

五、各省市招标采购机构考核办法汇总及分析

作者对我国目前 23 个省份,4 个直辖市的招标采购机构考核评价以及监督管理办法进行梳理和分析,结果如下。

（一）考核工作的组织实施

1. 考核主体——省、市、县三级联动的分工

在政府采购活动中,对于招标代理机构的考核工作由财政部门负责组织实施。作为考核主体,各省、市、县财政部门分别对本级所属的招标采购机构进行考核,实行省、市、县三级联动。

对于自治区或省地区,由自治区或省财政厅负责制定考核具体方案以明确考核时间、考核步骤、考核项目及分值、需要准备的资料等事项,监督考核的执行过程力求最终达到预期的考核效果,并负责省本级代理机构的考核工作;自治区或省级以下的市、县人民政府财政部门按照下发的具体方案协助省财政厅组织、辅导招标采购机构的考核评定工作。如广西财政厅下发的《关于开展 2012 年全区采购代理机构检查考核工作的通知》第五点指出,检查考核工作由自治区财政厅统一领导,各市财政局配合实施。自治区财政厅部署督查和指导采购代理机构检查

考核工作、确定检查考核的等次、通报检查考核结果，监督整改措施落实；市级财政部门受自治区财政厅委托，负责协调配合其所在行政区域内执业采购代理机构的检查考核工作。

需要指出的是，有的省级地区对于代理机构的考核并没有制定统一的方案并组织实施，而是由各市级财政部门自行制定相应的评定规范，比如广东省。但对比《东莞市招标采购机构考核管理办法》和《深圳市社会采购代理机构监督考核管理暂行办法》不难发现，两市所开展的考核工作不论是在组织安排还是考核程序上都具有很高的相似度。

2. 考核工作小组的专家组成

考核工作虽然由财政部门组织和监管，但是具体的实施工作通常是由财政部门成立的考核小组负责。考核小组的成员一般情况下是从财政、监察、审计三部门抽调人员组成，必要时可以邀请采购单位代表、采购代理机构代表、政府采购特邀监督员、评审专家或供应商代表参加。考核小组的人数通常要求为三人或三人以上，以保证考核工作的全面性、完整性。如《青海省招标采购机构考核办法》第十条表示：省财政厅成立代理机构考核工作组，考核工作组成员不得少于3人。考核工作组成员除财政部门工作人员外，可以邀请纪检监察、审计部门人员参加。必要时邀请采购单位代表、采购代理机构代表、政府采购特邀监督员、评审专家或供应商代表参加。

除了考核小组以外，也有地方将考核工作委托给第三方中介机构完成，如北京市和浙江省。《北京市招标采购机构管理暂行办法》第二十一条指出，现场考核由采购办组织专家组或委托社会中介机构开展监督考核工作。《浙江省政府采购中介代理机构考核办法》第四条也规定，财政部门可委托无利害关系的其他社会中介机构按照本办法的规定实施考核，但事先应对其进行培训，并在财政部门的指导下进行。

3. 考核客体的认定

接受考核的客体是指由人民政府财政部门认定资格，依法接受采购单位委托，从事政府采购货物、工程和服务采购代理业务的代理机构。

代理机构通常是根据其工商注册地或者登记备案地的考核办法进行最后的考评。如《贵州省招标采购机构考核暂行办法》第三条规定，注册地在贵阳地区的招标采购机构，其考核工作由贵州省财政厅统一负责。在贵州省财政厅登记备案，依法在贵州省行政区域内从事政府采购代理业务的省外招标采购机构的考核工作，由贵州省财政厅对其在贵州省行政区域内代理的政府采购活动和其驻黔机构进行考核。北京市由于对代理机构采取CA电子认证，于2005年5月30日，正式启用由北京数字认证股份有限公司签发的CA认证证书，考核仅针对通过CA认证的代理机构。《北京市招标采购机构管理暂行办法》第三章第二十条明确，考核对象为已在北京市办理CA认证手续的代理机构。

（二）考核的频率及方式

1. 考核的频率

从近30个省市的招标采购机构考核办法来看，政府采购机构的考核方式主要分为两种：①定期考核；②定项考核，一般省市选择定期考核或者将二者结合起来。定期考核的频率在各省市中存在差异，通常有半年一次，每年一次，两年一次；定项考核则根据具体需要不定期进行。例如在福建省，甘肃，政府代理机构的考核为半年一次；山东，辽宁（大连），山西，江苏（苏州），河南，陕西，上海，广东（东莞），贵州，湖南，青海等的考核为每年一次；黑龙江，安徽的考核为每两年一次。

2. 考核的程序

通常自治区或省级财政部门制定考核计划，确定时间，目标和步骤。财政部门在考核工作开始前（如山东省财政厅提前一个月，考核方案通过《中国山东政府采购网》予以公布，山西省在考核一周前通知，在黑龙江省政府采购信息指定发布媒体上发布考核公告）将这种考核计划公布。但也有的地区招标采购机构每年会在相对固定的时间进行考核，如辽宁省年度政府采购预算执行完毕，各招标采购机构要将当年政府采购业务代理工作情况以书面形式上报财政部门；又如上海市考核工作原则上每年一次，于每年的三月底前对上一年度进行考核。

大部分省市或自治区考核的执行先是招标采购机构根据财政部的要求进行自查，并提交自查报告；接着市级财政部门根据招标采购机构提交的自查报告进行核查或者根据自查报告对招标采购机构进行打分；最后将结果上报于省级财政部门，省级财政部门对结果进行抽查，部分省市财政部根据结果对招标采购机构进行评级，并对结果加以公布。

从总体上看，共同点在于这些省市都将自查和财政部门核查结合的。不同的地方主要有以下几点：①对于政府采购机构提交的自查报告，有的地方财政部门是根据自查报告进行核查，有的财政部门是直接根据自查报告对招标采购机构进行评分。②一些财政部门用量化的方式来评价结果，通过积分或扣分的过程使结果确定为一个分值，直观可见；另外也有一部分财政部门用"不及格""及格""良好""优秀"来评定结果。即使在用分数刻画结果的省市中，这种分数的评定仍然存在差异，有的是通过对指标计分，而有的是通过财政部门工作人员对于自查报告的主观评价。

（三）考核的内容

1. 考核涉及的方面及形式

考核内容主要涉及以下几个方面：①招标采购机构的基础设施；②内部管理；③队伍建设；④政府采购过程的合法性和规范性；以及⑤政府采购行为的效率（经济效率，廉洁自律和各采购主体满意程度）。对于政府采购过程的合法性和规范性，人员配备，政府采购行为的效率，服务质量，内部管理制度以及廉洁自律情况各省市均有不同程度的考察，但是对于招标采购机构的基础设施，只是部分省份涉及。

通常在地方招标采购机构的考核办法中对考核内容的说明以两种形

式出现：①以条例形式作为考核办法的一部分出现；②以计分规则形式作为考核办法的一部分出现。如辽宁（大连），山西，上海，广东（东莞），福建计正分形式，将考核的方面细分剥离为计分规则并赋予相应的分值，江苏（苏州）通过记负分对招标采购机构进行考核。而如山东，安徽，青海，湖南，海南（海口），江西等地方则是以文字说明的形式分条对涉及的内容作出解释。

2. 考核各方面的具体内容

（1）硬件条件

山东、安徽和青海将营业场所情况作为硬件条件。注明为是否拥有固定的营业场所和开标评标场所；是否配备开展代理业务所需的电子监控录音录像设施和办公设备；是否拥有政府采购资料档案室等。

山西省给场所设施赋予的标准分为 4 分。其中：①有固定营业场所和从事政府采购代理业务所需开标场所的，记 2 分；没有的，记 0 分。②有开展政府采购代理业务所必需的办公设施、电子监控及储存设备的，记 2 分；没有的，记 0 分。

贵州省此项规定为：办公场地及设施情况。是否有独立的开标厅、评标室、休息室、办公室和档案保管室。开标厅、评标室是否有电话、传真、投影、屏蔽、碎纸机等必要的设施设备；评标室的桌位设计是否单人单桌。另外，招标采购机构招标现场的监督系统建设是否符合贵州省财政厅《关于做好政府采购招标现场监督管理系统项目建设相关工作的通知》（黔财采［2008］10 号）文件规定要求。

其他省市对硬件条件没有明确的规定。

（2）内部管理

山东、安徽和青海将内部管理解释为是否制定操作规程、岗位职责、廉洁纪律、是否制定质疑受理、人员培训、考核奖惩、财务管理、档案管理等内部管理制度，及其落实执行情况等。

黑龙江省规定为内部管理制度建设情况包括机构设置，岗位职责、采购活动组织规程及工作纪律要求、建立相互制约和监督的工作运行机制等情况。河南省对应内容为制度建设及执行情况包括是否建立纪律要求，岗位职责、监督机制、收费规则、档案管理等内部管理制度，制度的合理性和科学性以及制度的执行情况。陕西省规定为包括工作岗位设置是否合理，是否建立岗位工作纪律要求，是否建立内部制约监督体系等。上海省规定为具体表现为工作岗位设置是否合理，管理操作环节是否职责明确，是否建立内部监督制约机制，是否制定采购流程。贵州省规定为是否制定有工作纪律、操作规程或程序、质量控制、质疑处理、岗位责任制、考核奖惩、财务管理、业务档案管理等内部管理制度，所制定的内部管理制度是否符合国家有关法律、行政法规和规章制度的规定，重要制度是否上墙公布。

山西将内部管理的内容记为岗位设置：①建立了岗位工作责任制度的，记2分；没有建立岗位工作责任制度的，记0分。②工作岗位设置合理，管理操作环节权责明确，形成内部相互监督、相互制约制衡机制的，记2分；岗位设置不合理，操作环节权责不明确，没有形成内部制衡机制的，记0分。福建省和广东省与山西省的内容类似。

总体而言，给省市自治区倾向于将内部管理解释为岗位设置是否合适，岗位职责是否明确，岗位之间是否有适当的制约机制。

（3）队伍建设

山东，安徽，青海认为队伍建设包括政府采购专职人员数量、专业技术职称人员比例，参加财政部门组织的政府采购培训及通过考试人员数量等。

山西省将这部分内容分为两条：①人员技能。标准分为2分。人员配备符合法律规定、满足工作需要，其中具备中级以上技术职称的人员占在职人员总数的60%（含60%）以上，记2分；达不到60%的，记0分。②业务培训。标准分为2分。每半年开展内部业务培训二次以上（含二次，每次培训时间不少于1天）的，记2分；每半年培训达一次的，记1分；未培训的记0分。福建省记为人员配备满足工作需要，且从业人员具备中级以上专业技术职称的人数占在职人员总数60%以上的，记4分；达到40%不到60%的，记2分；达不到40%的，记0分。业务培训（4分）每年开展内部培训两次以上的，记4分；一次的，记2分；没有开展的，记0分。广西规定人员配备满足工作需要，其中具备中级以上技术职称的人员占在职人员总数的60%（含60%）以上，记2分；达不到60%的，记0分。每年每季度开展内部业务培训二次以上（含二次，每次培训时间不少于1天）的，记1分，标准分为5分；每季度培训未达二次的，记0分。参加财政部门组织的年度业务培训，考核通过率达到95%（含95%）以上的，记4分；未达到95%的，记0分。

河南省规定包括人员的数量、学历、职称情况，办公场所、办公设备、招投标场所（开标室、评标室）、设备（影视监视设备）情况，参加财政部门组织的培训及考试情况，遵守职业道德和廉洁自律情况等。贵州省规定专业人员组成情况。技术方面的专业人员是否符合财政部《招标采购机构资格认定办法》（财政部令31号）规定。乙级招标采购机构要求：具有中专以上学历的不得少于职工总数的50%，具有高级职称的不得少于职工总数的10%；甲级招标采购机构要求：具有中专以上学历的不得少于职工总数的70%，具有高级职称的不得少于职工总数的20%。湖北（武汉），甘肃省，黑龙江省和陕西省只是规定包括是否遵守有关法律、规章制度，是否开展内部培训和参加财政部门组织的培训等。

总体来看，对于队伍建设各省市比较关注专职人员的数量及其技术水平，以及后期对专职人员的培训情况。

（4）采购过程

对于采购过程的规定，各省市自治区基本相似，包括签订委托代理协议、是否依法公告采购信息、是否依法进行资格预审、评审专家抽取、招标文件编制与发售以及对招标文件的澄清，修改是否合法、是否依法组织评标，谈判和询价、采购结果确定、合同备案、质疑受理、是否按规定退还投标保证金、收费管理等各环节的规范程度以及是否超越授予资格的业务范围承揽政府采购代理业务。采购过程的考核是各省市自治区的考核重点之一。

（5）政府采购过程的效率

上海用定性和定量的方式来考核招标采购机构的工作效率：资金节约率（采购资金节约率＝节约额÷采购预算×100%；节约额＝采购预

算－实际采购金额），质疑答复满意率（质疑答复满意率＝（1－答复质疑后被有效投诉的次数÷被质疑的次数）×100%）以及集中采购机构及其从业人员的廉洁自律情况，具体表现为是否制定了廉洁自律的规定，是否存在违反廉洁自律规定的行为。

  山西省则规定：考核期内采购项目的实际采购价格低于采购预算和同质量、同配置商品的市场同期平均价格的，记4分；采购价格超预算、超同质量、同配置商品的市场同期平均价格的或者未超预算但采购价格高于同质量、同配置商品的市场同期平均价格的，出现一例扣1分，扣完为止。考核期内没有供应商质疑和投诉招标采购机构现象，或者供应商对招标采购机构的质疑答复没有疑义，未再向同级财政部门投诉的，或者向同级财政部门投诉，经同级财政部门调查核实供应商反映问题不属实的，记4分；供应商对质疑答复有疑义，向同级财政部门投诉，经同级财政部门调查核实供应商反映问题属实的，出现一例扣1分，扣完为止。采购人对代理机构服务态度和质量满意的，记5分；采购人对招标采购机构的服务态度和质量不满意，向同级财政部门提起投诉，经同级财政部门调查核实供应商反映问题属实的，出现一例扣2分，扣完为止。参加采购活动的供应商满意的，记5分；投标供应商对招标采购机构的服务态度和质量不满意，向同级财政部门提起投诉，经同级财政部门调查核实供应商反映问题属实的，出现一例扣2分，扣完为止。

  河南省、黑龙江省规定包括代理政府采购业务的次数、规模和采购效果，采购项目成功率，发生质疑和投诉等情况以及预防商业贿赂情况。包括是否制定廉洁自律规定，与采购人、评审专家、供应商之间是否存在宴请、旅游、娱乐，收受礼品、回扣、有价证券以及报销应该由个人负担的费用等行为。

  总体来说，对于政府采购效率的评价限于经济评价以及对于廉洁自律的评价。很少关注到政府采购过程的社会效益，如政府采购有没有对国产产品进行扶持，有没有对中小企业的产品进行扶持，有没有购买节能环保产品。

（四）考核结果及其应用

1. 考核等级评定

对于考核结果的评定，通过整理发现，大多数省市地区代理机构的考核实行百分制。根据考核标准所得到的最后分值，有的省市将代理机构分为优秀（90分以上）、良好（80~89分）、一般（60~79分）和不合格（59分以下）四个等次，如贵州省、广西壮族自治区、海南省海口市、广东省深圳市、辽宁省大连市等；有的地方对代理机构进行等级评定，将代理机构分为AAA（95分以上）、AA（85~94分）、A（75~84分）、B（60~74分）、C（60分以下），如辽宁省；而浙江省则另辟蹊径，将代理机构进行星级评定，单项考核项目得分达到该项总分85%以上的，每一项可得一个星级，最高为五星级。

北京市和广东省东莞市由于实行日常考核和年度考核相结合的方式，除了根据年度考核分数作出等级评定以外，日常考核的分数也直接影响代理机构的等级评定。如在东莞市参加考核的代理机构，日常考核累计扣分超过50分则为不合格。

而对于有的地区，考核内容的定量综合评分并不是作为一个评定结果，而只是一个参考，最后的代理机构等级评定（合格与否）是根据考核小组或者财政部门相关人员的主观评断确定的，从而带有一定的主观色彩和不确定性。就湖南省而言，《湖南省政府采购中介代理机构监督考核管理办法》第十六条中说明，考核小组中会根据财政部门制定的考核内容和评分标准进行量化打分，形成书面考核意见，报送省财政厅。省财政厅再根据考核小组的考核意见，以及随机考核的具体情况，作出等级评定的最后决定。

2. 考核结果的应用

正如各地的考核方式和考核程序的不同，不同省市对于考核结果的应用也不尽相同。然而代理机构的考核工作是否能够达到预期的效果，是否能真正规范代理市场从而推动代理机构服务质量和效率的提高，科学合理的应用考核评价结果十分重要。

对考核结果评定为不合格的代理机构，财政部门会责令其限期整改，整改期间不得代理相关业务，整改后再恢复其代理资格；或者会取消不合格代理机构在当地的登记备案资格，被取消登记备案资格的代理机构从资格被取消之日起两年内不得在当地重新申请登记备案；或者情节严重的，还将依法追究其法律责任。而湖北省武汉市财政部门在综合考核小组意见和采购人、供应商的意见后作出正式考核报告，并按考核结果进行排序，实行末位淘汰。

另一种应用是将考核评定结果与代理机构所能负责的政府采购项目数额直接挂钩。如《东莞市招标采购机构考核管理办法》第六条明确：对于甲级政府采购社会代理机构而言，日常积分90分以上的，可以按规定代理所有政府采购项目（政府集中采购目录中通用类项目除外）；日常积分低于90分的，不得代理东莞市预算金额1000万元以上的政府采购项目。甲级政府采购社会代理机构日常积分低于80分、乙级政府采购社会代理机构日常积分低于90分的，不得代理东莞市预算金额500万元以上的政府采购项目；甲级政府采购社会代理机构日常积分低于70分、乙级政府采购社会代理机构日常积分低于80分的，不得代理东莞市预算金额50万元以上的政府采购项目。

而对考核结果优秀者，大部分省份会给予一定的奖励。例如浙江省规定：考核结果达到四星级以上，可以申请免于参加考核一次，其考核结论和星级维持不变，凡属省财政厅认定资格的代理机构，其资格自动延续一次，到期后直接予以换证；在采购单位以招标或竞争性谈判方式选择代理机构时，可按星级给予加分；如以随机抽取方式选择代理机构的，可按星级高低相应增减代理机构的抽取几率；代理机构在浙江政府采购网上的展示，将按星级高低予以先后排序，对四星级以上的代理机构予以优先推介。山东省则提出，采购人应优先委托考核等次为"优秀"的代理机构代理政府采购计划在500万元以上的政府采购业务。甘肃省也明确，对经考核工作业绩优良的代理机构要给予通报表扬。

大部分省份明确规定要在当地政府采购网上公布考核结果,其中辽宁省还要求将评定等级记入全省招标采购机构《诚信档案》。其实,无论对于代理机构的等级评定还是如浙江省和辽宁省对代理机构进行加分或者通报表扬,在代理机构资格认定制度取消后,这些结果将供采购人择优选择以作参考,从而也保障采购人的采购代理项目能够更顺利地进行。

(五) 各省市考核办法尚存提升空间

1. 各地考核办法有待统一

目前各省市财政部门所制定的考核方案大致上比较相似,但是具体考核执行细节层面并不一致。具体体现在:①对于考核小组成员的统一设置,如考核组人数及人员来源并没有统一的说明;②由于各省市考核方式不同,考核结果的评定以及针对考核结果的具体应用由于各省市对于惩罚和激励措施也大相径庭;③各地区对于政府采购机构的考核周期也从半年一次到两年一次存在差异;以及④各地考核的方面虽大致相同,但是体现这些方面的各项目却并不相同,这种情况对于一个从事多地政府采购项目的机构而言,考核办法的不统一会给集中采购机构和招标代理机构的管理带来挑战。

2. 客观性和量化程度有待提高

目前,招标采购机构的考核内容存在一定的随意性:如山东、安徽和青海等地分条列举的考核内容在具体的测定比较中可行性较差,难以进行量化比较;而山西、上海以计分规则列举的考核内容则在条理和层次上有欠缺。在考核结果的评定当中,某些地区的代理机构等级的评定是根据各省市财政部门相关人员的主观评断最终确定的,从而会带有考核主体强烈的主观因素,进而伴随着评定结果的不确定性和随意性。

3. 考核办法不能完全反映政府采购制度的价值目标

在政府采购代理中，一方面，目前的招标采购机构比较重视经济效益的考核忽略了社会效益的考核。而这些社会效益正式政府采购的重要职能和要实现的目标。另一方面，政府采购中较容易出现的贪污腐败常常作为财政部门想要尽量避免的问题，由此作为政府采购制度想要实现的目标。但是在目前这样一种对代理机构分区考核的现状中，反而一定程度会限制此目标的实现。

六、美国联邦采购经验借鉴

（一）美国联邦采购制度概要

美国政府采购经历了200多年的发展，形成了目前世界上任何其他国家所无法比拟的广泛、复杂的法律制度体系。

美国是联邦制国家，各州、市均具有独立的立法权。严格说来，美国的政府采购应当包含联邦政府采购和各级地方政府的采购。从采购规模看，从2008财年至今，美国联邦采购每年的规模均超过5000亿美元，占美国政府采购总额的50%左右。本书的研究范围仅局限于美国联邦政府的采购。

1. 美国联邦采购的法律体系

《美利坚合众国宪法》（简称《美国宪法》）1787年问世以来，虽然在运作中不断地得到修改和补充，但其所设置的基本原则和制度依然如故，表现出超强的稳定性。[1] 美国宪法第六条第二款将其本身的地位表述为"国家的最高法律"。美国宪法以及国会通过的法律的效力高于

---

[1] 王莱宁. 美国宪法的历史解读 [J]. 山东省青年管理干部学院学报, 2007 (2).

其他一切法律、行政法规和规定，如果国会或者各州的立法机关制定的法律与美国宪法有所冲突的话，这些法律将被宣布无效。以《美国宪法》为基础，后续出台的有关联邦政府采购的法律法规虽然数量庞大，但彼此之间仍能够得到很好的协调配合。① 在《美国宪法》的序言部分，规定其宗旨为：组织一个更完善的联邦，树立正义，保障国内的安宁，建立共同的国防，增进全民福利和确保美国人民及后代能安享自由带来的幸福。该宗旨成为美国联邦政府签发政府采购合同的权利来源和法律依据。

在宪法的基础上，美国联邦采购中最重要的法律为国会在1947年制定了《武器装备采购法》②（主要涵盖国防采购）和1949年通过的《联邦财产与行政服务法》③（涵盖民用采购）。后者确立了集中采购的政策、方法，并授权成立联邦服务总署④（GSA）负责所有行政分支的采购，但是允许国防部长可以因国家安全的考虑豁免军事采购。这两部法律在1984年和1994年均进行过重大修订。⑤

美国是一个普通法系国家，但与以英国为代表的典型普通法系国家相比较，美国法虽以判例为基础，但其制定法的比重和作用比普通法大得多。⑥ 这个特点在联邦政府采购领域表现得更加突出，在国会下设的政府采购委员会于1972年公布的一份报告中显示，涉及并适用于联邦采购的法律超过4000部。⑦

由于篇幅所限，在本书中仅列举一些与联邦政府采购最密切相关的法律，并加以简要说明。

《联邦采购政策办公室法》⑧ 于1974年颁布实施。根据国会在1974

---

① 赵谦. 美国政府采购的特点及经验借鉴［N］. 中国政府采购报，2011-4-28（94）.
② The Armed Services Procurement Act, 10 USC §§2302 et seq.
③ The Federal Property and Administrative Services Act, 41 USC §§251 et seq.
④ The General Services Administration ［EB/OL］. ［2011-06-06］. http://www.gsa.gov.
⑤ 分别被《合同竞争法》和《联邦采购优化法》修订，详见下文及 Cibinic & Nash, Formation of Government Contract 29 [M] 3rd ed. [S. l.]: [s. n.]. 1998: 29.
⑥ 王秀霞. 试论美国法的形成与发展及其渊源［J］. 潍坊学院学报，2007（01）.
⑦ Comm'n on Gov't Procurement. Report of the Commission on Government Procurement, Table and Digest of Procurement-Related Laws [R]. [S. l.]: [s. n.]. 1973.
⑧ The Office of Federal Procurement Policy Act, 41 USC §§401 et seq.

年颁布的《公共法案 93—400》,在总统行政和预算管理办公室[①](OMB)设立联邦采购政策办公室[②](OFPP),要求办公室主任负责规定采购政策的方向,并规定各政府机关在采购领域应遵守的政策、法规、程序和格式。

《合同竞争法》[③] 于 1984 年颁布实施。该法对《武器装备采购法》和《联邦财产与行政服务法》做出了重大修订,使它们与有关采购的规定尽可能趋向一致,以期形成统一的联邦采购法律法规体系。《合同竞争法》一方面强调了"完全和公开的竞争"[④]的重要性,另一方面却也向现实做出了妥协,承认公开招标和竞争性谈判都是实现完全和公开竞争的有效方式。

《联邦采购优化法》[⑤] 于 1994 年颁布实施,带来了联邦采购系统的重大改革。[⑥] 该法有 200 多章,对《武器装备采购法》、《联邦财产与行政服务法》、《诚实谈判法》等法律做出了重要的修订,[⑦] 目的在于让联邦政府采购系统向私营市场的产品和服务敞开大门,简化采购程序,并减少政府定制产品的采购。

1996 年颁布实施的《联邦采购改革法》[⑧] 旨在推动全部政府范围内的采购改革,主要内容包括:引入了设计——建造两阶段程序;修改了《采购诚信法》;扩大了《诚实谈判法》例外情形的范围;修改了商业产品的采购规则;减少了对承包商的资格证书的要求;另外,该法还对采购人员能力建设提出了要求。

---

① The Office of Management and Budget. [EB/OL]. [2011-06-06]. http://www.whitehouse.gov/omb/.
② The Office of Federal Procurement Policy. [EB/OL]. [2011-06-06].
③ The Competition in Contracting Act, P. L. 98-369, amended 10 U. S. C. § 2310 et seq. and particularly § 2304.
④ 原文为"full and open competition",是美国关于政府采购的有关法律中出现频率最高的词汇之一。
⑤ The Federal Acquisition Streamlining Act, Pub. L. No. 103-355.
⑥ C. Richard Pennington. Government Contract Law Reform: The Federal Acquisition Streamlining Act of 1994 [J]. Colo. Law, 1995-01-29 (24).
⑦ 同上。
⑧ The Federal Acquisition Reform Act, Pub. L. No. 104-106.

在预防和惩治腐败方面，颁布于1963年《诚实谈判法》的通过让合同官在谈判时获得与承包商同样的信息来提高政府通过谈判获得公平价格的能力。《虚假申报法》早在南北战争时期就已颁布。[①] 经过多次修订，目前被分为两个部分：《虚假申报民法》[②] 和《虚假申报刑法》[③]。根据该法，承包商如果通过向政府提供虚假申报（材料）牟利，将会因情节轻重被追究民事或刑事责任。《1986年反回扣法》[④] 禁止包括政府官员、承包商和分包商在内的任何人索要或提供回扣或将回扣包含在合同价中，违反者承担刑事责任及民事罚款。1934年颁布的《科普兰法》[⑤] 规定，对于全部或部分政府投资的项目，禁止承包商扣减工人工资，也禁止工人向承包商或分包商支付回扣。1977年颁布的《反海外腐败法》[⑥] 禁止美国承包商和个人通过向外国政府官员行贿的方式获取或维持合同。1970年颁布的《反诈骗腐败组织集团犯罪法》[⑦] 并不针对一次具体的犯罪，但对于10年内2次以上违反包括收受佣金和贿赂在内的30余项联邦或州法律中规定的犯罪行为则要加重处罚。

在救济制度方面，1946年的《联邦民事侵权赔偿法》[⑧] 允许由于政府的疏忽受到伤害的个人到地区法院通过起诉索要赔偿。《合同争议法》颁布于1978年[⑨]，它规定了承包商和合同官解决合同中争议以及与合同相关的争议的具体程序。关于诉讼费用，美国法律一般规定原、被告双方分别负担各自的费用，但1980年的《司法平等使用法》[⑩] 则

[①] 1863年3月2日，国会通过虚假索赔法，当时被普遍为"亚伯拉罕林肯法"，详见 James F. Nagle. A history of government contracting [M]. Washington D. C.：George Washington Univ. Press, 1999: 197.

[②] The Civil False Claims Act, 31 U. S. C. § 3729.

[③] The Criminal False Claims Act, 18 U. S. C. § 287.

[④] The Anti-kick Act of 1986, 41 U. S. C. §§ 51–58.

[⑤] The Copeland Anti-kickback Act, 18 U. S. C. § 874, 40 U. S. C. § 276c.

[⑥] The Foreign Corrupt Practices Act, 15 U. S. C. § 78dd.

[⑦] The Racketeer Influenced and Corrupt Organizations Act, 18 U. S. C. §§ 1961–1968.

[⑧] Federal Tort Claims Act, 28 U. S. C. §§ 1346 (b), 2401–2402, 2671–2672, 2674–2680.

[⑨] The Contract Disputes Act, Pub. L. No. 95–563, 41 U. S. C. §§ 601–613.

[⑩] The Equal Access to Justice Act 5 U. S. C. § 504；28 U. S. C. § 2412.

针对小企业做了特殊规定：胜诉的小企业可以获得赔付律师费等相关费用。此外，1982 年颁布的《联邦法院改进法》[①]、1990 年颁布的《行政争议解决法》[②] 及《1992 年联邦法院管理法》[③] 等法律也都对合同争议解决的受理主体或程序等方面做出了规定。

在劳动保障政策方面，《戴维斯——佩根法》[④] 于 1931 年颁布实施。对于联邦政府 2000 美元以上的工程项目，该法要求付给工人不低于当地最低工资标准的工资。各地的工资标准以劳动部[⑤]公布的数据为准，而且必须包含在合同当中。1936 年颁布的《沃尔什——希利法》[⑥] 为所有联邦政府 10000 美元以上的货物合同建立了劳动保障标准，该法适用于在依照上述合同提供材料的生产过程中工作的所有工人。1938 年颁布的《公平劳动标准法》[⑦] 建立了适用于一般工人的全民性最低工资标准和最长工作时间。1962 年颁布的《合同工作时间与安全标准法》[⑧] 除了重申了工作时间的规定外，还为要求参与政府合同的工人须符合健康和安全标准；《1965 年服务合同法》[⑨] 中重申了对最低工资标准的规定，修订后的该法要求合同官在劳动部的工资查询网站[⑩]采用 e98 程序[⑪]。此外，在劳动保障方面重要的法律还有 1970 年颁布的《职业安全与健康法》[⑫]、1989 年生效的《工人调整与再培训通知法》[⑬] 及 1992 年的《流动季节农业工人保护法》[⑭] 等。

---

① The Federal Courts Improvement Act, 28 U.S.C. §§ 171 et seq., 791, 794-98, 1491-92, 1494-1503, 1505, 1507-1509.
② The Administrative Dispute Resolution Act, 5 U.S.C. § 571 et seq.
③ The Federal Courts Administration Act of 1992, Pub. L. No. 102-572.
④ The Davis-Bacon Act, 40 U.S.C. § 276a.
⑤ 其网络地址为：http://www.dol.gov/.
⑥ The Walsh-Healey Public Contract Act, 41 U.S.C. §§ 35-45.
⑦ Fair Labor Standards Act, 29 U.S.C. § 206.
⑧ 其英文原名为：The Contract Work Hours and Safety Standards Act.
⑨ The Services Contract Act of 1965, 41 U.S.C. §§ 351-357.
⑩ 其网络地址为：http://www.wdol.gov/.
⑪ 其网络地址为：http://www.wdol.gov/e98.aspx.
⑫ The Occupational Safety and Health Act, 29 U.S.C. § 651 et seq.
⑬ The Workers Adjustment and Retraining Notification Act, 29 U.S.C. § 2101 et seq.
⑭ The Migrant and Seasonal Agricultural Worker Protection Act, 29 U.S.C. § 1801, et seq.

在采购能力建设方面,1990年底颁布的《增强国防采购人员能力法》① 要求国防部为采购人员建立教育与培训标准、确立教育与培训需求以及相关课程。该法随后经过多次修订,建立了国防采购人员的初、中、高三级体系,确立了国防采购人员证书制度、核心课程以及继续教育的学时要求。该法在法律层面开创了联邦采购人员能力建设的先河,为后来的民用采购人员能力建设提供了模板,为打造整个联邦采购系统的采购人员能力建设体系奠定了基础。②

《2003年服务采购改革法》③ 扩大了"采购"的范畴。按照该法的定义,"采购"不仅包含传统的签约功能,还包括需求确定、评估及合同执行,以及技术及管理指导。④ 在20世纪90年代联邦政府采购改革的基础上,该法进一步简化了商业产品和服务的采购程序。该法为采购人员培训基金的设立及其他采购人员能力建设的措施提供了法律依据。⑤

2. 联邦采购条例系统

美国联邦尽管没有单一的采购法,但是统一的联邦采购条例系统⑥弥补了这个不足。根据《联邦采购政策办公室法》建立的联邦采购条例系统是包括国防部门在内的几乎所有行政机构使用财政资金购买货物和服务⑦时所遵循的主要规章。联邦采购条例系统由联邦采购条例(Federal Acquisition Regulation,FAR)以及各部门制订的FAR实施细则两部分构成。⑧

---

① The Defense Acquisition Workforce Improvement Act, 10 U. S. C. § 87 et seq.
② 赵勇. 谈美国联邦采购人员能力建设及对我国的借鉴意义 [J]. 中国政府采购,2011(1).
③ The Services Acquisition Reform Act of 2003, 41 U. S. C. 428a.
④ 赵勇. 谈美国联邦采购人员能力建设及对我国的借鉴意义 [J]. 中国政府采购,2011(1).
⑤ 同上.
⑥ 同上.
⑦ 一般而言,美国联邦采购中所称的"服务"包含工程。详见本章第4节.
⑧ FAR 1.101. See also Nash & Cibinic Report. The Federal Acquisition Regulation System: Is it Shrinking? [R]. [S. l.]: [s. n.]. 1991 – 01 (05): No. 1, ‖4.

FAR 最早于 1984 年 4 月 1 日颁布生效。其中规定，FAR 由 GSA、国防部、NASA 的最高行政长官联合颁布，并且符合（国会的）预算管理办公室下设的联邦采购政策办公室的最高行政长官（所制订）的广泛的政策要求。① 颁布以后，修订工作由该办公室下设的 FAR 理事会完成。FAR 理事会主席由联邦采购政策办公室主任担任。理事会下分设民用和国防两个采购委员会：国防采购法规委员会（由国防部门、国防后勤局和 NASA 的代表组成）；民用部门采购委员会（由 GSA 和各民用部门的代表组成）。② 对 FAR 的重大修订必须在生效前 30 天以上公开向社会征求意见。③ 两个委员会下再各设若干个小组。修订 FAR 时，由小组提出修改意见，经两个委员会讨论达成一致意见后报理事会，由理事会决定是否修改。若理事会无法做出决定，则由理事会主席裁决。

最新版本的 FAR 共 53 章，1903 页。④ 内容极为详尽，相当于一本采购操作手册，将所有有关采购的法律中的规定具体落实到条款、格式等，是每个合同官案头必备之物。

条例以及实施细则要想具备法律效力，必须符合现有法律的规定⑤，而且不能是主观的或随意的。⑥ 政府依据无效的条例所签订的合同同样是无效的。⑦

FAR 按编、章、节、条、款、项、目等安排相关内容 A 编介绍采购的通用原则。其他编的内容依次为：采购计划、签约方式及合同类型、社会经济项目、一般签约要求、特殊种类的签约、合同管理、条款和表格。最后一编包含了很多标准条款。FAR 的编号以阿拉伯数字、字母、"-"、"."组合构成，条理清晰。有经验的律师和合同官可以根

---

① FAR 1.103（b）.
② FAR 1.203 - 1.
③ FAR 1.501 - 2.
④ 参见 https://www.acquisition.gov/far/index.html.
⑤ 在 Rig Masters, Inc. v. United States 案中，42 Fed Cl 369（1998），一项规定因与法律抵触而被宣布无效。
⑥ 在 Larionoff v. United States 案，533 F2d 1167，（1976），affd 431 US 864，53 L Ed 2d 48，97 S Ct 2150 和 Aerolineas Argentinas v. United States 案，77 F3d 1564（CA Fed 1996）中，因 FAR 的规定没有体现立法意图而被宣布无效。
⑦ 参见 Isometrics, Inc. v. United States 案，5 Cl Ct 420（1984）.

据编号判断相应的内容。如 C 编 14 章讲的是密封招标,15 章讲的是谈判,等等。

许多国防和民用部门都制订了各自的 FAR 实施细则。这些实施细则以 FAR 增补的形式成为联邦采购条例系统的一部分内容。[1] 增补的法律效力仅限于颁布部门之内。[2] 而且增补的内容如果产生超出了政府部门内部流程之外的影响,或者影响到承包商或投标商的管理或成本,则必须事先向公众征求意见。[3]

政府部门中的分支机构也可以颁布实施细则作为 FAR 的增补。比如,国防部中的陆军以及陆军中的美国陆军工程兵团都颁布了实施细则,其法律效力依次递减。[4]

尽管通常把 FAR 理解为一个统一的采购条例,但实际是允许各政府部门有所偏离的。这里说的偏离可以是某个政府部门采用了与 FAR 不一致的标准招标文件或合同范本等情形。[5] 除非被法律、行政命令或条例禁止,政府部门的最高行政长官或其授权代表有权颁布一个偏离(针对一个签约行为)或一组偏离(影响到不止一个签约行为)。[6] 之所以允许偏离的目的是鼓励探索新的采购手段。[7] 关于偏离,各政府部门需要与 FAR 秘书处进行协调而且需要经过必要的批准程序。[8]

3. 美国联邦政府采购的监督体制

在对政府采购的监管方面,美国联邦政府的三个分支各有其不同的分工。行政分支负责执行各项与采购相关的法律以及为采购中的拨款授

---

[1] 如国防部 FAR 增补,DOD FAR Supplement, 48 C. F. R. Ch 2.
[2] FAR 1.302.
[3] FAR 1.301 (b).
[4] Army FAR Supplement; Part 1.
[5] FAR 1.401, 52.103.
[6] FAR 1.402, 1.403, 1.404.
[7] FAR 1.402.
[8] FAR 1.403, 1.404.

权。同时，行政分支对各采购部门的项目及资金水平提出建议。① 立法分支主要通过法律、审批预算以及监督权影响政府采购。② 司法分支调查及审查所有与政府采购有关的法律案件，比如合同条款及条件以及其他行政分支解决不了的争议。③

行政分支主要通过两种方式对政府采购进行管理和监督：一是通过颁布规章制度；二是通过监察长（Inspectors General）。④

跨部门规章包括总统签发的总统令、总统管理与预算办公室发出的通知以及联邦采购政策办公室发出的政策函。以上文件适用范围包括行政分支的所有部门。部门规章则依据法律或特定部门的政策或项目而制订。部门规章仅适用于一个或部分特定的部门。比如各部门制订的FAR实施细则就是典型的部门规章。

根据1978年颁布的《监察长法》⑤ 和2008年的《监察长改革法》⑥，教育部、能源部、卫生部等几乎所有行政分支中的以下部门均设有监察长。监察长拥有广泛的调查权，而且其权力不受所属部门的影响。⑦ 监察长可以发传票要求所有信息、文件、报告、回复、记录、账目、纸张以及其他数据和文字证明。⑧

立法分支主要通过两种方式对政府采购进行管理和监督：一是通过

---

① KRIST D. CARAVELLA ROBINSON. U. S. Federal Government Procurement: Organizational Structure, Process, and Current Issues [M] // Khi V. Thai ed., International Handbook of Public Procurement. [S. l.]: [s. n.]. 2009: 297.

② KRIST D. CARAVELLA ROBINSON. U. S. Federal Government Procurement: Organizational Structure, Process, and Current Issues [M] // Khi V. Thai ed., International Handbook of Public Procurement. [S. l.]: [s. n.]. 2009: 297.

③ KRIST D. CARAVELLA ROBINSON. U. S. Federal Government Procurement: Organizational Structure, Process, and Current Issues [M] // Khi V. Thai ed., International Handbook of Public Procurement. [S. l.]: [s. n.]. 2009: 297.

④ John Cibinic & Ralph Nash, Formation of Government Contract [M] 3rd ed. [S. l.]: [s. n.]. 1998: 59.

⑤ The Inspector General Act of 1978, 5 U. S. C. App. § 2.

⑥ The Inspector Reform General Act of 2008, 110 Pub. L. 409; 122 Stat. 4302.

⑦ 5 U. S. C. App. § 3 (a).

⑧ 5 U. S. C. App. § 4 (a) (4).

颁布法律；二是通过总审计长（Comptroller General）。①

国会用于管理采购的法律包括：与采购相关的法律、授权法、拨款法以及其他法律。其中，国会通过授权法控制资金的流向和规模，通过拨款法控制资金的使用方式。国会通过其下属的委员会对特定事项进行调查或举行听证会。其中对政府采购影响较大的委员会主要有：参议院政府事务委员会、众议院政府改革与监督委员会、参众两院都有的小企业委员会。另外，对于一些特定的采购或者部门，还有专门的委员会进行监督。

总审计长是 GAO 的最高首脑。根据 1921 年颁布的《预算和会计法》②，国会建立了 GAO 以审核政府的财务事项。在建立之初，GAO 接管了一些原先由财政部承担的职能。随着时间的推移，国会一直在不断地赋予 GAO 更多的权利。目前，总审计长可以审计政府部门及承包商、处理授标争议以及其他与采购有关的争议、处理索赔、结算政府的财务账户以及指导行政部门的会计准则。

关于司法分支对于联邦政府采购的监管，体现在争议解决机制中。美国联邦采购中的争议可以分为三大类，对于每一类型的争议则对应不同的争议解决方式、程序和机构。而几乎这些所有争议解决的机构都是政府采购领域的专业或半专业机构，而不像处理普通合同争议那样，在一般的法庭解决。

最主要的两类是"投标抗议"（bid protests）③ 和"索赔"（claims）。前者是针对政府采购合同授予之前的程序，通常由没有获得合同的投标人或潜在投标人发起；后者则是合同执行过程中发生争议的解决方式。

解决投标抗议有两个机构：联邦审计总署（GAO）和联邦索赔法院（US Court of Federal Claims）。解决索赔的机构也有两个，分别为合

---

① John Cibinic & Ralph Nash, Formation of Government Contract [M] 3rd ed. [S. l.]: [s. n.]. 1998：66.

② The Budget and Accounting Act of 1921, Pub. L. 67 – 13, 42 Stat. 20.

③ 这里的"投标"来自英文的"bid"，其含义不仅限于密封招标中的投标，也包含竞争性谈判或其他采购方式中的报价。同样，"投标人"也包含"报价人"的含义，下同。

同申诉委员会（Board of Contract Appeals）和联邦索赔法院。

（二）美国联邦采购的代理机构

历史上，美国联邦政府采购体制经历了高度分散、高度集中、集中与分散相结合的发展演变阶段。1949年前由各部门依法自主采购，之后实行了强制性集中采购。由于集中采购存在效率较低、用户选择余地较小、集中采购机构官僚习气较严重等难以克服的缺陷，20世纪90年代的政府采购改革之后，美国的集中采购由强制性改为选择性。当前，美国实行的是集中与分散相结合的模式。各联邦机构可实行集中采购、部门采购和委托采购。

作者经过研究发现，美国联邦采购中只有两个集中采购机构：负责国防采购的国防后勤局（DLA）[①]和负责民用采购的GSA。与我国集中采购机构和代理机构最大的区别是：它们都是政府部门，其中执行采购工作的人员均为公务员，也都必须是合同官。

《联邦财产与行政服务法》赋予联邦政府总务管理局政府采购权力，有权为几乎所有的非国防政府部门执行采购任务。GSA由总局和其下设的11个地区分局两个层次组成。GSA参与FAR的制订，有权设立标准和规范等，职权范围相当广泛。另外，GSA在参与政策研究、推动政府采购政策功能的实现、推广协议供货采购方式等方面发挥了重要的作用。

因为法律规定不允许合同官之外的机构或个人以政府名义签署合同，所以采购部门要么自行采购，要么委托集中采购机构或其他政府部门采购。没有类似我国的招标代理机构。政府部门或合同官可以聘请工程公司、设计公司、会计师事务所或律师事务所等机构或专业人员为其提供相关的咨询服务，但是采购的决定权、合同的签署权属于合同官。合同官为此承担责任。

[①] 其网络地址为：http://www.dla.mil/.

(三) 美国联邦对于 GSA 的绩效考核体系及借鉴

1. GSA 概况

GSA 不仅是美国政府采购的主要机构，而且还在政府机关事务、资产管理、修建和租赁办公楼等方面行使管理职能。根据美国法典第 40 章第 501~502 条和《联邦财产与行政服务法》规定，联邦总务管理局有权为几乎所有的联邦政府机构进行采购，有权设立标准和规范，有权为将来之需而进行采购和存储，有权在政府部门之间调剂采购物品，负责有关商品、工程和服务的集中采购。

GSA 总部在华盛顿特区，由联邦采购服务局和公共建筑服务局构成。目前共有 14000 多人，在 11 个州设有地区分局。联邦总务管理局局长由总统直接任命。

GSA 年贸易量超过 600 亿美元，管理着 20.5 万辆车船以及 9011 个政府所有或租赁的房屋资产，超过 3.78 亿平方公尺的可租赁工作场所和 471 个历史资产。自 2010 年以来，通过开源节流战略，GSA 在政府机构采购中为联邦机构节约资金超过 3 亿美元。在节约资金的同时，GSA 还加强了对小型企业的扶持，在政府范围内有效地降低了重复率。通过协议供货，以低于市场价格 11% 以上的优势签订协议，年节约资金超过 3 千万美元。在基础设施的经营方面，GSA 在 2013 财政年度处理了 213 件资产，销售收益达 9800 万美元。其中有 8 件资产属 GSA 拥有，产生收益 3200 万美元。[①]

2. GSA 的组织机构

GSA 通过 11 个区域办公室、16 个服务机构为超过 60 多个联邦机构和部门服务。组织机构如图 6-1 所示。

---

① GSA：2013 Summary of Performance and Financial Information.

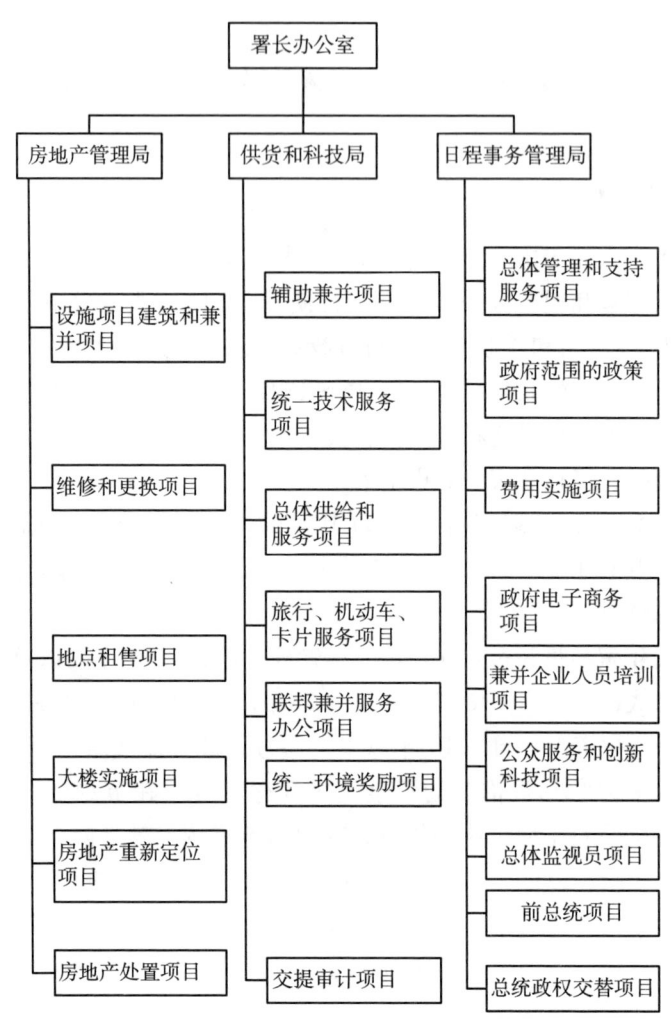

```
                        ┌─────────────┐
                        │  署长办公室  │
                        └──────┬──────┘
         ┌─────────────────────┼─────────────────────┐
   ┌─────┴──────┐        ┌─────┴──────┐        ┌─────┴──────┐
   │ 房地产管理局 │        │ 供货和科技局 │        │日程事务管理局│
   └─────┬──────┘        └─────┬──────┘        └─────┬──────┘
```

图 6-1 GSA 组织机构

房地产管理局下设：设施项目建筑和兼并项目、维修和更换项目、地点租售项目、大楼实施项目、房地产重新定位项目、房地产处置项目。

供货和科技局下设：辅助兼并项目、统一技术服务项目、总体供给和服务项目、旅行、机动车、卡片服务项目、联邦兼并服务办公项目、统一环境奖励项目、交提审计项目。

日程事务管理局下设：总体管理和支持服务项目、政府范围的政策项目、费用实施项目、政府电子商务项目、兼并企业人员培训项目、公众服务和创新科技项目、总体监视员项目、前总统项目、总统政权交替项目。

联邦资产服务机构（FAS）。FAS 为联邦机构提供超过 1100 万种不同产品和服务，每年提供 540 亿美元的信息技术方案和通讯服务，包括资产服务，旅行和交通管理方案，汽车和轮船服务，充值卡服务。FAS 管理超过 20.5 万辆租赁汽车，超过 3500 万张充值卡，提供个人财产处置服务，每年使 10 亿美元的过度使用的财产得以重复利用。应政府机构每日管理的要求，FAS 通过对多种产品和服务的讨价还价约束了政府的采购行为。通过组织服务提供商网络的铺设，FAS 能够满足不同的联邦机构、州，地方和少数民族政府的管理和任务需要。

公共大楼服务机构（PBS）。PBS 业务主要分为以下两方面：工作场所收购和财产管理。PBS 代表联邦政府获得新的建筑和租赁权，并作为联邦政府全国地产的维护者。PBS 作为美国最大的房地产组织，拥有或者租赁着 9011 套房屋，并持有能容纳 1100 万员工的 3.78 亿平方尺的工作场所。在这些存量中，其中有 647 间自有和以前的租赁合同，PBS 为超过 60 家联邦机构提供高质量的设施和工作场所解决方案，处理过剩或不再需要的政府资产，推广先进的工作场所解决方案和技术。通过这些租赁和购买交易，PBS 为政府不同任务的客户提供必需的工作场所，并正在与其联政府客户一道设计 21 世纪的办公环境，旨在减少整体空间需求和相关花费。这些服务的集中采购也有利于得到最优惠的价格。

公民服务和创新技术办公室（OCSIT）。OCSIT 使联邦政府信息和服务更加便民，使公众到联邦政府交易更加快捷。OCSIT 同时识别、尝试和使用创新技术为政府提供共享的、透明的和低价高效的政府服务。OCSIT 通过设立政府官方网站入口提供大量的政府服务和消费者保护信息，美国政府或 Gobierno USA。与其他（联邦的、州的、地方的或国际的）政府组织紧密合作，收集和强化信息，分享经验，告知公众，并最终得到更好的方案。

政府事务办公室（OGP）。OGP 运用政策、信息和创意来提高机构运行效率、节约开支，提升关键行政领域的工作绩效：包括旅行和交通、并购、信息技术和环保型大楼的建设。通过政府范围的政策制定、绩效标准、分析和提供数据，对其他机构和关键利益相关方提供日常报告。

员工办公室——GSA 员工政策办公室负责支持企业。他们确保 GSA 能够应对日常事务和危机环境中的客户需要。GSA 有两个独立的员工办公室（Office of the Inspector General，Civilian Board of Contract Appeals 总观察员办公室和公民投诉董事会）和 11 个 GSA 员工办公室。（行政服务办公室、国会和政府内事务办公室、主要财政办公室、主要信息办公室、人力资源管理办公室、总领事办公室、任务保障办公室、主要资产办办公室、通讯和市场办公室、民主权利办公室以及小型企业利用办公室)。

GSA 组织负责支持 2013 财政年度在 www.performace.gov 网站登出的 22 个创新项目。每个 GSA 服务和员工办公室都负责支持以下一个或多个项目。

3. GSA 的绩效考核体系

本书作者经过研究发现,对于 GSA 的绩效考核体系基于平衡计分卡的方法进行设计。平衡计分卡(balance score card)的提出可以追溯到 1990 年,当时诺顿研究所对美国的若干公司进行了为期一年的研究,在诺顿研究所的课题《衡量未来组织的业绩》的研究成果基础上,诺顿研究所所长兼该研究的带头人(现任美国复兴方案公司总裁)戴维·P. 诺顿(David. P. Norton)和美国著名管理会计学家罗伯特·S. 卡普兰(Robert. S. Kaplan)提出了平衡计分卡的概念,用于衡量和评价企业战略经营业绩。所谓平衡计分卡就是立足于企业的战略规划,通过对创造企业未来良好业绩的驱动因素的分析与衡量,从财务、客户、内部流程以及创新与学习等四个方面综合衡量和评价企业的经营业绩。

平衡计分卡提供了一种全面的评价体系,它可以从多个视角向组织内各层次的人员传递组织的战略以及每一步骤中他们各自的使命,最终帮助组织达成其目标。平衡计分卡在企业绩效管理中获得的成功,引起了许多政府机构和公共部门密切关注,人们开始尝试在公共部门中引入平衡计分卡来加强管理。GSA 的绩效考核体系即是据此而建立。

(1) 第一层面:GSA 的战略目标

GSA 的任务:为美国政府和人民提供最佳的房地产、资产技术服务。

GSA 的愿景:为政府高效履行其职能提供其所需要的服务和资源。

GSA 的价值目标:统一性、透明度、团队合作。

GSA 的工作范围非常宽泛,但是任务却简单明确:为美国政府及其民众服务。GSA 希望达到三个战略目标来完成自己的任务。

战略目标之一:节约。为联邦部门和机构节约成本。充分利用 GSA

在采购方面的能力与特长，为联邦部门和机构提供性价比高的地产、采购服务以及技术服务。

战略目标之二：高效。提高操作效率及服务效率。简化流程，使操作更加合理，为联邦部门和机构提供优质的地产、采购服务以及技术服务。

战略目标之三：服务。提供最优质的客户服务。尽力使地产、采购服务以及技术服务符合联邦部门和机构的要求，让他们轻松享受 GSA 的优质客户服务。

（2）第二层面：GSA 的首要目标

在所有任务中首先需要完成的是 6 个首要目标。

第一，提供更大的价值和减少开支。运用联邦政府的采购权利减少客户机构的开支，使其能够专注于自己的核心任务。找到更多的方法来解决客户的问题来进一步提高这一领域的服务水平。寻找新的途径来帮助这些机构实现更精明、更高效的采购。寻找新的和创新的方式来最大化我们的固定资产的价值。

第二，服务于合作伙伴。帮助我们的客户机构专注于他自己的工作。各种层次的合作关系对 GSA 的成功都至关重要。与伙伴机构和供货方的合作关系对客户和美国公众来讲都会产生价值，并减少开支。确保 GSA 工作的便捷性和可靠性。不断优化程序和系统来使他们变得尽量简单和容易。

第三，增加小型企业的机会。小型企业是美国经济的动力源泉，与这些企业签合同对美国政府和小企业团体来讲都是双赢的。政府以最大价值获得了最佳服务，而小型企业通过合同得以成长并向社会提供更多的工作机会。通过合同以及对其他机构授予合同，GSA 为全国的小型企业提供大量的机会。

第四，成就更加可持续发展的政府。节能行为保护环境。对环境有益的行为对政府和商业也有益处。GSA 在两方面都在努力。朝着更加可持续发展的方向发展，大楼和住宅都更加环保。继续和供货商一起创造更多的、可持续发展的产品和服务，使其更容易以更低的成本获得。

第五，引领创新。GSA 是公共服务领域创新的领导者。在众多创新中，GSA 曾是第一个启用云计算的政府机构，为其他机构树立了榜样。在未来几年中,继续创造新的,低成本的方案,并将其应用于政府机构中。

第六,构建一个更加强大的 GSA。必须确定在 GSA 的员工也得到了高质量的支持。为他们提供最好的培训和资源。通过培训,机构将更好地服务其雇员,并继续确保客户得到最佳的服务。

(3) 第三层面:GSA 的管理目标

表 6-1　　　　　　　　　　GSA 的管理目标

GSA 的任务是将房地产、采购和科技服务的最大价值带给美国政府和公众					
战略目标					
1. 节约		2. 效率		3. 服务	
为政府各部门和机构节约开支		提高行政和服务效率		传递优质的客户服务	
首要目标					
带来更大价值和更加节约开支	一个更加可持续发展的政府	建立一个更加强大的 GSA	引领创新	服务于合作伙伴	为小企业开发更多机会
管理目标					
1.1　用合同解决方案引导消费者节约花费		2.1　提高 GSA 办事效率		3.1 增强与客户、供货商、及利益相关方的关系	
• 通过增加联邦战略来源来减少花费 • 减少全球采购中间环节 • 低于市场利率采购租赁场所 • 通过一体化技术服务方案节约资金		• 提高 GSA 办事效率 • 减少间接花费 • 实现租赁项目中的按成本价收取费用 • 按时完成新的建设项目 • 有效利用民间兼并重组劳动力培训课程 • 及时奖励公共土地售卖及非竞争性买卖和捐献		• 提高政府所有和租赁场所的客户满意度 • 资产服务实现客户忠诚度和供应商满意度 • 完成有效的政策创新 • 推动政府的更加透明和创新 • 增强公民对联邦机构的参与度	
1.2　改善联邦对办公场所的利用率		2.2　加强资产管理		3.2　支持小型和残疾人企业	
• 减少联邦政府空间占用 • 减少政府所有及租赁场所的闲置区域		• 合理归还政府所有资产 • 低价提供大楼清洁和维护		• 满足小型企业主要和次要目标; • 通过多种合同项目满足小型企业目标	
绩效目标					
任务一:为任务准备工作人员减少员工雇佣时间和成本			任务二:简化信息技术提高数据质量和报告水平成功实现企业信息技术服务		

(4) 第四层面：GSA 的绩效目标

将管理目标进一步分解，得到 GSA 的绩效目标，见表 6-2。

表 6-2　　　　　　　　　　GSA 的战略目标及分解

战略目标、管理目标和绩效指标	2011 财年实际	2012 财年实际	2013 财年计划/实际	2014 财年计划	2015 财年计划	2013 财年实现情况
战略目标 1：为联邦政府部门和机构提供资金节约方案						
管理目标 1.1：利用合同解决方案节约资金						
联邦战略采购创新的节约额（百万计）（新）*↑	$68	$93	$108 $108	$111	$144	完成
联邦战略采购创新业务额（十亿计）**↑	$337M	$423M	$412M	—	—	NA
全球供给中间环节↓	29.8%	28.1%	26.0% 24.7%	22.5%	18.5%	超额
相对市场利率租赁场所的花费↓	-12.9%	-11.5%	-9.5% -10.1%	-9.5%	-9.5%	超额
集中技术服务节约资金（十亿计）↑	$1.05	$1.36	$0.96 $1.37	$0.99	$1.02	超额
管理目标 1.2：提高场所政府办公场所利用率						
在更换租赁房屋减少的花费（新）*↑	无	无	基准	3.0%	5.0%	无
机构客户多种组合方案达成情况*↑	3	6	9 9	12	15	完成
创新达到的空闲空间比例↓	3.4%	3.0%	3.2% 3.8%	3.2%	3.2%	未完成

续表

战略目标、管理目标和绩效指标	2011 财年实际	2012 财年实际	2013 财年计划/实际	2014 财年计划	2015 财年计划	2013 财年实现情况
管理目标 1.3：减少资源利用和对环境的影响							
绿色贸易占贸易比例↑	2.2%	6.9%	5.0% 4.7%	6.0%	7.0%	未完成
总水资源消耗量（十亿加仑计）↓	3.11	2.95	2.78 2.66	2.71	2.65	超额
每万亿 BTUs 总能源采购↓	18.36	18.17	18.22 16.28	18.13	18.03	超额
每平方公尺每千 BTUs 的能源密度** ↓	62.2	58.1	57.9	—	—	不适用
年汽油使用量（每百万加仑）↓	405.5	380.4	380.2 366.9	372.6	365.2	超额
多种汽油交通工具购买比例↑	80%	75%	80% 82%	80%	80%	超额
为联邦机构提供能源效率信息和工具利用率↑	65%	78%	70% 70%	75%	80%	完成
战略目标 2：提高行政效率和服务配送							
管理目标 2.1：提高 GSA 行政效率							
为提供货物或服务所产生的行政成本比例（新）↓	9.99%	10.03%	9.60% 9.60%	9.4%	9.2%	完成
以 2010 财年为参考，GSA 间接成本的减少值（以百万计）（新）↑	$136	$115	$132 $132	$155	$200	完成
在行政项目实施之后租赁收入的比例↔	-0.3%	-0.3%	0～2% -0.09%	0～2%	0～2%	未完成
按时进行的新建筑项目↑	83%	93%	90% 100%	90%	90%	超额

续表

战略目标、管理目标和绩效指标	2011 财年实际	2012 财年实际	2013 财年计划/实际	2014 财年计划	2015 财年计划	2013 财年实现情况
联邦资产学院培训课程签到率↑	75%	86%	80% 89%	80%	80%	超额
135 天内公共房屋合同签约比例↑	100%	100%	90% 98%	90%	90%	超额
220 天内非竞争性售卖和捐献签约率	95%	91%	90% 88%	90%	90%	未完成
管理目标 2.2 加强资产管理							
政府拥有的资产达到至少 6% 的资产收益率	76.1%	71.8%	78.9% 72.4%	78.9%	78.9%	未完成
对私人部门的清洁和维护费用↔	0.1%	3.7%	+/-5% 3.1%	+/-5%	+/-5%	完成
战略目标 3：提供优质的客户服务							
管理目标 3.1 加强与客户、供应商和利益相关方的关系							
对政府所有和政府租赁场所的租户满意度↑	76%	73%	83% 63%	75%	77%	未完成
资产服务的客户忠诚度↑	8.0	7.6	7.6 8.3	7.8	8.0	未完成
资产服务的供货商满意度（新）↑	无数据	3.00	3.05 3.05	3.10	3.15	完成
关键政策利益相关方认为政策创新有效的比例	84%	86%	80% 无数据	85%	85%	无数据
创新方案累计数字↑	0	5	10 10	15	20	完成
公民的接触点（百万计）	272	539	674 1018	1119	1231	超额

续表

战略目标、管理目标和绩效指标	2011财年实际	2012财年实际	2013财年计划/实际	2014财年计划	2015财年计划	2013财年实现情况
管理目标3.2：支持小型及残疾人企业							
在主要合同中对小企业的金额比例（新）↑	34.2%	40.1%	30.0% 37.0%	40.0%	***	超额
通过分包授予小企业合同金额比例（新）↑	32.1%	26.0%	25.0% 24.6%	25%	***	未完成
小企业的MAS贸易量↑	33.5%	34.0%	33.0% 34.7%	33.0%	33.0%	超额
管理目标 76.1%							
雇佣时间（以天计算）（新）↓	89	96	80 86	80	80	未完成
EVS员工参与值（新）↑	71%	69%	69% 69%	71%	72%	完成
管理目标：细化信息技术提高数据质量和报告质量							
成功实施强化企业信息技术服务的数量（新）↑	0	0	2 2	3	4	完成
商品信息技术节约开支**↑	—	—	6%	—	—	不适用

注：方向图示：↑=上升　↓=下降　↔=相当　*重要目标指标　**相关指标。

4. 美国联邦采购考核方法的借鉴

（1）指标体系设计中体现了多目标的平衡

平衡计分卡的精髓是追求在组织长期目标和短期目标、结果目标和过程目标、先行指标和滞后指标、组织绩效和个人绩效、外部关注和内部诉求等重要管理变量之间的微妙平衡，追求过去的经营结果考核与将来业绩评价之间的平衡，外部组织满意程度和客户满意程度之间以及内部的经营过程、激励机制、职员知识的学习和产品服务增长之间的平衡。对于政府部门和其他公共组织来说，对多种价值的平衡和对使命及组织战略的关注，更是不言而喻的事实。公共部门绩效管理的价值取向充分体现了这种平衡。

(2) 将战略目标层次分解为每个部门和个人的行动

美国联邦采购中 GSA 的绩效考核，将战略目标一步步分解、细化，直至每个部门乃至每名官员的行为，都有明确的考核办法和量化的考核指标。这是值得我们考核招标采购机构时借鉴的。在我国招标采购绩效评价制度建立的初期，要充分认识到，这种完善的、精细的考核体系的建立不是短时间内能够完成的。但可以作为我们学习的模板和努力的方向。

七、构建集中招标采购机构评价指标体系

作者分三步构建招标采购机构评价指标体系。

（一）招标采购机构评价指标体系的初步构建

在对各省市招标采购机构考核办法进行梳理的基础上，本书作者通过与集中采购机构和招标代理机构座谈、专家访谈的办法，初步构建了招标采购机构三级评价指标体系的框架，如表 7-1 所示。

表 7-1　　招标采购机构三级评价指标体系（初步）

一级指标	二级指标	三级评价指标
能力指标	硬件条件	注册资金
		营业场所
		设备、设施配备情况
	内部管理	财务管理水平
		各类采购方式作业流程
		政府采购文件归档及备案情况
		采购质量控制
		评审专家管理
		供应商库管理

续表

一级指标	二级指标	三级评价指标
能力指标	队伍建设	单位人员构成的合理性
		专职人员学历背景
		专职人员工作经验
		专职人员定期培训情况
		专职从业人员职称、资格
过程指标	采购过程	业务范围是否超出授权范围
		是否采取规定的政府采购方式
		评标委员会专家抽取合法合规
		采购信息公布是否及时、完整规范
		供应商资格审查及质疑投诉制度是否完备
		采购文件的内容是否准确、规范、合理
		采购程序是否符合法律规范
		有无其他违法违规情形
采购结果指标	经济效益	采购规模
		资金节约率（合同价格与采购预算的差异）
		结算价格与合同价格的差异
		验收不合格项目所占比例
	服务质量	完成采购工作的时间
		质疑、投诉的处理
		采购失败（废标等）的数量
		合同履行阶段所发挥的作用（含合同争议解决）
		客户（采购人）满意度
		供应商满意度
		政府采购主管部门的评价
	社会效益	促进节能环保
		支持国货
		扶持中小企业
		反腐倡廉情况

（二） 招标采购机构评价指标体系的优化

作者通过向专门研究招标采购的科研机构、行业主管部门、招标采购机构的资深人士发放及回收问卷的方法，征集到 14 位业内专家对于指标体系的意见和建议，并据此对于初步形成的指标体系进行了修改、补充和完善，如表 7-2 所示。

表 7-2　集中采购机构和招标代理机构三级评价指标体系（优化后）

一级指标	二级指标	三级评价指标	说明
能力指标	硬件条件	营业场所	营业场所，含办公室、开标室、评标室、谈判室等能否满足日常办公以及各类采购活动的需要
		设备、设施配备情况	投影仪、计算机及软件、打印机、扫描仪、音响、文件柜等能否满足各类采购活动的需要
	内部管理	投标（含谈判、询价）保证金管理水平	保证金的接收、核验、保管是否规范；退还是否及时并依法退还利息；不退还是否依法
		各类采购方式作业流程	针对不同的采购方式，是否有细化的管理规定，并严格执行，如开标流程、开标主持词、接收招标文件一览表、唱标记录表、专家保密协议书格式、专家费领取单、竞争性及询价流程、单一来源采购的协商情况记录等
		政府采购文件归档及备案情况	
		内控制度是否健全	采购方案、采购文件、中标通知书、合同协议书等重要的文件是否有校核及审批流程；能否正确理解各类评审方法及其权重设置对于采购结果的影响，并据此给采购人提出有针对性的建议；对于采购文件中各个条款的理解，特别是对合同特殊条款，能否理解并给采购人提出建议

续表

一级指标	二级指标	三级评价指标	说明
能力指标	队伍建设	单位人员构成的合理性	是否有足够的经济、管理、法律以及与经常采购的标的（如工程造价等）有关的专业人才，在需要时能否对复杂的采购问题提出专业化的解决方案
		专职人员工作经验	含工龄以及从事相关工作的年限
		专职从业人员职称、资格	含工程师、高级工程师、经济师、造价师、建造师、律师、招标师等
过程指标	采购过程	是否采取规定的政府采购方式	
		评审专家产生方式是否合法合规	
		采购信息公布是否及时、完整规范	
		采购文件的内容是否准确、规范、合理	
		有无其他违法违规情形	
结果指标	业绩及信誉	采购数量及总金额	
		争议解决	是否有完善的质疑处理制度，能否妥善地处理质疑；能否积极地配合主管部门处理投诉
		廉洁及诚信状况	
		采购政策执行情况	节能环保、扶持中小企业、支持国货等
	社会效益	客户（采购人）满意度	
		供应商满意度	
		政府采购主管部门的评价	

（三）评价指标体系中权重的赋值

招标采购机构评价是多指标综合评价，采用多指标综合评价模型，必须要确定各个指标的权重，权重确定的合理性，直接影响到评价的科学性。在招标采购机构评价体系中，指标权重确定的难点是指标之间重要性量化的确定。本书作者采用层次分析法（AHP）对评价指标体系中的各项权重的进行赋值，可以准确地确定出各个指标的权重。AHP 方法的基本思路是现将组成复杂问题的多个因素的整体权重转变为对这些因素进行两两比较，然后再转变为对这些因素的整体权重进行排序判断，最后确定各因素的权重。具体流程如图 7-1 所示。

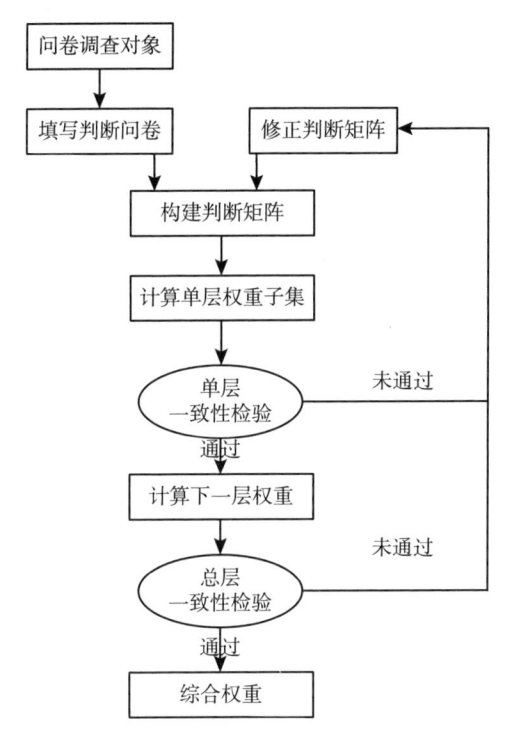

图 7-1 层次分析法应用流程

作者在设计调查问卷时，引用了 Saaty 教授的 1~9 标度方法，其各级标度的含义如表 7-3 所示，1~9 标度法较为符合人类的认识规律，具有较强的科学性。从人类的直觉判断能力来看，在区分事物数量差别时，总是习惯使用相同、较强、强、很强、极强等判断语言。

表7-3　　　　　　　　　Satty 标度衡量方法

标度	定义	含义
1	同样重要	两元素对某属性同样重要
3	稍微重要	两元素对某属性，一元素比另一元素稍微重要
5	明显重要	两元素对某属性，一元素比另一元素明显重要
7	强烈重要	两元素对某属性，一元素比另一元素强烈重要
9	极端重要	两元素对某属性，一元素比另一元素极端重要
2, 4, 6, 8	相邻标度中指	表示相邻两标度之间折中时的标度
上列标度倒数	反比较	元素 i 对 j 的标度为 a_{ij}，反之为 $\frac{1}{a_{ij}}$

在应用 AHP 模型时，需要对问卷调查表的数据进行转换，将问卷调查表的数据转换成 Satty 的 1~9 标度的判断矩阵，转换规则如表 7-4 所示。

表7-4　　　　　招标采购机构评价问卷调查数据转化规则

评价数据实际填写值	极不重要	中间值	不重要	中间值	同等重要	中间值	重要	中间值	极其重要
	1	2	3	4	5	6	7	8	9
对应模型转换值	1/9	1/7	1/5	1/3	1	3	5	7	9

作者向业内发放了优化后的评价指标体系以及要求对于各项指标的重要程度进行量化比较的问卷，共收回有效问卷 11 份，通过评判矩阵对各项权重进行赋值。

1. 二级指标权重

以第一级总目录为准则，利用问卷调查中第二级分类评价指标评判依据得第二级 6 个指标评判矩阵 A_2：

$$A_2 = \begin{bmatrix} 1 & 1/3 & 1/3 & 1/5 & 1/5 & 1/5 \\ 3 & 1 & 1 & 1 & 1 & 1 \\ 3 & 1 & 1 & 1 & 3 & 3 \\ 5 & 1 & 1 & 1 & 3 & 3 \\ 5 & 1 & 1/3 & 1/3 & 1 & 1 \\ 5 & 1 & 1/3 & 1/3 & 1 & 1 \end{bmatrix}$$

经计算 A_2 的最大特征值 $\lambda_{max} = 6.3872$，对应的特征向量为

$W_2 = [0.0477 \quad 0.1750 \quad 0.2475 \quad 0.2626 \quad 0.1336 \quad 0.1336]^T$

一致性比率 C.R = 0.0614 < 0.1，通过一致性检验。可得第一层 6 个指标的权重如表 7-5 所示。

表 7-5　　　　　二级评价指标权重赋值

评价指标	硬件条件	内部管理	队伍建设
权重	0.0477	0.1750	0.2475
评价指标	采购过程	业绩及信誉	社会效益
权重	0.2626	0.1336	0.1336

可见，业内专家认为队伍建设和采购过程是最重要的指标，而硬件条件则最不重要。

2. 三级指标权重

①以第二级总目录为准则，利用问卷调查中第三级分类评价指标评判依据得"硬件条件"2 个指标评判矩阵 A_{31}：

$$A_{31} = \begin{bmatrix} 1 & 1 \\ 1 & 1 \end{bmatrix}$$

经计算 A_{31} 的最大特征值 $\lambda_{max} = 2.0000$，对应的特征向量为

$W_{31} = [0.5000 \quad 0.5000]^T$

一致性指标 C.I = 0，通过一致性检验。可得第二层"硬件条件"2 个指标的权重如表 7-6 所示。

表 7-6　　　　第二层"硬件条件"指标权重赋值

评价指标	营业场所及设备	设施配备情况
权重	0.5000	0.5000

②以第二级总目录为准则，利用问卷调查中第三级分类评价指标评判依据得"内部管理"4 个指标评判矩阵 A_{32}：

$$A_{32} = \begin{bmatrix} 1 & 1/3 & 1 & 1/3 \\ 3 & 1 & 3 & 1 \\ 1 & 1/3 & 1 & 1/3 \\ 3 & 1 & 3 & 1 \end{bmatrix}$$

经计算 A_{32} 最大特征值 $\lambda_{\max} = 4.0000$，对应特征向量为 $W_{32} = [\begin{matrix} 0.1250 & 0.3750 & 0.1250 & 0.3750 \end{matrix}]^T$

一致性比率 C. R = 0 < 0.1，通过一致性检验。可得第二层"内部管理"4 个指标权重如表 7 - 7 所示。

表 7 - 7　　　　　第二层"内部管理"指标权重赋值

评价指标	投标保证金管理水平	采购方式作业流程
权重	0.1250	0.3750
评价指标	政府采购文件归档及备案情况	内控制度是否健全
权重	0.1250	0.3750

③以第二级总目录为准则，利用问卷调查中第三级分类评价指标评判依据得"队伍建设"3 个指标评判矩阵 A_{33}：

$$A_{33} = \begin{bmatrix} 1 & 3 & 3 \\ 1/3 & 1 & 1 \\ 1/3 & 1 & 1 \end{bmatrix}$$

经计算 A_{33} 的最大特征值 $\lambda_{\max} = 3.0000$，对应的特征向量 $W_{33} = [\begin{matrix} 0.6000 & 0.2000 & 0.2000 \end{matrix}]^T$

一致性检验比率 C. R = 0 < 0.1，通过一致性检验。可得第二层"队伍建设"3 个指标权重如表 7 - 8 所示。

表 7 - 8　　　　　第二层"队伍建设"指标权重赋值

评价指标	单位人员构成的合理性	专职人员工作经验
权重	0.6000	0.2000
评价指标	专职从业人员职称、资格	
权重	0.2000	

④以第二级总目录为准则，利用问卷调查中第三级分类评价指标评判依据得"采购过程"5个指标评判矩阵 A_{34}：

$$A_{34} = \begin{bmatrix} 1 & 3 & 3 & 1 & 3 \\ 1/3 & 1 & 1 & 1 & 1 \\ 1/3 & 1 & 1 & 1/3 & 1 \\ 1 & 1 & 3 & 1 & 3 \\ 1/3 & 1 & 1 & 1/3 & 1 \end{bmatrix}$$

经计算 A_{34} 的最大特征值 $\lambda_{max} = 5.1503$，对应特征向量

$W_{34} = \begin{bmatrix} 0.3402 & 0.1498 & 0.1135 & 0.2830 & 0.1135 \end{bmatrix}^T$

一致性检验比率 C.R = 0.0336 < 0.1，通过一致性检验。可得第二层"采购过程"5个指标权重如表7-9所示。

表7-9　　　　　　第二层"采购过程"指标权重赋值

评价指标	是否采取规定的政府采购方式	评审专家产生方式是否合法合规	采购信息公布是否及时、完整规范
权重	0.3402	0.1498	0.1135
评价指标	采购文件的内容是否准确、规范、合理	有无其他违法违规情形	
权重	0.2830	0.1135	

⑤以第二级总目录为准则，利用问卷调查中第三级分类评价指标评判依据得"业绩及信誉"3个指标评判矩阵 A_{35}：

$$A_{35} = \begin{bmatrix} 1 & 1/5 & 1/5 \\ 5 & 1 & 1 \\ 5 & 1 & 1 \end{bmatrix}$$

经计算 A_{35} 的最大特征值 $\lambda_{max} = 3.0001$，对应的特征向量

$W_{35} = \begin{bmatrix} 0.0910 & 0.4545 & 0.4545 \end{bmatrix}^T$

一致性检验比率 C.R = -0.0001 < 0.1，通过一致性检验。可得第二层"业绩及信誉"3个指标权重如表7-10所示。

表7-10　　　　　第二层"业绩及信誉"指标权重赋值

评价指标	采购数量及总金额	争议解决
权重	0.1718	0.4141
评价指标	廉洁及诚信状况	
权重	0.4141	

⑥以第二级总目录为准则，利用问卷调查中第三级分类评价指标评判依据得"社会效益"4个指标评判矩阵 A_{36}：

$$A_{36} = \begin{bmatrix} 1 & 1/3 & 1/3 & 1/3 \\ 3 & 1 & 1/3 & 1 \\ 3 & 3 & 1 & 1 \\ 3 & 1 & 1 & 1 \end{bmatrix}$$

经计算 A_{36} 的最大特征值 $\lambda_{max} = 4.1432$，对应的特征向量 $W_{36} = [0.0969 \quad 0.2281 \quad 0.3844 \quad 0.2906]^T$

一致性检验比率 C.R = 0.0537 < 0.1，通过一致性检验。可得第二层"社会效益"4个指标权重如表7-11所示。

表7-11　　　　　第二层"社会效益"指标权重赋值

评价指标	采购政策执行情况	客户满意度
权重	0.0969	0.2281
评价指标	供应商满意度	政府采购主管部门的评价
权重	0.3844	0.2906

3. 带权重的集中采购机构和招标代理机构评价指标体系

综合以上，将各项赋值后的权重列入指标体系中，并将三级评价指标进一步细化为可应用于具体评价工作的操作性指标，如表7-12所示。

表 7－12　　集中采购机构和招标代理机构评价指标体系

一级指标：能力指标（49 分）		
二级指标：硬件条件（5 分）		
三级指标	营业场所（2.5 分）	（1）是否具备企业法人资格（只针对招标代理机构）
^	^	（2）是否通过自有或租赁方式获得固定营业场所
^	设备、设施配备情况（2.5 分）	（1）是否有电子监控等办公设备、设施，且能正常使用
^	^	（2）是否具备开展政府采购代理业务所需的开标、评标场所
二级指标：内部管理（15 分）		
三级指标	投标（含谈判、询价）保证金管理水平（2 分）	（1）是否在中标通知书发出后 5 个工作日内退还未中标供应商的保证金
^	^	（2）是否在采购合同签订后 5 个工作日内退还中标供应商的保证金
^	^	（3）招标文件中规定的投标保证金数额，是否超过《政府采购法》、《74 号令》等法律法规中规定的比例
^	各类采购方式作业流程（5.5 分）	（1）是否有针对招标文件、竞争性谈判文件、询价通知书、评审报告等采购文件的质量控制制度
^	^	（2）对于询价、竞争性谈判、单一来源采购等非招标采购方式，是否有合理的、细化的采购流程
^	政府采购文件归档及备案情况（2 分）	（1）是否妥善保存包括采购活动记录、采购预算、谈判文件、询价通知书、响应文件、推荐供应商的意见、评审报告、成交供应商确定文件、单一来源采购协商情况记录、合同文本、验收证明、质疑答复、投诉处理决定以及其他有关文件、资料
^	^	（2）是否有录音录像资料（在公共资源交易中心采购的项目除外）
^	内控制度是否健全（5.5 分）	（1）有无单位日常管理规定内容
^	^	（2）委托代理协议签订是否合法
^	^	（3）是否有政府采购信息反馈情况
^	^	（4）代理机构依法为其专职人员缴纳了社会保险费
^	^	（5）是否有出借、出租、转让或者涂改资格资质证书的行为
二级指标：队伍建设（29%）		
三级指标	单位人员构成的合理性（15 分）	（1）专职人员数量能否满足政府采购业务的需要（参考值：30 人）
^	^	（2）参加过规定的政府采购培训、熟悉政府采购法规和采购代理业务的法律、经济和技术方面的专职人员占业务人员总数的比例（参考值：70%）
^	专职人员工作经验（7 分）	从事政府采购业务满 3 年的专职人员占业务人员总数的比例（参考值：60%）
^	专职从业人员职称、资格（7 分）	具有中级以上专业技术职务任职资格人数占专职人员总数的比例（参考值：60%）

续表

一级指标：过程指标（25分）		
二级指标：过程指标（25分）		
三级指标	是否采取规定的政府采购方式（9分）	（1）是否超出授予资格的业务范围
^	^	（2）邀请招标资格预审文件变更公告发布率
^	^	（3）招标公告发布率、中标公告发布率
^	^	（4）成交结果公告发布率
^	^	（5）招标文件变更公告发布率
^	^	（6）采购人委托代表参加评标委员会，是否向代理机构出具授权函
^	^	（7）属于公开招标范围的，是否有变更采购方式审批函
^	^	（8）若有进口产品，是否已报财政部门审核同意
^	^	（9）在邀请招标中，是否向投标人发出投标邀请书
^	^	（10）在竞争性谈判或者询价采购活动中，供应商的产生方式是否是以下3种中的一种：通过发布公告、从省级以上财政部门建立的供应商库中随机抽取或者采购人和评审专家分别书面推荐的方式邀请不少于3家符合相应资格条件的供应商参与。采取采购人和评审专家书面推荐方式选择供应商的，是否有采购人和评审专家的推荐意见。采购人推荐供应商的比例是否高于推荐供应商总数的50%
^	评审专家产生方式是否合法合规（4分）	（1）评审专家是否从同级或上一级财政部门专家库中抽取
^	^	（2）评审专家人员数量、构成是否合法
^	^	（3）评审专家抽取过程是否合法
^	^	（4）评审专家实际评标专家与抽取结果是否一致（含变更）
^	采购信息公布是否及时、完整规范（2.5分）	（1）招标公告和中标公告是否在指定媒体上发布，且信息真实
^	^	（2）招标公告和中标公告中是否包括规定的内容
^	^	（3）招标文件的发售期是否少于5日
^	^	（4）招标文件开始发出之日起至投标人提交投标文件截止之日止是否少于20日；从谈判文件发出之日起至供应商提交首次响应文件截止之日止是否少于3个工作日；从询价通知书发出之日起至供应商提交响应文件截止之日止是否少于3个工作日
^	^	（5）变更公告有澄清或者修改招标文件的，是否按规定发布更正公告
^	^	（6）中标公告期限是否不少于7个工作日
^	^	（7）代理机构受托代理采购人签约的，是否与成交供应商在中标通知书（或成交通知书）发出之日起30日内，按照采购文件确定的合同文本以及采购标的、规格型号、采购金额、采购数量、技术和服务要求等事项签订政府采购合同
^	^	（8）在发布中标公告的同时是否向中标供应商发出中标通知书

续表

三级指标	采购文件的内容是否准确、规范、合理（7分）	（1）招标公告文件内容是否完整
		（2）是否把不同专业的货物或服务合为一包招标
		（3）采购文件需求描述是否完整、清晰、无歧义、前后表述一致
		（4）采购文件需求描述若批准采购进口产品，是否已明示
		（5）采购文件需求描述有无指定产品、品牌、专利、专有技术、唯一性工艺或其他指向性技术指标
		（6）采购文件需求描述有无倾向性或者排斥潜在投标人的其他内容
		（7）采购文件中，评审方式是否规定并标明实质性要求和条件
		（8）评审方式是否包括详细的评分标准和方法
		（9）评审方式中采用综合评分法的，价格分值比重是否合理：货物应为30%~60%，服务应为10%~30%，执行统一价格标准的服务，价格不列为评分因素
		（10）评审方式中采用综合评分法的，价格分数是否统一采用低价优先法计算，即满足招标文件要求且投标价格最低的投标报价为评标基准价，其价格分为满分。其他投标人的价格分统一按照下列公式计算：投标报价得分=（评标基准价/投标报价）×价格权值×100
		（11）评审方式中采用综合评分法的，供应商资格条件不列为评分因素
		（12）采购文件中是否载明对产品的节能要求、合格产品的条件和环境标志产品、节能产品强制采购、优先采购的评标标准
		（13）采购文件中是否对小微企业给予6%~10%的价格扣除
		（14）采购文件中是否包括投标担保、履约担保和融资担保的规定，包含试点专业担保机构的联系方式
		（15）采购文件的合同条款中是否包括合同主要条款及合同签订方式
		（16）采购文件的合同条款中是否设置符合采购内容，没有明显违反合同法的条款
		（17）采购文件的合同条款中是否有明显不合理的支付条款
		（18）采购文件的合同条款中是否有明显不合理的运输、试用等条款
		（19）发出的采购文件是否与采购人确认的文件一致
		（20）对已发出的招标文件进行必要澄清或者修改的，是否在招标文件要求提交投标文件截止时间15日前；对已发出的谈判文件或询价通知书进行澄清或者修改，内容可能影响响应文件编制的，是否在提交首次响应文件截止之日3个工作日前，以书面形式通知所有接收谈判文件或询价通知书的供应商。时间不足的，是否按照规定顺延
		（21）开标的时间、地点是否与招标文件确定的时间、地点一致
		（22）开标唱标记录是否完整

续表

三级指标	采购文件的内容是否准确、规范、合理（7分）	（23）评审报告内容是否合格，有原始记录
		（24）采用综合评分法的，评委个人详细打分表和评分汇总表是否完整准确
	有无其他违法违规情形（2.5分）	是否按照依法推荐的中标候选人、供应商顺序确定中标供应商。没有在评标委员会依法推荐的中标候选供应商以外确定中标供应商。若改变，是否出具正当理由
一级指标：结果指标（26分）		
二级指标：业绩与信誉（13分）		
三级指标	采购数量及金额（2分）	（1）是否符合采购文件规定的实质性条件
		（2）采购产品与审批的采购内容是否一致，有无超预算、超标准采购
		（3）采购产品是否在保证采购项目质量和双方商定合理价格的基础上进行采购
		（4）采购发售费是否按照弥补采购文件印制成本费用的原则确定，有无以采购预算作为售价依据的现象
		（5）因报价未达底价而导致采购失败的次数
	争议解决（5.5分）	（1）答复质疑时，是否按规定书面答复质疑
		（2）如改变评标结果，质疑事项是否经财政部门认定
	廉洁及诚信状况（5.5分）	（1）单位本年是否发生腐败案例
		（2）是否加强反腐倡廉制度建设
二级指标：社会效益（13分）		
三级指标	采购政策执行情况（1分）	（1）是否对节能环保有促进作用
		（2）采购国货的比例
		（3）采购中小企业产品的比例
		（4）对供应商自主创新是否促进作用
	客户（采购人）满意度（3分）	（1）验收结果中不合格产品的比例
		（2）采购人的满意度
	供应商满意度（5分）	（1）代理机构是否指定供应商
		（2）对供应商有没有地域限制
		（3）对供应商有没有行业限制
		（4）对供应商有没有企业规模限制
		（5）招标文件中没有歧视或排斥其他供应商的条款
		（6）供应商满意度
	政府采购主管部门的评价（4分）	

表7-12即是本书关于招标采购机构考核指标体系的最终结论，可作为政府采购集中采购机构和招标代理机构专项检查以及自身能力建设的重要参考。

2

下篇
招标采购人员能力建设

招标采购法律制度的建立及完善，招标采购机构的发展和壮大，都为优质、高效地开展公共采购工作提供了坚实的基础。然而，无论是法律、法规还是规章制度，它们颁布以后并不会自行实施。每一个法律条款都必须最终转化为政府采购人员的具体采购行为，并且订立具有约束力的公共采购合同，才有可能实现国家建立公共采购制度的初衷。更进一步，合法的采购并不等于最优的采购。项目建设总成本，包含建设过程中的所有活动所带来的成本。它与采购合同额之间存在二律背反，即组织招标采购工作所花费的成本越高，招标采购合同的价格越低。反之则反。于是摆在招标采购理论和实务工作者面前一个十分现实的问题就是：如何尽可能较小地增加招标工作中的交易成本，却又能带来采购合同价格大幅度的降低，使得项目建设总成本最低？作者认为，提高采购人员的专业技能是最重要的途径之一。在本书的下篇，作者综合运用文献调研、实地调研等方式，回顾了我国招标采购从业人员的发展历史，系统、量化分析了当今招标采购从业人员的能力结构现状以及与所需能力的差距，分析了招标师职业水平、职业资格考试的情况，对于未来招标采购从业人员的培养方式、评价方式、职业自律等方面进行了分析和展望。

一、招标采购从业人员的产生及发展

我国在从计划经济向市场经济的转型过程中，配置资源的方式发生了根本性的变化。在市场经济条件下使用公共资金采购货物、工程和服务时，采用竞争性方式从市场上寻找供应商并与之订立合同。在这种背景下，招标采购这一公开、透明的特殊的合同订立形式应运而生。在经济转型过程中，招标采购机构这一具有中国特色的中介组织得以快速发展。其中，自从其诞生至今的30年发展过程中，招标采购从业人员的角色、功能、与招标人的法律关系以及自身的构成和市场竞争状况发生了巨大的变化。本节对这一变化过程进行详细梳理，并在此基础上对于招标采购从业人员的未来做出展望。

（一）招标代理行业的产业生命周期

查尔斯·罗伯特·达尔文在《物种起源》一书中将生物的进化过程大体分为过渡繁殖、生存竞争、遗传变异、适者生存四个阶段。这一生物学概念后来被引入到经济学和管理学理论中首先应用于产品，以后又扩展到企业和产业。产业生命周期理论最早由 Raymond Vernon 于1966年在产品生命周期理论基础之上逐步发展、演化而形成。Gort 和 Klepper 在定量研究的基础上，对这一理论进行了完善，将一个产业的发展过程分为导入期、成长期、成熟期和衰退或蜕变期。本书作者通过研究发现，中国的招标代理行业的发展符合产业生命周期理论所描述的发展阶段。相应地，招标采购从业人员在不同阶段呈现出不同的特点。

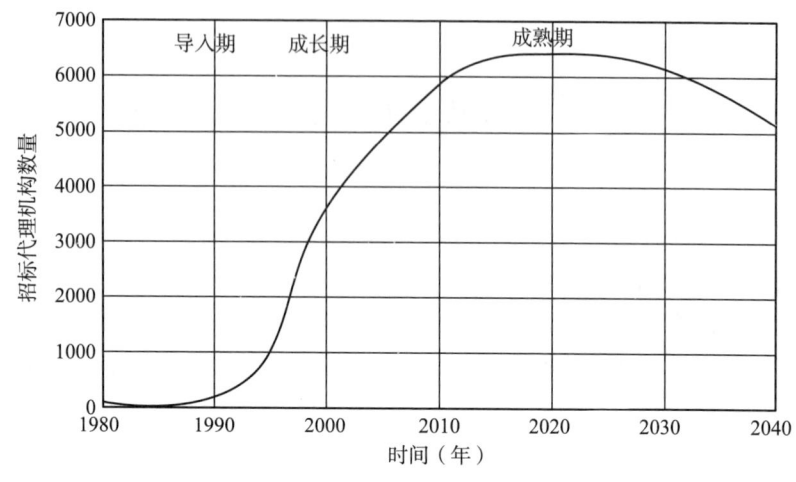

图 1-1　招标代理行业的产业生命周期

（二）导入期的招标代理从业人员：1980~1993年

1. 招标代理机构的起源及最初不甚明确的法律属性

招标代理机构脱胎于外贸代理公司。我国的外贸代理公司产生的基础是行政审批制度下进出口经营权的垄断。1980年，国家开始在外贸领域提出由传统的统购统销制转向外贸代理制的改革，允许专业外贸公司从事外贸代理业务。1984年，国务院批转了《对外经济贸易部关于外贸体制改革意见的报告》。此后，推行外贸代理制一直是我国外贸改革的主要内容之一。在法律层面，代理制的依据只有1986年的《民法通则》。其中第六十三条规定：公民、法人可以通过代理人实施民事法律行为。代理人在代理权限内，以被代理人的名义实施民事法律行为。被代理人对代理人的代理行为，承担民事责任。可见，《民法通则》只承认了显名的直接代理关系，没有赋予代理人以自身名义实施民事法律行为，即隐名的间接代理的权利。为了弥补法律层面对于间接代理法律关系的缺失，1991年原外经贸部颁布了《关于对外贸易代理制的暂行规定》（以下简称《暂行规定》）。其中第十五条规定受托人根据委托协议以自己的名义与外商签订进出口合同，并应及时将合同的副本送交委托人。受托人与外商修改或变更进出口合同时不得违背委托协议。受托人对外商承担合同义务,享有合同权利。《暂行规定》以部门规范性文件的形式为当时外贸领域实践操作中广泛存在的间接代理的法律关系提供了法律依据。

在市场经济法制建设的初期,通用的、用于规范民事行为的、层级较高的《民法通则》与行政色彩浓厚的、用于规范外贸领域的、层级较低《暂行规定》共同作用于外贸代理这一法律关系的结果是:外贸行业主管部委的《暂行规定》明显占了上风。用政府的管制性的规定作用于外贸代理行为,使后者不能成为《民法通则》所描述的平等民事主体之间的自愿行为,而成为一种法定的强制性代理行为。这种行政主导的解决方案在从计划经济向市场经济转轨的初期具有很强的代表性及现实意义。这种强制性的代理关系同样适用于当时刚刚成立的招标代理机构。准确地说,此时还没有作为独立法人的招标代理机构。当时的招标代理机构是以外贸代理公司的部门或分公司的形式存在的。而"招标代理权"并没有形成一个正规的资质或法律授权,其法律依据除外贸经营权外,主要是当时机电产品进口的相关部门(包括各行业主管部、原外经贸部、原机械部、原国家经贸委和国务院机电设备进口审查办公室、海关、银行、商检等)颁发的部门规章、规范性文件乃至约定俗成的惯例。这一做法也得到了世界银行等贷款方的认可。

2. 导入期的招标采购从业人员及其服务

从需求方面看,招标代理业务局限在世亚行等外资项目上。市场规模比较稳定。在供给方面,各种成文的规章和隐性的要求为当时的招标代理行业建立了极高的进入壁垒,加之招标投标这一交易方式进入中国不久且仅在以世行项目为主的外资项目中发挥作用。因而在招标代理行业导入期的这十几年的时间里,只有中国技术进出口总公司和中国化工建设总公司等四家国有外贸公司(业内俗称"老四家")从事招标代理业务。市场集中度高,代理费定价采用一事一议的方式,没有统一规范。由于这四家公司分别具备技术、化工、机械、仪器等不同的行业背景,在承揽招标代理业务时并未形成实质性的竞争和冲突,因而在招标代理市场形成了卖方（这里指招标代理机构）主导的寡头垄断格局。由于市场整体规模不大，每家公司的招标代理业务年营业额（与后来相比）并不高，但比较稳定，约为每年几亿到十几亿美元不等。

在导入期，招标代理机构从业人员的知识背景以外语、外贸为主。随着外贸行业到20世纪90年代中期发展到高峰，其时具有垄断的招标代理经验权的"老四家"吸引了一大批名校毕业的高材生。这些人经过一段时间的学习和实践，其中一部分人陆续成为招标代理行业的骨干力量。

导入期的招标采购从业人员提供的服务主要体现在两个方面：一是代表或协助业主（当时并没有"招标人"或"采购人"的概念，如果有的话，对外商而言，招标人是反而是招标代理机构。那时的业主通常被称为"需方"或"最终用户"。）办理与项目特别是与机电设备进口有关的审批手续，包括办理进口许可证、减免税或退税手续、进口报关手续等。在当时的行政体制下，相关的审批手续必须通过具有招标代理权的公司办理才能够完成。二是提供外语、外贸、招标工作的专业服务。外资项目中，贷款协定、招标文件、投标文件、评标报告及合同等所有的采购文件均用英文编制。招标投标这一特殊的合同订立方式尚未为国人所熟知。由于业主在人才、外贸知识和招标程序三方面的欠缺，由业主自行招标采购是不可能的。又由于大部分业主得到外资的机会十分有限，由业主自行建立一支招标采购队伍又是不现实的。所以招标采购从业人员为业主提供了文件翻译、开标评标、合同谈判、合同争议解决等方面的专业服务。三是招标采购从业人员利用自身对于本专业领域及国际市场的了解，为业主提供供应商资料及国际市场行情，在技术方案选择、设备选型方面为业主提供信息服务。

3. 导入期的招标采购从业人员在招标采购制度中发挥的作用

毋庸置疑，由于对内（业主）强制、对外（商）间接代理的法律关系、寡头垄断的市场地位、拥有较高的学历和素质、提供专业并且不可替代的服务，在导入期的招标采购从业人员在对内代理及对外组织招标采购活动均占据强势的主导地位。在政府与企业的职能尚未完全分开、产权界定不十分明晰、业主的市场主体地位没有完全确立的情况下，业主并未被赋予完全的法律责任，相应地，未分配给其十足的采购权，这一权利—义务配置是比较平衡的。招标代理机构在当时的历史条件下，对内行使了一部分政府管理职能以及采购人的采购职能。而对于世亚行来说，也乐于与没有语言障碍、熟悉招标采购程序的招标采购从业人员打交道。招标采购从业人员对于招标投标这一方式成功登陆中国发挥了不可替代的作用。

（三）成长期的招标代理行业及其从业人员：1994～1999年

1. 快速发展的招标代理实践对立法的迫切需求

1994年颁布实施的《对外贸易法》是我国外贸领域的基本法，在经济贸易领域起统领作用。其中第十三条规定：没有对外贸易经营许可的组织或者个人，可以在国内委托对外贸易经营者在其经营范围内代为办理其对外贸易业务。接受委托的对外贸易经营者应当向委托方如实提供市场行情、商品价格、客户情况等有关的经营信息。委托方与被委托方应当签订委托合同，双方的权利义务由合同约定。《对外贸易法》首次在法律层面确立了外贸代理制度，"强调"了外贸经营权的管制性。遗憾的是，它没有在法律层面确认隐名的间接代理这一代理形式。在代理关系问题上，《对外贸易法》不仅没有解决《民法通则》与《暂行规定》的矛盾，反而将这种冲突上升到法律与法律的冲突层面，造成了法律适用上的混乱。

实践的发展不会因立法的迟滞而止步。由于招标采购项目规模的增大、数量的增多，各类招标投标及合同纠纷也纷至沓来。在招标采购实践中，招标代理机构对委托人收取1%左右的代理费，对供应商享有100%合同权利并承担100%的合同义务，权利—义务配置明显失衡。这种不合理性在给当事人带来困扰和损失的同时，也对间接代理这一代理模式的法律依据提出了迫切的需求。

2. 成长期的招标采购从业人员及其服务

随着招标投标流程的不断成熟和完善，招标代理市场不确定因素减少、风险降低。特别是"老四家"因垄断地位而获取的超额利润引起了同行们的关注。在招标代理行业的成长期，有越来越多的新企业涌入或试图涌入这一行业。

此时的招标代理机构大多隶属于地方政府、行业主管部门和招标管理部门，同体监督和多头管理的问题开始显露出来。随着招标代理行业管理的规范和透明，行业进入壁垒开始降低。招标代理机构数量的增长速度超过了市场需求的增长速度，原先被"老四家"垄断的招标代理市场逐渐被新的进入者蚕食。招标代理机构之间开始有了一定程度的竞争。

专业的外贸代理公司20世纪90年代中期发展到巅峰之后逐步走向平稳和衰落，部分骨干人才开始外流到其他行业。新成立的招标代理机构作为一个新兴行业尚未被社会所熟知，特别是并未在市场上取得超额利润。所以此时的招标代理行业已无法像过去那样吸引学校里和社会上的顶尖人才，相当一部分人员是从对应的行业和地方政府管理部门转行而来。此时的招标代理从业人员具备一定的学历背景、相关管理经验和必要的职业道德水平。

总体而言，招标代理机构仍在为业主提供招标业务工作，立项、进口、减免税等项目相关手续以及提供市场行情等方面的工作。但由于招标这一采购程序开始被国内了解和熟悉，以及部分业主有了重复性的采购工作，所以业主在整个项目采购工作中发挥越来越多的作用，招标代理机构所提供服务范围和深度，特别是在项目立项、进口手续及合同管理方面的服务开始逐步减少。另一个变化是根据业主需求的不同，各招标代理机构为业主提供了差别化的服务。业主与招标代理机构双方初步明确了委托代理关系，普遍签署委托代理合同。代理合同的格式和内容逐步规范，比较详细地划分了双方的权利及义务。业主开始就代理费标准进行讨价还价。

3. 成长期的招标采购从业人员在招标采购制度中发挥的作用

在法律方面，《民法通则》确立平等自愿的直接代理关系与《对外贸易法》所规定的管制性的以间接代理为主的代理关系共同地但却矛盾地作用于招标代理行业。这两部法律僵持的结果是《暂行规定》所确立的外贸代理机构的强势地位在下降。在市场经济转型方面，招标人的主体资格逐步被确立，政企职能逐步分开。在业务能力方面，业主的能力在增强，招标代理机构的能力在削弱。在市场竞争格局方面，原先少数招标代理机构对市场的垄断格局被打破。以上因素共同作用的结果表现在采购权的分配上（主要体现为评标过程以及评标报告的编写），形成了业主、招标代理机构、设计单位三足鼎立的局面。尽管在不同的采购项目中采购权的分配有所差异，但三者相互牵制、相互制衡的局面却几乎是所有招标项目的共性。这种并非有意设计的采购权的均衡分配因比较符合世亚行的采购理念而得到了后者的认可。此时业主对项目建设所承担的责任与在采购中所拥有的权利依旧没有全部到位，权利—义务配置仍然比较平衡。招标采购从业人员在这一时期能够比较规范地完成招标代理工作，在评标定标环节具有一定的影响力，积极培训采购人，顺畅地与世亚行及各政府部门沟通，促进了招标代理行业的健康发展，在整个招标采购制度中发挥了重要作用。

（四）成熟期的招标代理行业：2000年~职业资格制度建立之前

1. 招标代理的法律地位得到明确

在委托代理的法律关系方面，1999年我国颁布实施了《合同法》，补充、完善了代理制度，平衡了当事人的权利义务。同样于1999年颁布的《招标投标法》首次在法律层面上明确了招标代理机构的法律地位，为招标代理行业的大发展奠定了法律基础。全国人大于2004年4月修订通过《对外贸易法》，取消了外贸经营权的门槛限制，并将对外贸易经营者的范围扩大到个人。招标人与招标代理机构之间的法律关系明确为平等民事主体间的委托代理关系。双方的权利义务由自愿洽商的委托代理协议所规定，代理人可以根据协议采用直接代理或间接代理的方式开展招标活动。

2. 成熟期的招标采购从业人员及其服务

在招标代理行业的导入期和成长期，虽然代理机构间也存在一定的竞争，也有极个别的企业退出，但由于市场的容量一直在快速增长，招标代理机构总能在市场中生存，所以市场进入者的数量远远大于退出者的数量。到了成熟期，市场已经开始分化。行业领先企业逐步占据主导地位。它们依靠资质、人员、资金、政策、客户群等方面的优势，不断通过内部扩张、外部兼并、在各地建立分支机构等方式扩大规模，并依靠规模经济获取超额利润。根据中国招标投标协会于2009年9月开展的全国招标代理机构诚信创优活动的相关统计，招标代理业绩在40亿元以上的机构有129家，最高的达到1000多亿元。另外，此时不断有新的企业进入招标代理行业，由于市场需求增长速度减缓，招标代理机构间的竞争日渐激烈，部分企业因为难以适应竞争环境，只有退出该产业。但由于总进入数大于总退出数，因此总的产业规模依旧在不断增长。替代品（这里主要指采购人自行招标）开始出现并快速增长，招标代理产业的竞争力整体下降。

招标代理机构的数量和规模呈快速增长的态势，社会需求非常不适应的是：国内高校培养的招标采购专业人才每年不足百人，高素质、专业化的政府采购人才资源非常稀缺。从数量而言，大部分招标代理机构规模小、人员素质良莠不齐。典型的小型招标代理机构的人员结构是：一名老板负责拉客户、跑关系，几名学历不高的业务员负责网上操作相关的招标业务流程和评标等会务工作。

由于内资和政府采购项目占了目前招标市场的绝大部分份额，文字和语言翻译以及进口报关手续已不再是大多数招标代理机构的服务内容。由于行业领先者的示范效应以及各类标准招标文件的出台，编制招标文件不再被视为一项有技术含量的工作。多数招标代理机构为业主提供的服务单一化、同质化，多停留在为招标人上网走流程、抽专家、提交资料、打印文件、组织会务等低层次代理服务上。由于原国家计委在2002年颁布了《招标代理服务收费管理暂行办法》，对于招标代理服务的取费标准进行了规范，使得各家招标代理机构又不能在价格方面进行实质性的竞争。于是，在一些地区、一些行业和一些招标人那里，竞争转入了拼关系、请客、送礼等灰色地带，甚至不乏商业贿赂等违法犯罪行为。相当数量的招标人把"用合法的招标程序掩盖不合法的采购意图或采购流程"视为选择和评价招标代理机构的标准。

3. 成长期的招标采购从业人员在招标采购制度中发挥的作用

在法律方面，《合同法》已经明确了招标人与招标代理机构间平等自愿的代理关系。外贸经营权的放开使得招标代理机构不再拥有任何垄断性的经营权。在市场经济转型方面，经过30年的发展，招标人的主体资格已经确立。在市场竞争格局方面，招标代理已由卖方市场转变为完全的买方市场。由于以上原因，招标代理机构在竞争、委托和招标过程中处于绝对的弱势地位，不再具有任何牵制或制衡采购人的职能。由于历史的原因，《招标投标法》将评标这一重要职能从招标人和招标代理机构手中剥夺，并赋予了临时性的非法人组织——评标委员会。此时业主对项目建设所承担的责任已经基本到位，但却丧失了评标权。评标委员会具有至高无上的权利，但却几乎不必或无法承担相应的责任。这种权利—义务配置严重失衡。此时，招标采购从业人员在整个招标采购制度中发挥的正面作用已经越来越小。由于招标投标管理中的条块分割、同体监督所引发的问题反倒越来越突出。招标代理行业的地方保护和区域封锁现象十分严重。一些招标代理机构迫于生存的压力，甚至走向了制度设计的反面。中国社会科学院2009年发布的《社会中介组织的腐败状况与治理对策研究》中称，招标代理机构常常成为违规牟取暴利的重要帮手。一些招标采购从业人员恶意串通，搞假招标，甚至操纵整个招投标过程，侵占国家和单位资金。部分从业人员唯利是图，在招投标中搞假投标、串标、围标。

按照产业生命周期理论，招标代理行业今后也将步入衰退或蜕变期。这一时期很可能发生在我国的经济增长速度和增长方式发生转变，固定资产投资开始减少的时候，也可能发生在我国的公共合同订立方式发生改变的时候。当前部分招标代理公司转型的经验为未来产业机构转型期间招标代理公司的发展方向提供了不同的路径选择：一是梳理内部流程、加强员工培训，为招标人提供标准化的招标采购流程服务。通过规模经济性来降低成本、提高效益；二是拓展服务范围，利用客户资源和自身的人才优势，将单一的招标采购服务延伸到项目融资、项目管理服务、造价、合同管理、供应链管理等领域，通过产品差异化、范围经济性来提高收入；三是整体进入大规模的企业集团，通过企业内部提供专业化的采购服务来获得长久生存和发展的空间。

招标采购作为一个行业将会长久地持续发展，为了更加适应市场经济的管理模式。行业主管部门已逐步将管理的重点从对企业的资质管理转移到对人员的能力素质提升方面。有关部门正在推行的招标师职业资格制度在此方面做出了有益的尝试。这将是未来相当长一段时期内的发展方向。

二、招标采购机构及从业人员现状

《招标投标法》和《政府采购法》颁布实施以来，我国招标采购机构得到了快速发展，形成了一个庞大的服务群体，在规范招标活动行为、保证招标工作质量、维护招标市场秩序、促进国民经济建设和社会发展等方面发挥了重要作用。

然而，伴随着我国招标投标制度的不断完善，市场主体的不断成熟以及越来越激烈的市场竞争，招标代理机构的生存和发展受到了严重制约。

为了深入了解我国招标代理机构及从业人员的生存及发展现状，中国招标投标协会分地区开展调研，采取调查问卷和现场座谈相结合的方式调研了我国华北及东北地区6个省的招标代理机构，根据了解有关情况。撰写了调研报告。

第一次，从2010年9月12日至30日，调研组采取了组织座谈、实地走访、抽样问卷等方式先后调研了东北三省、河北、内蒙古、山西等省的会员单位，举办了6次座谈会，共87家会员单位参加座谈，重点实地走访了11家单位。同时，下发调查问卷87份，回收有效问卷85份，对华北、东北地区招标代理机构的生存及发展情况进行了较为全面深入的调查研究。

第二次，2010年9月25日至10月18日，为了进一步调研我国招标投标行业发展现状，深入探讨目前招标投标制度运用存在的主要问题，了解市场各方主体对于规范招标投标市场秩序的意见和建议，共同探索招标投标行业改革创新，转变发展方式，保持健康、科学发展的途径，中国招标投标协会赴上海、江苏、浙江、湖北、湖南、安徽、山东等7个省、直辖市，通过座谈讨论和书面问卷两种调研方式，与170余家单位就招标投标行业现状和发展方向进行了广泛、深入的交流、研讨。

第三次，2011年初，中国招标投标协会采用"集中座谈"与"个别访问"相结合的原则进行调研。分别在兰州、西安、贵阳和重庆召开了四次座谈会，按照招标代理机构性质、规模的不同，邀请了新疆、青海、甘肃、宁夏、陕西、广西、贵州、四川、重庆、云南等10省市50家招标代理机构进行座谈，会后专门走访了其中11家单位。中国招标投标协会采用座谈、走访、统一问卷"三位一体"的方式收集材料，回收有效调研问卷50份。所有问卷经核实后进行编码，然后由小组人员进行统计分析和问题汇总。

第四次，2013年11月，中国招标投标协会采用问卷调查的形式，对58家招标代理机构的负责人进行了专项调研，内容集中于招标代理机构的人员素质方面。

（一）招标代理机构整体状况

1. 招标代理机构的数量经历了跨越式的大发展

我国1984年开始在工程建设领域实行招投标制，2000年《招标投标法》颁布后，招投标制度得到了全面推行，同时确立了招标代理机构的法律地位，也为招标代理机构的发展提供了契机，十年中，招标代理机构数量迅速增长。据2009年中国统计年鉴显示，仅工程招标代理机构就达4899家，此后数量仍在逐步上升。目前招标代理机构的数量大约在6000家。

2. 招标代理行业规模不断扩大

据初步估算，目前全国约6000家招标代理机构年招标额可达13.90万亿元，与2009年全国固定资产投资总额22.46万亿元相比，招标代理比例达到61.89%左右。

招标代理机构资格主要包括：中央投资项目、工程建设项目、机电产品国际招标[①]、政府采购[②]等四类资格，同时具备四个甲级资质的招标代理机构共有36家。从调研情况看，具备的资质越全，招标代理机构年均招标额越大，统计情况如图2-1所示，其中"四甲"指具备四个甲级资格的企业，其余类同。

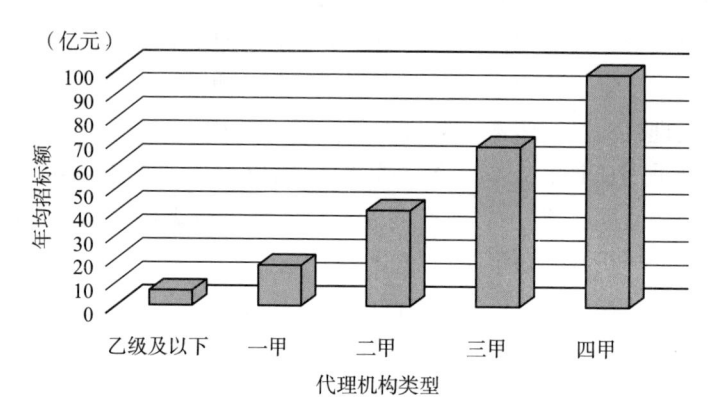

图2-1 各类招标代理机构营业规模

[①] 商务部于1014年2月21日颁布《机电产品国际招标投标实施办法（试行）》（商务部令2014年第1号），自2014年4月1日起施行，取消了机电产品国际招标机构资格审批事项。

[②] 根据《全国人民代表大会常务委员会关于修改〈中华人民共和国保险法〉等五部法律的决定》（2014年8月31日第十二届全国人民代表大会常务委员会第十次会议决定），自2014年8月31日起，取消财政部及省级人民政府财政部门负责实施的政府采购代理机构资格认定行政许可事项。

3. 招标投标制度基本得到落实

调研表明，招标投标制度在各地基本上得到了有效落实，相关数据统计结果见图 2-2。

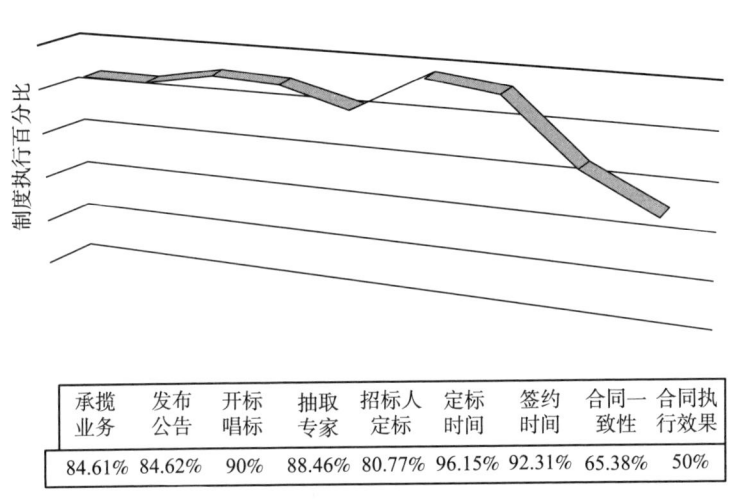

承揽业务	发布公告	开标唱标	抽取专家	招标人定标	定标时间	签约时间	合同一致性	合同执行效果
84.61%	84.62%	90%	88.46%	80.77%	96.15%	92.31%	65.38%	50%

图 2-2 招标投标制度执行情况

招标阶段：有 84.61% 的调查者认为，其在承揽代理业务时招标人没有出现指定中标人、材料供应商或分包人的情况；近九成的招标项目除在国家指定媒体发布公告外，同时在各级地方政府指定的媒介上发布。

开标阶段：有 90% 的调查者反映项目开标均由招标代理机构的人员主持开标、唱标并担任记录员，符合国家有关招投标的规定。

评标阶段：有 88.46% 的调查者反映，评标专家采用随机抽取的方式，在行业行政监督部门或代理机构组建的评标专家库中产生。

定标阶段：有 80.77% 的调查者反映，项目的中标单位由招标人确定；96.15% 的调查者反映，招标项目在评标结束后 30 天定标；有七成调查者反映，定标前招标人没有与中标候选人进行实质内容谈判。

合同签订阶段：有 92.31% 的调查者反映，评标结束后 30 天内可以完成合同签订；有 65.38% 的调查者反映合同内容与招标文件及中标人的投标文件基本一致；有50%的调查者反映招标项目执行结果较好。

4. 招标代理机构的规模分布

参与调研的招标代理机构以中小型企业为主，其中大型企业占2%，中型企业占41%，小型企业占57%。

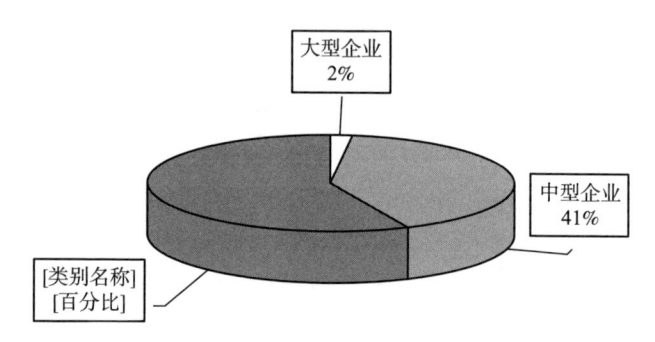

图2-3 招标代理机构规模分布

5. 招标代理机构的所有制形式分布

根据88家招标代理服务机构调研反馈的所有制形式统计，国有独资企业比例为26.51%、事业单位占8.43%、有限和股份制企业达48.19%、民营独资为14.46%。许多招标代理机构尚未完成改制脱钩，与行业主管部门或国有企业集团仍存在隶属关系或其他利益关系。这一状况，一定程度上制约了招标代理机构依法代理服务的公正和效率。

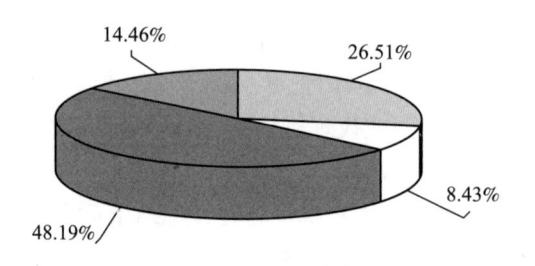

图2-4 招标代理机构所有制形式分布

6. 招标代理机构的收入及结构

招标代理收费按国家规定标准可以上下浮动20%，但是，据调研数据统计，2009年88家招标代理机构实际平均收费率约为0.42%，只有国家标准的38.5%左右。根据88家招标代理机构中有效的工程招标代理数据统计，2009年比2007年的平均年收入增加28.24%，但是平均盈利率却从12.90%下降到12.65%，下降了0.25%。

表2-1　　　　88家招标代理机构2009年平均收入情况

年份	服务类别	招标代理服务费（万元）	招标标的金额（万元）	代理平均收费率（%）	代理费盈利率（%）
2007	工程	681.635	138970.7359	0.49	12.90%
	货物	824.796	230199.8568	0.36	8.88%
	服务	250.265	68163.1633	0.37	12.69%
2008	工程	734.859	155720.0580	0.47	12.33%
	货物	883.836	224328.0929	0.39	9.62%
	服务	282.959	68163.5627	0.42	10.31%
2009	工程	874.134	241153.3250	0.36	12.65%
	货物	794.109	197035.0881	0.40	8.77%
	服务	312.709	32677.9462	0.96	12.53%

通过收入结构的变化趋势可以看出，招标代理机构的其他经营收入呈上升趋势，业务类别由简单的、低层次的程序服务，向高质量的、高层次的专业技术咨询服务转变。激烈的市场竞争使单纯依靠重招标程序服务的招标代理机构缺乏持续发展的动力，迫使招标代理机构将合法、优质、高效、专业的服务摆在发展首位。有的招标代理机构开始走集团化、延长服务链的道路。

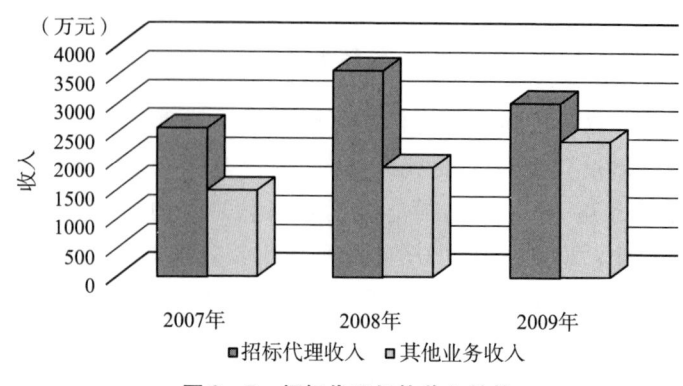

图 2-5 招标代理机构收入结构

7. 对招标代理机构现状和未来的看法

通过对58家招标代理机构管理者的调查问卷的回收发现，有26份问卷对于招标代理机构现状这一主观性问题进行了回答。其中26.9%的评价是积极的，主要内容包括："有付出有回报"、"有社会成就感"、"行业走向正规化"等；有11.5%的评价是中性的；有61.5%的评价是负面的，类似于"辛苦"、"受气"、"压力山大"这样的负面消极情绪占据了主导。比较有代表意义的一个答案是其中一个被调查人的答案，他用了"烦、繁、凡"三个字来概括工作的感受，即工作中的烦心事多，工作内容烦琐，工作平凡。从这些回答中我们可以看出，招标行业是一个比较辛苦的行业，同时作为中层或者以下的从业者，他们的社会成就感是比较低的。最极端者，居然使用了"被强奸"的字眼，从一个角度反映出招标代理机构恶劣的生存环境。

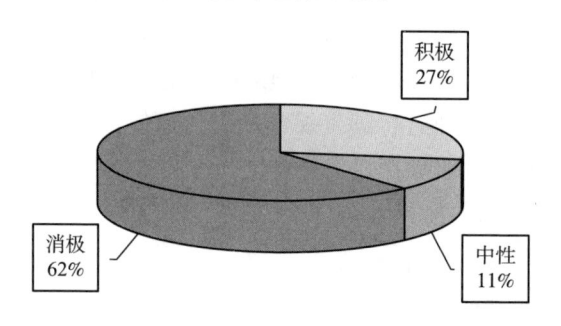

图 2-6 招标代理机构现状评价

有 27 份问卷对于招标代理机构未来这一主观性问题进行了回答，其结果略好于对于现状的评价。其中 26.9% 的看法是积极的，在看好行业发展前景的同时，也提出行业需要规范；有 30.8% 的看法是中性的，多数受调查者表示行业机遇与挑战并存，招标代理机构需要走专业化或多元化的道路，也有部分受调查者表现出了困惑和迷惘；有 46.2% 的看法是消极的，认为招标代理行业前景堪忧。

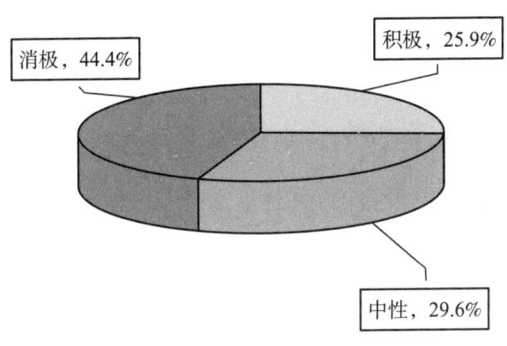

图 2-7 招标代理机构未来展望

（二）招标采购从业人员的状况

1. 招标代理机构的从业人员素质良莠不齐，规模低水平扩张

目前，约 6000 家招标代理机构中，规模小的招标代理机构从业人员只有 10 多人，年招标代理标的金额仅几十万元，规模大的代理机构从业人员有近 200 多人，全年招标代理金额上亿元。据 88 家招标代理机构提供的有效数据统计，年收入 5000 万元以上的招标代理机构共有 6 家占 14.63%，每家平均完成招标代理标的金额 97.3 亿元，合计占 28.49%；从业人员中具有高级职称的人员占企业人员的 24.91%，初级职称和无技术职称的人员占 22.9%，大专以下学历的人员达 28.75%，5 年以下从业人员达 26%，且职业和岗位流动变换频繁。这些情况说明招标代理机构数量虽然迅速扩张，但是单个规模普遍还比较小，没有形成规模效益，且从业队伍流动性大，稳定性差，职业素质亟待提高。

表2-2　　　　88家招标代理机构2009年人员构成分布

类别		总人数	10年以上	5年以上	本科以上	大专及以下	中级职称	高级职称	初级和无职称	招标师
汇总	合计	2678	987	997	1908	770	1398	667	613	653
	比例（%）	—	36.86	37.23	71.25	28.75	52.2	24.91	22.89	24.38
甲级以下	小计	191	52	75	105	86	94	49	48	17
	比例（%）	—	27.23	39.27	54.98	45.03	49.21	25.65	25.13	8.9
甲级	小计	2487	935	922	1803	684	1304	618	565	636
	比例（%）	—	37.6	37.07	72.5	27.5	52.43	24.85	22.72	25.57

2. 招标代理服务机构人员结构

在工程招标和机电设备国际招标、政府采购以及工程项目评估、工程监理、工程造价等服务资格能力中，据88家招标代理机构的有效数据统计，2009年，同时具有两项以上服务资格能力的企业占了75%，招标代理服务人员占总人数的46%，而其他咨询服务人员数量已经超过招标代理人员，达到总人数的54%，而且，其他咨询服务收入占总收入的比重已经从2007年的36.36%提高到2009年的43.26%。

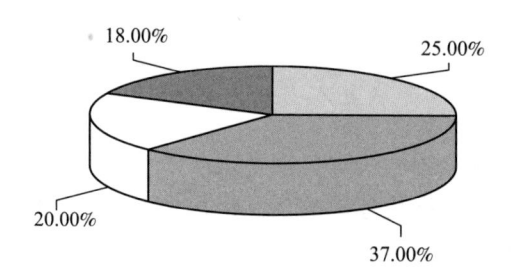

图2-8　招标代理机构服务类别分布

单项招标 18.00%　两项招标 25.00%　三项招标 37.00%　四项以上 20.00%

同时，也应该注意到，一部分招标代理机构业务范围向其他领域发展的重要原因是对招标代理市场无序竞争的现状失去了信心，继而产生了逐步放弃招标代理服务业务，转向工程监理、工程造价等咨询业务甚至其他高利润行业的意向。这就提示我们，规范招标代理市场秩序对于促进行业健康发展已经刻不容缓。

表2-3　　　88家招标代理机构2009年专业人员结构分析

类别		总人数	招标代理人数	其他专业			
				咨询	监理	造价	其他
总表	总计	5880	2678	368	2219	773	555
	比例（%）		46	6	38	13	9
甲级以下	总计	614	191	77	137	145	104
	比例（%）		31	13	22	24	17
甲级	总计	5266	2487	291	2082	628	451
	比例（%）		47	6	40	12	9

三、建立招标采购人员职业资格制度的必要性

经历了30多年的探索创新和发展完善，我国招标采购改革事业不断发展壮大，招标采购制度改革取得了显著成效。招标采购规模和范围逐步扩大，法规制度建设不断规范，规范化程度逐步提高，国际化进程不断加快，招标采购制度的先进性和优越性日益显现。同时，招标采购制度的改革与发展中还存在许多问题，比如，政策法规还不够完善，违法招标、规避招标、围标串标等问题还比较突出，操作执行环节不够规范，运行机制不够完善，部分招标采购结果价格高效率低，等等。产生这些问题的重要原因之一就是招标采购从业人员职业素质和能力还不完全适应改革需要。当前招标采购制度改革面临着深化改革、完善政策、推进国际化进程的任务和挑战，招标采购事业发展正处于一个关键的发展阶段，迫切需要建立统一的政府采购从业人员职业资格管理制度，建立专业化的政府采购从业队伍。

105

（一）招标采购人员在项目建设过程中发挥重要作用

从行业属性上看，招标代理行业隶属于服务业。在此对"招标代理服务"这一特殊的生产劳动形式的几个要点分三个部分进行阐释：

首先开展招标采购服务活动所必需的各种有形硬件设施，如会议室、开标室、评标室等提供服务的场所；以及计算机、打印机、投影仪等提供服务所需的设备等。上述硬件设施本身并不是服务，但它们为招标代理机构开展招标采购服务活动提供了各种支持与辅助功能，是招标代理机构开展服务活动、提供服务产品的基础。与此同时，采购人和供应商通过一些特殊的服务硬件设施，能获取一定程度的隐性收益——比如宽敞、明亮的开标大厅，安静、豪华的谈判室，具有计算机辅助评标系统的评标室等，都能改善服务对象愉悦的心理感受和即将接受高质量服务的心理预期。

其次是服务活动本身，即服务的过程。服务与其他生产活动的最主要区别，在于服务这项生产活动在很多时候需要服务的提供者与服务对象共同参与、共同完成。在多数情况下，无论是采购人对于招标代理机构的需求还是招标代理机构提供的服务产品都是无形的、不可触及的。这就需要招标代理机构与招标人时刻保持密切联系与沟通，招标代理机构要充分了解招标人的需求，然后运用各种有形的、无形的生产资料与资源，尽可能地满足招标人的需求，最终凭借满足招标人需求的服务生产过程，抑或是满足招标人需求的最终服务产品，获得招标人的满意。可以看出，服务活动本身是招标采购服务的关键环节，而这一环节的工作是由招标采购人员来完成的。招标采购从业人员的能力、素质和态度决定了服务活动的内容，也最终决定了招标采购项目的成败和招标人的满意度。本书作者在完成所承接的世界银行贷款"中国经济改革促进与能力加强项目"子项目——采购政策若干咨询任务的过程中，采用标准问卷调查方式，对当前多双边贷赠款采购执行、监管情况及所遇到的实际问题开展调研工作。在 2016 年 4 月，向中央协调部门、地方财政部门、地方协调部门、项目实施单位和招标代理公司发放并回收调研问卷。通过对收回的 136 份有效问卷的分析可以发现：绝大多数调研对象认为相关机构的人员能力对于整个项目的顺利实施发挥了非常大或比较大的作用。调研数据详见表 3-1。

表 3-1　　　　　　　　　人员能力发挥重要作用一览

发挥作用	票数	百分比
非常大	89	65.4%
比较大	42	30.9%
一般	3	2.2%
比较小	0	0%
没什么作用	2	1.5%
合计	136	100%

相应地，在分析"你认为今后选择多双边贷赠款项目的采购代理机构时应当考虑哪些方面"的这一问题的调查结果时，将调研对象对评价代理机构的各项因素排序的结果按照一定的数学方法转换为分数再行排序后，得知调研对象认为选聘招标代理机构时最重要的评价因素为：负责此项招标业务的人员自身资格、能力、业绩。调查结果如图 3-1 所示。

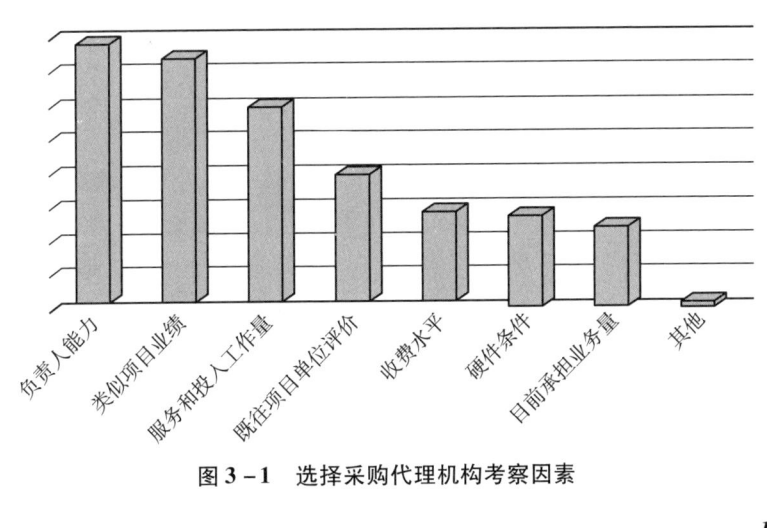

图 3-1　选择采购代理机构考察因素

最后是服务产品，即招标采购服务活动最终的成果。这里需要对招标采购服务的成果与招标采购的成果进行区分。招标采购的成果是通过招标及非招标采购方式所采购到的货物、工程和服务。而招标采购服务的成果则是通过招标采购机构及其人员的招标采购服务，为改善招标采购结果所付出的努力及得到的成果。虽然在对招标采购服务进行研究的过程中，笔者认为其中"无形"的服务过程相比"有形"的服务成果更加重要。但实际上，任何一项服务都不是完全"无形"的，正如之前提到的：招标采购服务需要作为基础支撑的有形场所与有形硬件设施。此外，很多招标采购服务产品还需要有形的载体，如作为招标采购智力成果载体的招标方案、招标文件、评标报告、合同、澄清文件，以及作为管理、信息等无形技术成果载体的 U 盘等。实际上，招标采购服务产品与成果是由"无形"和"有形"两部分共同组成的。

（二）招标采购机构生存和发展的需要

随着我国招标采购事业的不断向前推进，法规管制力度的不断加强，以合法合规经营、预防腐败为原则，强化招标采购机构业务创新和内部管理已成为必然趋势。

业务创新方面，一是以做精做专为目标。根据市场经济发展规律，随着市场发育的愈发完善，社会分工愈加细致，当今经济社会需要招标代理机构的业务范围不是大而全，对招标代理等中介机构的专业程度、服务质量要求越来越高。特色经营、资源整合、做精做专是招标代理机构生存发展的题中之义。因此，找准定位，选择优势行业做深、做透，在最能实现自身价值的领域通过兼并重组进行资源整合，实现规模扩张、效益提升和多种经营，是招标采购机构的必然选择。二是建立招标采购项目全过程管理机制。根据市场需要，招标采购机构业务需贯穿招标项目的可行性研究阶段、招标投标阶段、后评价阶段管理等各个阶段。三是利用信息技术对传统纸质招投标方式进行改造升级。通过电子招标投标的应用，逐步实现招投标流程无纸化、网络化、信息化，拓展增值服务。

内部管理方面，一是以人才兴业为基础。招标采购机构从业人员是招标工作的具体操作者，其专业技术能力、法律法规知识，尤其是职业道德对顺利完成招标采购工作具有重要作用。因此，从业人员是招标代理机构发展的基础，培养并造就一支高素质的专业队伍至关重要，从业人员的培训往往占招标采购机构成本支出的很大比例。建立招标采购从业人员的执业资格制度对建设懂技术、善经营、会管理的复合型从业人员队伍具有重要意义。招标采购机构不仅要走出一味追求从业人员数量的误区，更要努力建设成为人才密集型企业。二是建立现代企业管理制度。现代企业制度是适应社会化大生产和社会主义市场经济发展要求，以产权清晰、权责明确、政企分开、管理科学为主要特征的企业制度，其任务是适应市场、面向未来。新型企业制度与企业文化的充分结合是招标代理机构建立具有特色的现代企业制度的有效选择。

（三）进一步深化招标采购改革的需要

招标采购工作是一项业务性、专业性很强的工作，涉及工学、管理学、经济学、法学等多个学科，需要有高素质的招标采购从业人员作保障。对招标采购从业人员实行资格认证，是保证采购人员质量，促进政府采购事业发展的重要手段。特别是随着改革的深化，继续建立健全法律制度体系，不断扩大招标采购规模和范围，加强规范化管理，招标采购工作面临的矛盾和难题也比改革初期复杂得多，客观上对从业人员的综合能力和业务素质提出了更高要求，迫切需要加强专业化人才队伍的建设。

（四）符合党中央、国务院及相关法律法规的要求

在党的十八大报告中指出："要坚持党管人才原则，把各方面优秀人才集聚到党和国家事业中来。广开进贤之路，广纳天下英才，是保证党和人民事业发展的根本之举。要尊重劳动、尊重知识、尊重人才、尊重创造，加快确立人才优先发展战略布局，造就规模宏大、素质优良的

人才队伍，推动我国由人才大国迈向人才强国。加快人才发展体制机制改革和政策创新，形成激发人才创造活力、具有国际竞争力的人才制度优势，开创人人皆可成才、人人尽展其才的生动局面。"报告用了195个字，把人才工作作为党的建设的八项主要任务之一进行单列，从原则、重要性、指导方针、战略布局、总体目标、机制建设等方面把握新形势，对人才工作赋予了新内涵，提出了新要求，进行了新部署，吹响了向"人才强国"迈进的新号角，是当前和今后较长时间人才工作的"方向标"和"路线图"。

《招标投标法》第十三条规定："招标代理机构应当有能够编制招标文件和组织评标的相应专业力量。"为落实《招标投标法》要求，进一步提高招标代理机构从业人员的职业素质，强化职业责任，规范职业行为，《招标投标法实施条例》第十二条明确规定："招标代理机构应当拥有一定数量的取得招标职业资格的专业人员。"

《政府采购法》第六十二条规定："采购人员应当具备相关职业素质和专业技能，符合政府采购监督管理部门规定的专业岗位任职要求。"《国务院办公厅关于进一步加强政府采购管理工作的意见》中指出："各地区、各部门要继续加强政府采购从业人员的职业教育、法制教育和技能培训，增强政府采购从业人员依法行政和依法采购的观念，建立系统的教育培训制度。"

招标采购作为一个重要的专业领域，建立职业资格管理制度，有利于在全国范围内建立一支专业化的招标采购人才队伍。

（五）符合市场经济条件下行业管理的规律

在从计划经济向市场经济转型尚未完成前，我国的行业管理大多采用企业资质审批的模式。招标采购机构资质管理属于企业资质审批，而招标师资格管理属于个人职业资格管理。企业资质审批早于职业资格注册制度，形成于计划经济时代，体现了政府对行业和企业活动的直接干预，是政府行政职能介入社会微观经济活动的一种表现。

个人执业资格制度是政府对某些责任较大、社会通用性较强、关系公共利益的专业或工种实行的针对个人的市场准入控制。该制度打破了过去我国计划经济模式下高度集中、统一管理、统包统配、统一工资待遇的"职称"管理模式,是适应社会主义市场需要,政府依法进行准入控制的科学管理制度。

以下将从四个方面对招标代理机构资质管理和招标师个人资格管理的特点进行分析,力求能对招标行业资质资格管理提供一些思路。

1. 委托—代理问题

招标采购机构与招标人之间存在双层委托代理关系,第一层为招标人委托招标采购机构进行采购,第二层为招标采购机构将招标采购工作委托给具体的经办人员。在市场经济体制下,委托招标采购机构采购的委托代理成本相对较大。劳动关系的市场化和契约化是市场经济的两大特点。市场化主要表现劳动者自主择业、用人单位自主用工,劳动关系双方双向选择,市场在劳动力配置中发挥基础性作用。契约化主要表现为劳动关系双方就工资、工时、劳动条件等问题进行谈判和磋商,契约明确双方权利和义务关系。由于市场经济环境下从业人员的流动性增强,从事招标代理工作的专职人员可以自由择业,从一个招标采购机构到另一机构任职,甚至转换职业。招标采购机构资质认证属于企业资质审批,更多的具有政府行政审批的特点。在市场经济体制下对招标采购机构资质进行管理,并不能保证符合资质要求的招标采购机构中的从业人员一定具备从事相应招标代理业务的专业技术水平。此外,由于劳动关系双方利益不一致以及劳动关系的契约化,招标采购机构与从业人员之间的委托代理问题主要通过契约中的激励约束机制解决,委托人的监督成本较高。招标采购机构资质管理只能降低招标人与招标采购机构之间第一层委托代理关系的代理成本,而由于较高的监督成本和剩余损失的存在,第二层委托代理关系的代理成本较高。而在市场经济体制下对招标师资格进行管理,提高了招标行业从业人员自身素质和业务能力,降低了因从业人员决策而产生的剩余损失。因此,在市场经济体制下采取招标师资格管理的行业管理模式,委托代理成本较低。此外,通过招标师资格管理,将招标采购机构从业人员的声誉作为约束机制,提高了招标采购机构采取道德风险行为被发现后需要付出的代价从而降低了道德风险行为发生的可能性，进而降低了代理成本。与招标采购机构资质管理相比，招标师资格管理更好地体现了责、权、利相一致的原则。它将责任主体落实到个人身上，在建立了完善的行业诚信体系和个人信誉机制的前提下，个人的不诚信行为将对其声誉造成严重损害，增加其之后从事招标代理工作的成本。对于严重的违纪违法行为，个人职业资格的管理部门甚至可以取消证书登记，并由发证机构收回其执业证书。

2. 信号显示作用

信号显示理论可有助于解决招标代理行业的委托—代理问题，降低代理成本。迈克尔·斯彭斯的信号发送理论认为：在劳动力市场上，雇主和雇员存在着信息不对称，雇员更了解自身生产力水平和素质，与雇主相比，存在着信息优势。作为信号的文凭或证书有助于减少雇主对雇员生产能力评价的不确定性，有助于改善劳动力市场上雇主与雇员的信息不对称状况，从而提高劳动力市场的运行效率。

信息优势的一方通过制造或显示市场信号使信息劣势的一方确信他们的能力或其产品的价值和质量。只有存在充分的信号成本差别时，信号显示才能成功。不同能力的人接受教育的成本不同，接受教育的成本与个人能力成反比。由于雇员面临报酬和就业机会等方面的巨大差别，能力较高的个人愿意支付相应成本，选择接受更高等的教育和考取相应证书，因此教育水平或证书可以作为社会成员生产率和素质的信号。因此，招标采购机构资质管理和招标师资格管理都能起到信号显示的作用，但两者相比，又存在着不同的特点。

对于招标采购机构资质的认定，主要对招标采购机构的资金规模、财务状况、业绩等做出了要求。但招标代理行业属于咨询服务业，服务类产品不同于有形的工程和货物，具有无形性和差异性提供服务类产品的专职人员技术水平直接决定着服务类产品的质量。由于从事具体招标代理业务人员的不同，具有相当财务能力、营业额和业绩的招标采购机构的专业技术水平不一定相同，提供的招标代理服务的质量也会具有差异性。因此，对招标采购机构资质的管理虽然能够作为机构资金规模、营业额、业绩等硬件条件的显示信号，却不能说明具体从事招标代理业务的专职人员的专业技术水平，进而也不能保证提供的服务的质量。相比于从业人员资格管理，机构资质管理的信号显示作用较弱。而招标师资格管理直接对从业人员资格进行管理，要求从业人员通过招标师职业考试认证，符合市场经济环境下对招标代理业务职业能力的要求，说明从业人员具备相应的专业技术水平，进而保证从业人员提供的招标代理服务质量。因此，招标师资格管理的信号显示作用更强。

3. 竞争性

招标采购机构资质管理发展时间较长，随着资质认证管理的推广，一些弊端也显现出来，由于行业准入门槛低，致使近几年出现了大批的代理机构，招投标市场已渐渐达到饱和状态，在巨大的竞争压力下，挂靠出借资质、压低代理收费标准、暗箱操作等不正当竞争行为涌现，为招投标行业的健康发展埋下了隐患。

而后起的个人资格管理在竞争性方面则表现出了一定的优势。在个人资格管理方面，设定了继续教育、业绩情况等作为能力考核指标，这可以促进招标师的自我提升以及招标师横向竞争。在个人资格认证之后，招标业务的责任主体更多为个人，赏罚机制更加具有针对性，责任权利义务明晰，这也为招标师自我约束、自我提升提供了动力。

4. 信用制度主体转变

从对企业资质的管理到对个人资格的管理，是我国信用制度经历的从计划经济到市场经济的变迁，也是随着社会发展的必然趋势。在新旧经济体制转变过渡过程中，在规范和约束某些经济活动时新旧制度产生矛盾和摩擦，信用制度没有有效衔接，导致信用建设出现"真空地带"，使得经济活动无所适从，影响了信用制度的"可信度"与"约束力"。此时，招标采购机构资质认证就具有一定的必要性，因为政府部门代表公众利益进行市场准入和清出管理，具有公信力和制约力，有利于维护招投标市场的"公开、公平、诚信、守法"的经济秩序，可以适当减轻这种扭曲。

但是随着社会转型的深入，诚信体系不断趋于完善，资质管理的重点也向个人资格方面转移。信用制度规则作为制约、规范人们行为的一种约束机制，使人们能够对未来形成稳定的预期。信用主体在依据这一制度规则调整自己行为的同时，也能合理地预测他人的行为，这就大大减少了个人决策的不确定性，减少了人与人之间的交易成本。个人信用制度将成为社会诚信制度的核心，完善高效的个人信用制度是建立我国社会诚信体系的突破口。当今社会人员的流动性普遍增强，对个人资格的动态监管的可行性要高于对机构的资质监管，而且加强对个人资格的管理也符合市场发展与国际化的趋势。

招标投标是经济活动的重要一环，招标投标的规范性和程序性提高了我国经济运行的效率。经过资质认证的招标采购机构以其专业性、规模性和规范性在我国招标投标实践中扮演了重要的角色。招标师资格认证是随着市场经济制度的成熟完善逐渐发展起来的，相比招标采购机构资质管理而言，在减少委托代理成本、体现信号显示作用、增强良性竞争和建立个人信用体系方面更具有优势，也更适应市场经济的发展。

四、招标采购专业技术人员职业水平评价制度的建立实施

应把招标采购从业人员队伍建设提高到人才战略的高度，建立全面系统的招标采购人员培养制度，形成定期培训、定期考核、优胜劣汰的培训体系。应推动从业人员职业化发展。加快建立招标采购从业人员准入制度，通过对招标师的继续教育以及动态管理，保证从业人员具备良好的业务水平和执业道德。与此同时，还应加强政策宣导，提高从业人员的诚实守信、优质服务及清正廉洁意识。严格从业规范和行为准则，推进从业人员优胜劣汰，完善违法违规行为的惩处机制。

（一）招标采购专业技术人员职业水平评价制度的建立

2007年，原人事部、发改委联合发布《招标采购专业技术人员职

业水平评价暂行规定》和《招标师职业水平考试实施办法》，标志着我国招标采购专业技术人员职业水平评价制度正式建立。

2010年5月，国家开始对招标师职业水平证书实行登记服务管理制度，建立了专门的中国招标师登记服务系统，为全国招标师提供网上注册登记、考试成绩查询、电子证书颁发、从业监督等一系列服务的平台。受发改委的委托，中国招标投标协会于2011年制定发布《招标师职业继续教育管理办法》，并规划制定了招标师继续教育课程体系。通过对招标师的继续教育以及动态管理，保证从业人员具备良好的业务水平和职业道德。

（二）招标师职业水平考试的科目设置及考试办法

经过国家发改委及中国招标投标协会多次组织行业内专家研讨、论证，招标师职业水平考试科目为《招标采购法律法规与政策》、《项目管理与招标采购》、《招标采购专业实务》和《招标采购案例分析》4个科目。

招标师职业水平考试分4个半天进行。《招标采购法律法规与政策》、《项目管理与招标采购》和《招标采购专业实务》3个科目的考试时间均为2.5小时；《招标采购案例分析》科目的考试时间为3小时。

考试成绩实行2年为一个周期的滚动管理办法，参加考试的人员必须在连续的两个考试年度内通过全部4个科目的考试。

（三）考生报名参加招标师职业水平考试的情况

从2009年至2014年，招标师职业水平考试共举办了6年，累计有218805名考生参加了考试，其中45917名考生通过了考试[①]。在社会上特别是招标采购行业产生了巨大的影响。6年来考试报名、参加考试及通过情况如表4-1所示。

---

① 相关数据由本书作者根据中国招标投标协会网站上公布的数据汇总得到。

表 4-1　　　　　历年招标师职业水平考试通过情况

年度	报名考试人数	实际参考人数	合格人数	应考率（%）
2009	65665	39319	9863	59.88
2010	61307	44353	8455	72.35
2011	46419	31703	4894	68.30
2012	51895	35013	3977	67.47
2013	59205	39590	6579	66.87
2014	48381	28827	12149	59.60
合计	332872	218805	45917	

各年度单科及整体通过率情况见表 4-2。

表 4-2　　　历年招标师职业水平考试单科及整体通过率　　　单位：%

年度	法律法规	项目管理	专业实务	案例分析	总通过率
2009	48.00	38	56.00	43.00	25.08
2010	11.35	38.17	22.87	36.93	19.06
2011	53.35	25.96	20.23	19.45	15.44
2012	18.29	20.59	20.17	21.64	11.36
2013	41.12	27.06	26.00	37.90	16.62
2014	49.56	53.11	53.82	55.01	42.13

五、招标师职业资格制度的建立

（一）招标师职业资格制度的建立

2013 年 3 月，人力资源社会保障部和国家发改委联合发布了《招标师职业资格制度暂行规定》，对依法从事招标工作的专业技术人员，实行准入类职业资格制度，纳入全国专业技术人员职业资格证书制度统一规划。这是我国招标师职业资格水平的一大提升，也是我国在资格认证上与国际接轨的体现。

(二) 其他相近行业职业资格制度情况汇总

为了使新建立的招标师职业资格制度更加符合职业资格管理制度的规律，本书作者对注册会计师、律师、物流师、建造师和造价工程师 5 个已经实施职业资格管理的制度进行了深入分析和比较，情况如下。

1. 注册会计师

(1) 概况

注册会计师（Certified Public Accountant，CPA）是会计行业的一项执业资格考试。

成立于 1988 年的中国注册会计师协会是财政部领导下的一个全国性协会，也是中国唯一的会计执业团体。我国从 1991 年开始实行的注册会计全国统一考试制度。1993 年起每年举行一次，已举办 18 次。《中华人民共和国注册会计师法》于 1993 年 10 月 31 日第八届全国人民代表大会常务委员会第四次会议通过，1993 年 10 月 31 日中华人民共和国主席令第十三号公布，1994 年 1 月 1 日起施行。中国注册会计师行业管理信息系统显示，截至 2015 年 12 月 31 日，全国共有会计师事务所 8374 家，其中总所 7373 家，分所 1001 家。从地区分布情况看，广东（含深圳）、北京、山东会计师事务所（含分所）的数量仍居前三位，分别为 816 家、636 家、599 家。全国合伙制事务所（含分所）共有 3689 家，占比由 42.3% 上升至 44.05%；有限责任制事务所（含分所）共有 4685 家。

截至 2015 年 12 月 31 日，中注协共有注册会计师 101376 人。从地区分布情况看，北京注册会计师数量最多，有 12762 人，占全国总数的 12.73%；排名第二的是广东，有 9028 人（其中深圳 3054 人）；第三是四川，有 6356 人。

从学历结构看，本科及以上学历的注册会计师共 51294 人，占比上升至 50.60%。其中，本科学历的共 45670 人，占 45.05%；硕士学历的共有 5123 人，占 5.05%；博士学历的共 501 人，占 0.49%。大专学历的注册会计师共 50082 人，减少 522 人，占注册会计师总数比例由 51.09% 下降至 49.40%。从年龄结构情况看，41～50 岁的注册会计师最多，占比 39.13%；30 岁以下的，占比 6.21%。据统计，50 岁以下注册会计师占比 67.65%；各年龄段数据与 2014 年相比，40 岁以上的注册会计师占比增加，40 岁以下注册会计师占比减少。具有高等专科以上学校毕业学历或者具有会计或者相关专业中级以上技术职称的，都可参加注册会计师全国统一考试。

为境外专业人士参加中国注册会计师考试提供了便利，更为在全球范围内吸引行业专业人才加入中国注册会计师队伍，提升中国注册会计师整体服务能力提供了重要的机制。2006 年 11 月 14 日，土耳其伊斯坦布尔，第十七届世界会计师大会期间，中国注册会计师协会与英格兰及威尔士特许会计师协会签署协议，委托英格兰及威尔士特许会计师协会代理中国注册会计师统一考试欧洲考区的考务工作。中国注册会计师考试首次在欧洲设立考区，此次考区是在中国境外设立，面向境外考生的中国注册会计师第一个境外考区，第一次考试于 2007 年 1 月 26 日至 28 日举行，考点设在比利时首都布鲁塞尔。考试大纲采用中国财政部注册会计师考试委员会发布的《2006 年度注册会计师全国统一考试大纲》。

（2）考试方式

自 2012 年起，将在注册会计师全国统一考试专业阶段和综合阶段实行计算机化考试（简称机考）。即，考生在计算机终端获取试题、作答并提交答案（1967 年 12 月 31 日（含）以前出生的报名人员，可以选择机考或纸笔作答考试方式。中国港澳台地区居民及外国人和欧洲考区的报名人员，可以选择机考或纸笔作答考试方式。为此，为选择纸笔作答考试方式的特定范围报名人员设立专门考区。专业阶段考试考区设在石家庄、武汉、西安 3 个城市；综合阶段考试考区设在武汉。中国港澳台地区居民及外国人选择纸笔作答考试方式的特定范围报名人员专门考区设置在北京、上海、香港、澳门）。

（3）考试年限

考试年限为 5 年，从通过第一科考试时间开始算起，5 年内必须全科通过注册会计师全国统一考试，否则第一年通过的考试成绩将作废，以此类推。

（4）成绩管理

应考人员答卷由全国考试委员会办公室集中，并依据财政部注册会计师考试委员会下发的《注册会计师全国统一考试试卷评阅规则》组织评阅。考试成绩由全国考试委员会认定，由各地方考试委员会办公室复核后通知考生。

每科考试均实行百分制，60 分为成绩合格分数线。

成绩发布后，如果考生本人认为所发布的成绩与本应取得的成绩有差距，可由考生本人在全国考办当年考试成绩发布之日起 1 个月之内向报考地注册会计师考试委员会办公室提出成绩核查申请，全国考试委员会办公室将依据财政部注册会计师考试委员会下发的《注册会计师考试成绩核查试行办法》、《注册会计师考试成绩核查试行工作规程》组织成绩核查，每门课程的复查费用是 100 元。

单科成绩合格者，其合格成绩在取得单科合格成绩后的连续四次考试中有效。

取得全部应考科目有效合格成绩者，可持成绩合格凭证，向地方考试委员会办公室申请换发全科合格证书，并交纳全科合格证书工本费人民币 6 元。全科合格证书只证明全部考试成绩合格，不作其他用途。

在领取全国考试委员会颁发的全科合格证书后，可申请成为中国注册会计师协会会员。

（5）证书办理

参加注册会计师考试的考生，在连续 5 年以内取得全部应考科目有效合格成绩者，可持成绩通知单或单科成绩合格证书，向参考地地方考试委员会办公室提出换发全科合格证书申请，由地方考办集中上报全国考办审核批复后，地方考办再将全科合格证书发放给考生。

如果考生因工作变动，在不同地区参加考试，取得参考地考办发给的合格成绩通知单，办理全科合格证书时，应到取得最后一科合格成绩的地方考办提出申请，由该地考办上报全国考办审核。其他手续与程序同其他考生。

（6）注册资格

参加注册会计师全国统一考试成绩合格，并从事审计业务工作两年以上的，可以向省、自治区、直辖市注册会计师协会申请注册。

有下列情形之一的，受理申请的注册会计师协会不予注册：

- 不具有完全民事行为能力的；
- 因受刑事处罚，自刑罚执行完毕之日起至申请注册之日止不满五年的；
- 因在财务、会计、审计、企业管理或者其他经济管理工作中犯有严重错误受行政处罚、撤职以上处分，自处罚、处分决定之日起至申请注册之日止不满两年的；
- 受吊销注册会计师证书的处罚，自处罚决定之日起至申请注册之日止不满五年的；
- 国务院财政部门规定的其他不予注册的情形的。

（7）注册后管理

注册会计师协会应当将准予注册的人员名单报国务院财政部门备案。国务院财政部门发现注册会计师协会的注册不符合本法规定的，应当通知有关的注册会计师协会撤销注册。

注册会计师协会依照本法第十条的规定不予注册的，应当自决定之日起十五日内书面通知申请人。申请人有异议的，可以自收到通知之日起十五日内向国务院财政部门或者省、自治区、直辖市人民政府财政部门申请复议。

（8）证书颁发与管理

准予注册的申请人，由注册会计师协会发给国务院财政部门统一制定的注册会计师证书。

已取得注册会计师证书的人员，注册后有下列情形之一的，由准予注册的注册会计师协会撤销注册，收回注册会计师证书：

- 完全丧失民事行为能力的；
- 受刑事处罚的；
- 因在财务、会计、审计、企业管理或者其他经济管理工作中犯有严重错误受行政处罚、撤职以上处分的；
- 自行停止执行注册会计师业务满一年的。

被撤销注册的当事人有异议的，可以自接到撤销注册、收回注册会计师证书的通知之日起十五日内向国务院财政部门或者省、自治区、直辖市人民政府财政部门申请复议。

依照第一款规定被撤销注册的人员可以重新申请注册，但必须符合本法第九条、第十条的规定。

(9) 合格标准

注册会计师每科考试均实行百分制，60 分为成绩合格分数线。

根据财政部关于注册会计师考试成绩核查试行办法的规定，在财政部注册会计师考试委员会办公室正式对外发布考试成绩后的 30 日内，如果考生本人认为所发布的成绩与本人应取得的成绩有差距，可由考生本人凭成绩单向报考地考办提出成绩核查申请。成绩单上 1~9 数字说明："-1"即未报；"-2"即未考；"-3"为取消单科成绩；"-4"为取消本场考试成绩和 3 年内（不含当年）不得参加注册会计师考试；"-5"为取消当年全部科目考试成绩和 5 年内（不含当年）不得参加注册会计师考试；"-6"为以前年度考试作弊受到停考处罚，期限未满，不符合报考条件，取消考试成绩；"-7"为客观答题卡上未粘贴条形码，没有成绩；"-8"为取消本场考试成绩和 5 年内（不含当年）不得参加注册会计师考试。"-9"标志的为待查。

(10) 参加考试及通过情况

中国注册会计师分专业阶段和综合阶段。专业阶段考会计、审计、经济法、税法等科目，综合阶段要等专业阶段考完才能报考，加入企业会计准则等知识。2012 年，中国注册会计师考试首次从纸笔考试向机考转化。

据统计，2012 年度中国注册会计师考试专业阶段考试有 54 万人报名，累计报考 135 万科次，平均出考率为 43%；综合阶段考试有 1.3 万人报名，平均出考率为 90%。在全国共设有 700 多个考点、6400 余个考场。2012 年度中国注册会计师考试专业阶段各科目平均合格率为 26.58%，综合阶段合格率为 41.45%。

2. 律师

(1) 概况

律师业务已深入到国家政治经济活动和社会生活的各个层面，律师队伍为社会主义现代化建设特别是中国法治化进程做出了重大贡献。

但在改革转轨过程中，特别是律师职业资格制度建立之前存在一些制约律师业健康发展的因素。律师的政治、社会和法律地位与律师贡献形成鲜明反差，律师执业的合法权益经常性地被有关部门削弱和侵害（比如伪证罪）。律师执业环境相对恶劣，律师行业健康发展困难重重。

据统计，截至2014年底，全国共有执业律师27.1万多人。其中，专职律师24.4万多人，兼职律师1万多人，公职律师6800多人，公司律师2300多人，法律援助律师5900多人。

从地域来看，北京、河北、上海、江苏、浙江、山东、河南、湖南、广东和四川10个省市的律师人数均已超过万人。目前，全国律师担任各级人大代表1445人，担任各级政协委员4033人，律师党员7.4万多人。

与此同时，全国律师事务所规模已达2.2万多家。其中，合伙所1.53万多家，国资所1400多家，个人所5300多家。共有来自21个国家和地区的265家律师事务所在中国内地设立了330家代表机构。

每年通过司法考试的人员中，公检法部门招收的不够10%，其余90%基本上都"被迫"挤进律师队伍。司考十年来，现在全国的执业律师已有20多万，两年后将超过50万。另据广东省司法厅律师管理在线审批网的最新统计，广东省目前注册的执业律师共20106名，而实习律师达12216名，实习律师一年内将成为执业律师。此外还有1万多人刚刚考过司法考试尚未办理实习律师证。也就是说，两年后，广东的执业律师将突破45000人，是现在的2.2倍。

目前国内平均七千多人一个律师，除去有照不干的，大概是每万人一个律师。如果按照每一千人一个律师，中国应当要有一百四十万律师。如果按每年增加两万名律师计，中国增加一百二十万律师，需要六十年。

但是目前我国律师生存现状令人堪忧，两极分化严重。根据中华律协副会长王凡透露，据有关部门统计，中国律师的平均收入年毛收入不足10万元，上海律师一项调查显示，全市律师28亿总收入中，80%是由20%的律师创造的。广东省律师呈金字塔式，10%处于顶端，20处于偏上，而70%以上的律师则生活艰难。重庆律协执业报告中，部分律师特别是青年律师，年收入不到两万。江浙一些地区，执业第一年的律师月薪只有1000元。

从1978年开始，律师的业务实现了从单一的刑事辩护过渡到民事经济领域，再到非诉业务的跨越式发展。1979年《刑法》、《刑事诉讼法》等七部重要法律的问世，以及第二年的《律师暂行条例》颁布，标志着被告人的辩护权和律师制度的正式建立。

第九届全国人大常委会第22次会议通过的《法官法》、《检察官法》修正案规定，国家对初任法官、检察官和取得律师资格实行统一的司法考试制度，使得司法考试成为四种职业的敲门砖。司法部2001年的律师资格考试、最高人民法院初任法官考试和最高人民检察院初任检察官考试都不单独组织，并于2002年1月举办的首次国家统一司法考试。考试科目和考试内容将依据三家共同制定的考试方案做适当调整。

（2）律师应具备的能力素质

律师法中的律师，是指依法取得律师执业证书，接受委托或者指定，为当事人提供法律服务的执业人员。

律师应当维护当事人合法权益，维护法律正确实施，维护社会公平和正义。

律师执业必须遵守宪法和法律，恪守律师职业道德和执业纪律。

律师执业必须以事实为根据，以法律为准绳。

其资格的取得需要通过司法考试（参加司法考试还有条件）、在律所实习一年、品行良好。

律师执业过程也会遇到的各类法律关系的形成原因、表现形式等具体表现形式，各种各样，对其的知识的广度要求、学习能力也比较高，比如做经济、金融、国际商法的实务，要求其对基本的经济关系等法律关系的具体表现形式有一定的知识基础。

（3）律师职业资格考试

国家司法考试内容包括：理论法学、应用法学、现行法律规定、法律实务和法律职业道德。

2012年国家司法考试采用闭卷、笔试方式。

考试分为四张试卷，每张试卷分值为 150 分，四卷总分为 600 分。试卷一、试卷二、试卷三为机读式选择试题（单选、多选、不定项），每卷 100 题，180 分钟。试卷四为笔答式实例（案例）分析试题，分为简析、分析、法律文书、论述等，210 分钟。各卷科目为：

试卷一：综合知识。包括：社会主义法治理念、法理学、法制史、宪法、经济法、国际法、国际私法、国际经济法、司法制度与法律职业道德；

试卷二：刑事与行政法律制度。包括：社会主义法治理念、刑法、刑事诉讼法、行政法与行政诉讼法；

试卷三：民商事法律制度。包括：社会主义法治理念、民法、商法、民事诉讼法（含仲裁制度）；

试卷四：实例（案例）分析。包括：社会主义法治理念、法理学、宪法、行政法与行政诉讼法、刑法、刑事诉讼法、民法、商法、民事诉讼法。

注：四卷的考试特点的个人观点：卷一到卷三考核主要侧重于点；而卷四侧重于面，能够综合运用所学的知识，用法律人的思维来分析问题、解决问题。

各科目之间的边界划分以我国高校法学专业的 14 门核心课程所涉及的法学专业知识为主：

法理学：（对所有法律的最一般的原理的概括）、宪法学、法律职业道德（律师法、检察官法、法官法、公证员法）、中外法制史；

民法：具有很大自治性，主要是规范平等民事主体之前的身份和财产关系，包括民法总论（对整个民法中共通的部分的总结概括，是一般性的规定）、债权法（在民法典中没有专门这一章，但是学术界还是有这一分类的，分为债法总论、合同之债、侵权之债、不当得利之债、无因管理之债；主要讲动态的财产权）、物权法（讲静态的财产权）、亲属法（婚姻法、继承法）等；

刑法：主要是规定何种行为是犯罪以及处以何种刑罚，即解决定罪和量刑的问题，包括总论、分论；

诉讼法（民事诉讼法、刑事诉讼法）：规定诉讼程序的法律，为程序法；

行政法与行政诉讼法；

三国法（国际法、国际私法、国际商法）、商法：主要是商事主体（公司法、合伙法、外资、个体等）、商事行为（证券法、票据法、保险法等），属私法；

经济法：反垄断、劳动法、劳动合同法、产品质量法等处于公共利益角度对民商主体的限制，属公法。

（4）成绩管理

每年度国家司法考试的通过数额及合格分数线，由司法部商最高人民法院、最高人民检察院确定后公布。

四卷总分达到合格分数线就可以通过，没有单科分数线的要求，由于其四卷的设置特定决定，卷一到卷三考查的几乎没有重合的，卷4并没有自己的专属考查内容，主要是对前三卷的案例实用考核。

分考区，不同的考区分数线不同，但是目前所关注都主要是A证的分数线，A证的分数线比较稳定，2011年为360分。

（5）大纲及参考书

由于司法考试属于行政许可的范围，而行政许可法规定，不得指定教材、不得举办辅导班等。为此，司法部还特意将辅导书的名字命名为"2012年国家司法考试辅导用书"，避免使用"辅导教材"。

考试大纲由司法部制定，2012年的大纲235千字，定价22元；辅导用书，共三卷，3834千字，定价300元。分别由各卷各科的编写人员，主要是由各学科的泰斗级人物负责编写，同时也是命题人。考试大纲和辅导用书均由司法部下面的法律出版社于每年四月份出版。

司法考试分范围主要是考试大纲、辅导用书、现行的法律，"国家司法考试的命题范围以司法部制定并公布的《国家司法考试大纲》为准"，辅导用书会涉及90%的考试内容，但是法律上的概念、构成要件等的没有法律明文解释或者解释不明时，可能会有一些出题学者的观点。

（6）报名的积极和消极条件

积极条件：符合以下条件的人员，可以报名参加国家司法考试：

- 具有中华人民共和国国籍；
- 拥护《中华人民共和国宪法》，享有选举权和被选举权；
- 具有完全民事行为能力；
- 高等院校法律专业本科毕业或者高等院校非法律专业本科毕业并具有法律专业知识；
- 品行良好。

消极条件：有下列情形之一的人员，不能报名参加国家司法考试，已经办理报名手续的，报名无效：

- 因故意犯罪受过刑事处罚的；
- 曾被国家机关开除公职或者曾被吊销律师执业证、公证员执业证的；
- 被处以两年内不得报名参加国家司法考试期限未满或者被处以终身不得报名参加国家司法考试的。

2008年国家开始允许大学三年级考生报名参加司法考试。

（7）继续教育的内容和形式

继续教育的法律依据：《律师法》第46条第4项"组织律师业务培训和职业道德、执业纪律教育，对律师的执业活动进行考核"。

继续教育每年所需学时：不少于40课时。

律师参加上述形式以外的学术研讨、发表著作、法律咨询等活动均可折算课时。

继续教育的内容：思想政治教育培训；职业道德教育培训；业务技能教育培训：主要是新颁布的法律、法规（含有关司法解释）、与律师从事业务有关的经济、科技等领域专业知识和外语知识、司法部和全国律协颁布的有关律师工作的规章和规范性文件和律师职业道德、执业纪律方面的规章等。

继续教育的形式：日常教育培训、学历教育、短期集中教育培训。网络在线学习、集中教育培训。

继续教育的组织者：由省级以上司法行政机关和律师协会负责组织。

继续教育的强制力：凡未经刑事辩护业务培训并取得结业证书的律

师，不得出庭辩护。

建立律师培训登录制度，从 1997 年度年检注册后开始，参加规定课时的培训作为律师注册的前提条件之一。

（8）参加考试及通过情况

从合格率上看，第一届司法考试通过率为 6.68%，第二届为 8.75%。2006 年有 28 万考生报名参加考试。通过参加前 10 次司法考试，有 50 万人获法律职业资格。据业内人士介绍，司法部没有公布历年准确的通过率，北京地区的非官方数字是 15% 左右，上海是 17% 左右。2002~2014 年司法考试通过率见表 5-1。

表 5-1　　　　　2002~2014 年司法考试通过率一览

年份	合格分数线	放宽地区合格线	通过率
2002	240	—	7.74%
2003	240	—	10.18%
2004	360	335	11.22%
2005	360	330	14.39%
2006	360	325	15.00%
2007	360	320	22.39%
2008	360	315	约 27.00%
2009	360	315	约 35%
2010	360	315	约 14.29%
2011	360	315	约 16%
2012	360	315	约 12%
2013	360	315	约 11%
2014	360	315	约 10%

3. 物流师

（1）概况

新中国成立以来，我国物流业自传统的货物运输模式起步先后经历了萌芽期、起步期和发展期等阶段。特别是 20 世纪 80 年代以来，由于市场经济体制的不断深化、物流基础设施的日益完善和现代信息技术的迅猛发展，加之中国作为世界的加工厂，外贸规模庞大，对货物运输需求量急剧增长，促使我国现代物流快速发展。进入21世纪以来，中国物流业总体规模快速增长，物流服务水平显著提高，发展的环境和条件不断改善，为进一步加快发展中国物流业奠定了坚实基础。

根据中国物流与采购联合会的权威预测，到2010年我国物流人才缺口为600万左右，其中高级物流人才缺口约为40万左右。物流人才的培养主要通过高等院校培养和社会培训两个途径。据有关资料显示，到2005年全国就有450所高职高专院校开设了物流管理专业，160所院校开设了物流管理和物流工程本科专业，有57所院校招收物流工程硕士。物流从业人员的在职教育也已全面铺开。但是这两种培养方式都有共同的缺陷：注重理论教学却缺乏实践经验，毕业生掌握的专业技能与企业需求差距较大。对此，物流从业人员的职业资格认证考试应运而生。

物流师是指在生产、流通和服务领域中从事采购、储运、配送、货运代理、信息服务等操作和管理人员。由国家人力资源和社会保障部委托组织制订的，国家劳动和社会保障部2003年1月23日正式颁布了《物流师国家职业资格标准》（2004年6月重新修订，2007年再次修订，以下简称《标准》），开始授予物流师国家职业资格的鉴定和授予。2004年和2005年在北京、上海、广东、大连等地进行试点，取得良好效果。劳动和社会保障部的《物流师》职业资格鉴定在2006年以前是由劳动部颁布《标准》，然后授权各省自行命题，自行考核，最后以国家劳动和社会保障部名义颁发证书。

国家人力资源和社会保障部决定在2006年面向全国开展物流师职业资格统一鉴定工作。从业者必须经过相应培训及全国统一考试，取得劳动部颁发的职业资格证书后方可就业上岗。国家人力资源和社会保障部认证严格实行"统一标准、统一命题、统一培训、统一考务管理、统一证书核发"的原则。考试合格后，由中华人民共和国人力资源和社会保障部统一颁发《中华人民共和国职业资格证书》，实行统一编号、登记管理和网上查询。证书全国通用。

（2）物流师应具备的能力素质

物流师共设四个等级，分别为：物流员（国家职业资格四级）、助理物流师（国家职业资格三级）、物流师（国家职业资格二级）、高级物流师（国家职业资格一级）。

针对现代物流的发展特点和现代物流企业的需求，四种级别的物流师一般需要以下五个方面的基本能力素质：

- 严谨周密的思维模式；
- 信息技术的学习和应用能力；
- 组织管理和协调能力；
- 突发事故的应变能力；
- 服务质量的持续改进能力。

（3）物流师职业资格考试

依据劳动和社会保障部批准制定的《物流师国家职业标准》经劳动和社会保障部统一鉴定，鉴定合格者按照有关规定统一核发相应等级的《中华人民共和国职业资格证书》，此证书全国通用。物流员颁发国家职业资格四级证书，助理物流师颁发国家职业资格三级证书，物流师颁发国家职业资格二级证书，高级物流师颁发国家职业资格一级证书。

每年举行两次物流师职业资格认证考试，通常在5月和11月各一次。

表5-2　　　　各级物流师国家职业资格考试形式

等级	科目	考试时间	鉴定内容	题型	题量	答题方式	原始成绩	占总分比例
物流员、助理物流师	理论知识考试	08：00~10：00	职业道德	选择题	25道	题卡	—	10%
			基础及相关知识		100道		100分	90%
	专业能力考试	10：30~12：30	技能操作	选择题	150道	题卡	100分	100%
物流师、高级物流师	理论知识考试	08：30~10：00	职业道德	选择题	25道	题卡	—	10%
			基础及相关知识		100道		100分	90%
	专业能力考试	10：30~12：30	技能操作	计算题、案例分析题	不定	纸笔作答	100分	70%
		14：00~15：30	综合评审	专题论文，不少于1000字	1道		100分	30%

（4）成绩管理

物流员考试分为理论知识考试和技能操作考试。理论知识中也包含了对职业道德的考核，且为闭卷方式；技能操作考试采用现场实际操作或模拟方式。这两种考试均实行百分制，成绩皆达 60 分以上者为合格。

（5）参考书

四个级别的物流师考试的职业道德部分统一辅导用书为《职业技能培训鉴定通用教材：职业道德（第 2 版）》。此外，各自的培训教材分别为：

物流员考试：《国家职业资格培训教程：物流员》。

助理物流师：《国家职业资格培训教程：助理物流师》。

物流师：《国家职业资格培训教程：物流师》。

高级物流师除需要进行理论知识考试、技能考试（案例分析）与论文答辩外，还需要进行综合评审。指定辅导用书与物流师相同。

（6）继续教育的内容和形式

由于现代物流行业的蓬勃发展，对物流及物流管理人才的需求居高不下，全国大部分的高等院校的继续教育学开设了物流专业的继续教育课程。根据各高校继续教育的特色，物流学教育方式（面授、函授或网络课程）、课程学时安排、教授内容等不同高校均有差异。从而继续教育的科目也有所差异，但是主要还是以下几科中的一种或多种：《物流学原理》、《物流学概论》、《供应链管理》、《仓储与运输管理》等。

4. 建造师

（1）概况

建筑业主要受宏观经济增长及固定资产投资等因素所驱动。受国内宏观经济调控特别是房地长调控的影响，短期内建筑业增长有所放缓，但从长期来看，在国内城市化进程加速的大背景下，我国建筑业具有广阔的发展前景。

建造师执业资格制度于 1834 年起源于英国，迄今已有 170 多年的历史，在项目管理的发源地美国，注册建造师制度也建立了 30 多年。目前世界上许多发达国家都建立了该项制度，同时注册建造师已经有了国际性组织——国际建造师协会。

我国从20世纪80年代中期开始在施工企业中推行项目法施工，逐渐形成了以项目经理负责制为基础，以工程项目管理为核心的施工管理体制。1992年7月，建设部发布了《建筑施工企业项目经理资质管理试行办法》，开始对施工企业项目经理实行资格审批管理制度。2002年12月5日，人事部、建设部联合发布了《关于印发〈建造师执业资格制度暂行规定〉的通知》（人发［2002］111号），明确了："国家对建设工程项目总承包和施工管理关键岗位的专业技术人员实行执业资格制度，纳入全国专业技术人员执业资格制度统一规划"。从而结束了关于我国实施建造师执业资格制度近10年的研究和论证工作，标志着建造师执业资格制度在我国的正式确立。

（2）建造师应具备的能力素质

从事项目管理的建造师，总体上来说应该是"综合型人才"，即把各种管理融合在一起，形成一种综合能力，不是在研究技术问题时只想技术，而是在做每一件事情的时候，都要把安全、质量、工期、成本、法律、经营等各种因素综合在一起思考。

从能力素质分类的角度，可以将建造师需要具备的能力分为以下五种：一是扎实的专业能力；二是组织能力和领导才能；三是敬业、正直，有良好的政治素质；四是有丰富的实践经验、思维敏捷；五是有干劲和充沛的精力。

（3）建造师职业资格考试

我国建造师考试制度分为一级以及二级两类。一级建造师采用的是3+1的形式，三门公共课以及一门专业课，专业课分为10类，遍布建设行业的各个角落。二级建造师采用的是2+1的形式，其中两门公共课和一门专业课，专业课分为6类。截至2009年10月27日，全国共有已注册的一级建造师168765人，二级注册建造师174303人。其余取得资格证书但未注册的人员数量暂时无法统计。

①一级建造师。一级建造师的综合大纲包括《建设工程经济》、《建设工程项目管理》、《建设工程法规及相关知识》3个科目。其中《建设工程经济》主要包括工程经济、会计基础与财务管理、建设工程

估价、宏观经济政策及项目融资四部分内容。《建设工程项目管理》内容包括建设工程项目的组织与管理、建设工程项目施工成本控制、建设工程项目进度控制、建设项目质量控制、建设工程职业健康安全与环境管理、建设工程合同与合同管理和建设工程项目信息管理。《建设工程法规及相关知识》以与工程建设相关的法律、行政法规（包括司法解释）为主要内容，以国家对建设工程施工管理的主要程序和重要环节所确立的各项法律制度为主线。

除此之外，专业科目大纲即《专业工程管理与实务》共分建筑、公路、铁路、民航机场、港口与航道、水利水电、机电、矿业、市政公用、通信与广电10个专业。

对于一级建造师来说，综合考试科目的内容是专业科目考试内容的基础，《建设工程经济》与《建设工程项目管理》稍有重叠，《建设工程法规及相关知识》是对主要程序的法律法规的概括。对于各个不同专业来说，各专业对本领域的建设工程安装等专业内容进行了深入的挖掘，交集很少。

《建设工程经济》：考试时间2小时　单选题60个（60分）　多选题20个（40分）　总计100分；

《建设工程项目管理》：考试时间3小时　单选题70个（70分）多选题30个（60分）　总计130分；

《建设工程法规及相关知识》：考试时间3小时　单选题70个（70分）　多选题30个（60分）　总计130分；

《专业工程管理与实务》：考试时间4小时　单选题20个（20分）多选题10个（20分）　案例题5个（120分）　总计160分。

②二级建造师。二级建造师的综合大纲包括《建设工程施工管理》、《建设工程法规及相关知识》2个科目。其中《建设工程施工管理》主要包括施工管理概论、施工成本控制、施工进度控制、施工质量控制、建设工程职业健康安全与环境管理、施工合同管理和施工信息管理7个部分。《建设工程法规及相关知识》包括建设工程法律制度、合同法、建设工程纠纷的处理3大部分。

除此以外，专业科目又包括机电工程专业、市政公用工程专业、矿业工程专业、水利水电工程专业、公路工程专业、建筑工程专业6个部分。

对于二级建造师来说，综合考试科目的内容仍是专业科目考试内容的基础，《建设工程施工管理》是建设工程的基础管理知识，《建设工程法规及相关知识》是对其在法律及法律纠纷问题上的概括。对于各个不同专业来说，各专业对本领域的建设工程安装等专业内容进行了描述，区分度很大。

《建设工程法规及相关知识》：考试时间2小时　单选题60个（60分）　多选题20个（40分）　总计100分；

《建设工程施工管理》：考试时间3小时　单选题70个（70分）多选题25个（50分）　总计120分；

《专业工程管理与实务》：考试时间3小时　单选40个（40分）多选20个（40分）　案例题3个（60分）　总计120分。

（4）成绩管理

首先对于一级建造师，合格分数为总分数的60%，成绩实行两年为一个周期的滚动管理办法，参加全部4个科目考试人员必须在连续2个考试年度内通过全部科目；免试部分科目的人员必须在一个考试年度内通过应试科目。

对于二级建造师，与一级建造师不同的是，全国二级建造师合格标准一般为科目总分值的60%，部分地区个别科目有细微区别，各个地区均会在当地人事考试网上发布合格标准文件，同时二级建造师也实行两年为一个周期的滚动管理办法。

（5）参考书

①一级建造师。编者：全国一级建造师执业资格考试用书编写委员会；出版社：中国建筑工业出版社

《建设工程经济》、《建设工程项目管理》、《建设工程法规及相关知识》、《公路工程管理与实务》、《铁路工程管理与实务》、《民航机场工程管理与实务》、《港口与航道工程管理与实务》、《水利水电工程管理与实务》、《市政公用工程管理与实务》、《通信与广电工程管理与实务》、《建筑工程管理与实务》、《矿业工程管理与实务》、《机电工程管

理与实务》。

②二级建造师。编者：全国二级建造师执业资格考试用书编写委员会；出版社：中国建筑工业出版社

《建设工程法规及相关知识》、《建设工程施工管理》、《建筑工程管理与实务》、《公路工程管理与实务》、《水利水电工程管理与实务》、《矿业工程管理与实务》、《机电工程管理与实务》、《市政公用工程管理与实务》。

（6）继续教育的内容和形式

根据《注册建造师继续教育管理暂行办法》的第十九条有关规定，注册一个专业的建造师在每一注册有效期内应参加继续教育不少于120学时，其中必修课60学时，选修课60学时。注册两个及以上专业的，每增加一个专业还应参加所增加专业60学时的继续教育，其中必修课30学时，选修课30学时。

其中必修课的内容为：

- 工程建设相关的法律法规和有关政策。
- 注册建造师职业道德和诚信制度。
- 建设工程项目管理的新理论、新方法、新技术和新工艺。
- 建设工程项目管理案例分析。

必修课分为综合科目和专业科目两类，其中综合科目30学时，专业科目30时学时。

选修课内容为：各专业牵头部门认为一级建造师需要补充的与建设工程项目管理有关的知识；各省级住房城乡建设主管部门认为二级建造师需要补充的与建设工程项目管理有关的知识。

选修课的课时与必修课相同，同样是60学时，其中公共课30学时，专业课30学时。

目前来说，有关建造师继续教育的形式分为网授和面授两种，从调查的情况上来看，不同省份的情况不一定相同，其中以面授为主。举例来说，从网络的调查情况上来看，目前广西就已出现建造师网络教育的课程，所有的课程学习合格后即可取得总学时。再举例，海南省建设培训与执业资格注册中心就安排了有关2012年二级建造师继续教育必修

课（公共课）的面授培训班。

(7) 参加考试及通过情况

表5-3　　　　　　　历年一级建造师通过率对比[①]

年份	2005	2006	2007	2009	2010	2011
全国报名人数	99168	83090	88907	178579	未出	未出
全国合格人数	13255	24082	未出	未出	未出	未出
全国平均通过率	13.37%	28.98%	8.50%	9.00%	8.00%	8.30%

表5-4　　　　　　　历年二级建造师通过率对比[②]

年份	2006	2007	2008	2009
全国报名人数	93268	88590	89900	119806
全国合格人数	18255	26012	未出	未出
全国平均通过率	9.57%	29.37%	未出	未出

5. 造价工程师

(1) 概况

在工程建设的全过程，包括从开始的设计概算、中间的招标投标、此后的施工，乃至最后的竣工结算，都需要造价人员的参与。总体来看市场的需求量非常大，而且市场对于造价工程师的认可程度也比较高。

在项目投资多元化、提倡建设项目全过程造价管理的今天，无疑造价工程师的作用和地位日趋重要。在国际上，如英联邦国家的项目业主一般喜欢聘请工料测量师，协助业主进行全过程的工程造价管理，工料测量师一般被业主称为"费用经理"。

[①] 本对比表来源自链接 http://www.exam8.com/gongcheng/jianzao1/zixun/201011/1688474.html。

[②] 本对比表来源自链接 http://www.exam8.com/gongcheng/jianzao2/zixun/201011/1688462.html。

由于原来从事住宅开发建设的人才需要经过一定时间的培训、调整，才能适应新项目开发的要求。因此，那些有着多年工作经验及大型商业项目操作经验的造价工程师、监理工程师及项目经理都是企业最希望找到的人才。同时，国家也有明文规定，一个造价工程师只能接受一个单位的聘请，只能在一个单位中为本单位或委托方提供工程造价专业服务。这也就成了造价工程师极度缺乏的一个重要因素。

我国目前造价工程师处于紧缺状态，由于考试要求严格，资质审查细密，迄今已取得住房和城乡建设部颁发的注册造价工程师资格证者，全国只有十万余人，而全国预计需求则在100万人以上。

目前进入造价工程师行业的唯一途径是，参加人力资源和社会保障部与住房和城乡建设部联合组织实施的全国注册造价工程师执业资格考试。1996年，依据《人事部、建设部关于印发〈造价工程师执业资格制度暂行规定〉的通知》（人发［1996］77号），国家开始实施造价工程师执业资格制度。1998年1月，人事部、建设部下发了《人事部、建设部关于实施造价工程师执业资格考试有关问题的通知》（人发［1998］8号），并于当年在全国首次实施了造价工程师执业资格考试。考试工作由人事部、建设部共同负责，日常工作由建设部标准定额司承担，具体考务工作委托人事部人事考试中心组织实施。

（2）造价工程师应具备的能力素质

造价工程师的任务在75号部令《造价工程师注册管理办法》总则第一章第一条有十分明确的规定：这就是"提高建设工程造价管理水平，维护国家和社会公共利益"。对这一条规定，应从两个方面去理解：首先，造价工程师受国家、单位的委托，为委托方提供工程造价成果文件，在具体执行业务时，必须始终要牢记的一个宗旨是，对工程造价进行合理确定和有效控制，通过合理确定和有效控制工程造价达到不断提高建设工程造价管理水平，这是造价工程师执业中的具体任务；其次，通过造价工程师在执业中提供的工程造价成果文件，达到维护国家和社会公共利益，这就是造价工程师执行具体任务的根本目的。75号部令中对造价工程师规定的提高建设工程造价管理水平，维护国家、社会公共利益这一任务，体现了两个方面的一致性：

一是执行具体任务与执行任务的根本目的的一致性。造价工程师向单位或向委托方提供工程造价成果文件，应服从于造价工程师执行任务的根本目的，任何有损于工程造价的合理确定和有效控制的正确实施，有损于国家、社会公共利益的不正确计价行为的活动，都是与造价工程师的任务不符合的。如果发生上述违反这一规定的行为，造价工程师要承担相应的法律责任。

二是保证工程造价的合理确定和有效控制的正确实施与维护国家、社会公共利益的一致性。一方面，造价工程师不管接受来自任何方面的指令，在执行具体任务时必须首先站在科学、公正的立场上，通过所提供的准确的工程造价成果文件，来维护国家、社会公共利益和当事人的合法权益，不能不讲职业道德、受利益驱动、片面迎合委托方的意愿，高估冒算或压价，甚至用不正当的手段谋求利益；另一方面，造价工程师必须通过维护国家、社会公共利益和当事人双方的合法权益，来维护工程造价成果文件的顺利实施，而不能盲目地听从长官意志，使来自行政的干预或其他干预损害当事人的合法权益。

(3) 造价工程师职业资格考试

1996年，依据《人事部、建设部关于印发〈造价工程师执业资格制度暂行规定〉的通知》（人发［1996］77号），国家开始实施造价工程师执业资格制度。1998年1月，人事部、建设部下发了《人事部、建设部关于实施造价工程师执业资格考试有关问题的通知》（人发［1998］8号），并于当年在全国首次实施了造价工程师执业资格考试。考试工作由人事部、建设部共同负责，人事部负责审定考试大纲、考试科目和试题，组织或授权实施各项考务工作。会同建设部对考试进行监督、检查、指导和确定合格标准。日常工作由建设部标准定额司承担，具体考务工作委托人事部人事考试中心组织实施。

全国造价工程师执业资格考试由国家建设部与国家人事部共同组织，考试每年举行一次，造价工程师执业资格考试实行全国统一大纲、统一命题、统一组织的办法。原则上每年举行一次，原则上只在省会城市设立考点。

考试采用滚动管理，共设5个科目，参加考试者报考4科（安装和土建二选一），单科滚动周期为2年。

考试设四个科目。具体是：

《工程造价管理基础理论与相关法规》、《工程造价计价与控制》、《建设工程技术与计量》（本科目分土建和安装两个专业，考生可任选其一，下同）、《工程造价案例分析》。其中，《工程造价案例分析》为主观题，在答题纸上作答；其余3科均为客观题，在答题卡上作答。

考生应考试时，可携带钢笔或圆珠笔（黑色或蓝色）、2B铅笔、橡皮、计算器（无声、无存储编辑功能）。

考试分4个半天进行，《工程造价管理相关知识》和《建设工程技术与计量》的考试时间均为两个半小时；《工程造价计价与控制》的考试时间为3个小时；《工程造价案例分析》的考试时间为4个小时。

各科考试时间和题型见表5-5。

表5-5　　　　　　　全国造价工程师各科考试时间

科目名称	考试时间	题型题量	满分
工程造价管理基础理论与相关法规	2.5小时	单选题：60道，多选题：20道	100分
工程造价计价与控制	3小时	单选题：72道，多选题：24道	120分
建设工程技术与计量（土建）	2.5小时	单选题：60道，多选题：20道	100分
建设工程技术与计量（安装）	2.5小时	单选题：40道，多选题：20道，选做题：20道	100分
工程造价案例分析	4小时	案例题6道	140分

考试成绩管理考试以两年为一个周期，参加全部科目考试的人员须在连续两个考试年度内通过全部科目的考试。免试部分科目的人员须在一个考试年度内通过应试科目。

（4）成绩管理

造价工程师资格考试合格标准见表5-6。

表 5-6 造价工程师资格考试合格标准

科目名称	合格标准	试卷满分
工程造价计价与控制	72	120
工程造价案例分析	84	140
工程造价管理基础理论与相关法规	60	100
建设工程技术与计量（土建）	60	100
建设工程技术与计量（安装）	60	120

造价工程师执业资格考试成绩实行滚动管理。参加四个科目考试的人员须在连续两个考试年度内通过全部科目；免试部分科目的人员须在当年通过应试科目。考试合格者，由人力资源和社会保障局颁发，人力资源和社会保障部印制，人力资源和社会保障部、住房和城乡建设部共同用印的《中华人民共和国造价工程师执业资格证书》。

造价工程师考试成绩一般在考试结束 2~3 个月后陆续公布，在各省的人事考试中心网站可以查询成绩。

(5) 大纲及参考书

《2010 年全国造价工程师执业资格考试培训教材——考试大纲》全国造价工程师职业资格考试培训教材编审委员会；中国计划出版社。

由于造价工程师考试时间长、考生人数多、影响力大，相关辅导教材种类较多，主要有：

《工程造价计价与控制（2012 年版全国造价工程师执业资格考试应试指南）》柯洪（作者），杨红雄（作者），尹贻林（编者）；中国计划出版社；

《工程造价计价与控制》全国造价工程师执业资格考试试题分析小组（编者）；机械工业出版社；第 5 版（2012 年 5 月 1 日）；

《2012 年全国造价工程师执考复习指导（实践部分）》天津理工大学造价工程师培训中心（编者）；天津大学出版社；第 7 版（2012 年 4 月 1 日）；

《2012 年全国造价工程师执业资格考试考点精析与题解：工程造价案例分析》全国造价工程师执业资格考试试题分析小组（编者）；机械工业出版社；第 5 版（2012 年 5 月 1 日）；

《工程造价管理基础理论与相关法规》全国造价工程师执业资格考试试题分析小组（编者）；机械工业出版社；第5版（2012年5月1日）；

《2009年全国造价工程师执业资格考试考点答疑与例题精解（案例分析分册）》王双增（作者）；华中科技大学出版社；

《2009年全国造价工程师执业资格考试考点答疑与例题精解——基础课程（土建分册）》；王清祥（作者）；华中科技大学出版社；

《2010年全国造价工程师执业资格考试培训教材——工程造价计价与控制》；全国造价工程师职业资格考试培训教材编审委员会；中国计划出版社；

《2010年全国造价工程师执业资格考试培训教材——建设工程技术与计量（安装工程部分）》；全国造价工程师职业资格考试培训教材编审委员会；中国计划出版社；

《2010年全国造价工程师执业资格考试培训教材——工程造价管理基础理论与相关法规》；全国造价工程师职业资格考试培训教材编审委员会；中国计划出版社；

《2010年全国造价工程师执业资格考试培训教材——工程造价案例分析》；全国造价工程师职业资格考试培训教材编审委员会；中国城市出版社；

《2010年全国造价工程师考试应试指南　土建类》；尹贻林（作者）；中国计划出版社。

（6）继续教育的内容和形式

对于注册造价工程师的继续教育，根据建设部75号部令（《造价工程师管理办法》），中国建设工程造价管理协会（以下简称"中价协"）组织制订了《造价工程师继续教育实施办法》（中价协〔2002〕017号），要求：

继续教育贯穿于造价工程师的整个工作过程。造价工程师每年接受继续教育时间累计不得少于的40学时。

中价协统一编制或推荐继续教育的教材，并负责继续教育的组织、管理、监督、检查工作。

继续教育的补充教材由各省级、部门注册机构会同地方造价协会或部门专业委员会编制或推荐，并负责组织本地区、本部门继续教育的培训工作。

继续教育要与时俱进，其内容主要包括：
- 国家有关工程造价方面的法律、法规、政策；
- 待业自律规则和有关规定；
- 工程项目全面造价管理理论知识；
- 国内外工程造价管理的计价规则及计价方法；
- 造价工程师执业所需的有关专业知识及技能；
- 国际上先进的工程造价管理经验与方法；
- 各省级、部门注册机构补充的相关内主要包括。

继续教育一般采取以下形式：
- 参加各种国内外工程造价培训、专题研讨活动；
- 参加有关大专院校工程造价专业的课程进修；
- 编撰出版专业著作或在相关刊物上发表专业论文；
- 承担专业课题研究，并取得研究成果。

继续教育培训学时计算方法：
- 参加国内外工程造价学术交流、研讨会，每满一天计 8 学时；
- 参加有关大专院校工程造价继续教育培训，每满 1 小时，计算 1 学时；
- 在国际杂志上发表工程造价管理方面的专业论文，每篇论文计 30 个学时；
- 在公开发行的国家级杂志上发表工程造价管理方面的专业论文，每篇论文计 15 个学时；
- 在公开发行的省级杂志上发表工程造价管理方面的专业论文，每篇论文计 10 个学时；
- 由正式出版社出版的工程造价管理方面的著作，每本计 40 学时；
- 参加继续教育讲课的教师，每讲一次计 20 个学时。

(7) 参加考试及通过情况

全国造价工程师执业资格考试的通过率并未找到准确数据。据收集各方资料和消息，根据各省报考人数和合格人数估算，每年造价工程师执业资格考试的通过率基本维持在10%以下，并被很多考生认为该比例在逐年递减。

（三）其他行业职业资格制度特点分析

综合以上对注册会计师、律师、物流师、建造师和造价工程师等职业资格制度的情况分析，可以看出现有其他相近行业职业资格制度大多具有如下特点：

1. 职业资格制度诞生于行业的快速发展时期

我国在由计划经济向市场经济转型的过程中，包括人力资源在内的各类资源配置方式发生了根本性的变化。经济的发展对于特定的服务行业产生了巨大的需求，一些中介服务类行业得以快速发展。由于人力资源市场的供给与行业需求不相匹配，导致相关行业出现经济学中的逆向选择、道德风险、信息不对称等问题。为实现信息对称、权责对等，职业资格制度应运而生。

2. 取得职业资格需要知识、能力及道德

从考试科目设置及辅导用书的编写情况看，各类职业资格制度均需掌握相关的法律法规、专业知识，并且需要解决实际问题的能力。特别是，由于各类职业资格都具有维护国家和社会公共利益的职能，因此需要相关人员具有相应的职业道德水平。

考试科目多为4科，考试成绩多年滚动有效。考试内容科目设置上。除了理论知识的考查外，通常设有"案例分析"这种实践性比较强的科目，重点考查应考者的实际工作能力和运用知识解决问题的能力。

3. 职业资格管理各司其职

政府部门制定从业人员的评价政策、从业标准等工作。

行业协会负责具体考务、继续教育、注册管理等具体工作。

行业协会组织专家委员会，负责编写职业资格考试大纲和考试命题、建立考试题库、推荐或编写辅导用书等工作。

地方行业协会配合行业协会组织在各地的考试报名、培训、考务、继续教育等工作。

4. 报名多需工作经验

职业资格考试除要求学历之外，一般都要求具有一定年限的工作经验才有报名资格。学历越高，所需要的工作经验年限越短。

5. 重视继续教育

职业资格注重实践性，需要从业人员不断更新和掌握新知识、新技能、新方法，因此需要采用岗位培训、专业教育、职业进修教育等各类形式进行知识的补充和更新。继续教育的学时要求一般在40~60学时/年，并可通过课题研究、发表论文、参加会议等形式进行折抵。

（四）建立招标师职业资格制度

1. 科目设置和考试时间

中国招标投标协会多次组织业内专家开会，针对招标师知识能力结构、职业资格考试科目设置、科目划分边界等问题进行研讨，希望总结科目设置的经验教训，使招标师知识体系系统化，着力提升实践应用能力。

2013年3月4日，人力资源社会保障部、国家发展改革委颁布了《招标师职业资格考试实施办法》（人社部发［2013］19号），规定招标师资格考试科目为招标采购专业知识与法律法规、招标采购项目管理、招标采购专业实务和招标采购合同管理4个科目。

考试成绩实行4年为一个周期的滚动管理办法，在连续的4个考试年度内参加应试科目的考试并合格，方可取得招标师资格证书。

招标师资格考试分4个半天进行。招标采购专业知识与法律法规和招标采购项目管理2个科目的考试时间均为2.5小时；招标采购专业实务和招标采购合同管理2个科目的考试时间为3小时。

2. 考试大纲

经国家发展改革委委托，在中国招标投标协会组织和指导下，包括本书作者在内的众多专家全面分析了现行各类职业资格考试的情况，并结合招标师职业资格的具体特点，多次研讨和论证，在此基础上形成了《全国招标师职业资格考试大纲》（见本书附录一），已经由人力资源社会保障部和国家发展改革委审定生效。

考试大纲规定了招标师职业资格考试的目的、内容和要求。根据招标采购职业具有多专业、复合性和实操性的需求特点，结合招标师职业水平考试的成功经验，考试大纲科学规划了招标师的职业知识能力结构，并以观察、分析和解决实际问题为标准，多维度综合测试考查与招标采购职业相关的技术、经济、法律、管理等专业知识能力和职业道德水平，客观体现了招标师职业岗位必须具备的资格能力要求。

考试大纲是测试评价各行业从事工程、货物、服务招标采购专业人员职业资格能力的国家标准，也是招标师职业资格考试命题和应考学习的依据。

3. 首次招标师职业资格考试、注册及继续教育情况

根据国家发展和改革委员会与人力资源和社会保障部已共同发布的《关于做好2015年度招标师职业资格考试考务工作的通知》（人社厅发〔2015〕54号），全国统一大纲、统一命题、统一组织考试，原则上每年举行一次。招标师职业资格考试成绩实行4年为一个滚动周期，参加考试的人员必须在连续四个考试年度内通过4个科目的考试。符合免试2个科目条件的人员应通过其余2个科目的考试，其考试成绩以2年为一个滚动周期。

应考人员在相应考试滚动周期内，相关科目考试成绩合格者，由省、自治区、直辖市人力资源社会保障部门颁发，人力资源社会保障部和国家发展改革委共同用印的《中华人民共和国招标师职业资格证书》。该证书在全国范围内有效。

招标师职业资格考试科目为《招标采购专业知识与法律法规》、《招标采购项目管理》、《招标采购专业实务》、《招标采购合同管理》。考试命题主要依据《考试大纲》对招标师职业资格能力的要求，综合测试招标采购职业相关的法律、技术、经济和管理的专业知识及其实际运用能力。

招标师职业资格考试为闭卷考试，各科目考试试题类型及考试时间见表 5-7。

表 5-7　　　　招标师资格考试科目、试题类型和时间

科目名称 项目名称	招标采购专业知识与法律法规	招标采购项目管理	招标采购专业实务	招标采购合同管理
考试时间（小时）	2.5	2.5	3	3
满分记分	120	120	100	100
试题类型	客观题	客观题	客观题和主观题	客观题和主观题

全国首次招标师职业资格考试于 2015 年 11 月 7~8 日举行。共有 60185 人报名参加考试，最终 4962 人通过考试取得招标师职业资格证书。[①]

截至 2016 年 1 月 20 日，已有 30530 人完成了招标师职业注册。招标师继续教育平台于 2011 年 12 月开通以来，已有 30 门、212 学时的课程上线，共有 21379 人报名参加了网络课程学习。[②]

（五）招标师制度的评价和展望

自 2009 年全国首次招标师职业水平考试至今，招标师职业水平考试和职业资格考试共举办了 7 年。伴随着考试的，是从业人员和社会公

---

① 参见中国招标投标协会第一届理事会工作报告，http://www.ctba.org.cn/list_show.jsp?record_id=240852。

② 同上。

145

众对于是否应当参加招标师考试、招标师证书是否有用等问题持续不断的热烈讨论。而对这些问题的回答，恰好与本书作者的切身体会及对于招标采购行业发展的思考相吻合，借此机会与读者分享。

1. 招标师考试制度有助于招标采购从业人员提升自身素质

本书作者于1993年大学毕业后进入到外贸企业从事招标代理工作。当时现代意义上的招标采购制度虽然已经进入中国10年有余，但是由于应用范围非常有限——只有世界银行和亚洲开发银行贷款的项目需要进行招标，因而对于大多数国人来说，招标仍然是一个非常陌生的概念。在书店和图书馆，找不到系统论述招标理论和操作流程的书籍。从事招标代理业务的企业寥寥无几，企业中主要的培训资料是《世界银行采购指南》及其配套的采购文件，培训形式则是师傅带徒弟的小作坊模式。

"磨刀不误砍柴工"。同做任何其他工作一样，要想做好招标采购工作，既需要勤于实践，也需要提高自身的理论水平。可是招标投标在中国作为一项全新的事物，其实践活动先于法制建设，而理论研究又落后于立法过程。所以20世纪90年代的招标采购从业人员处于一种无课可上、无书可读的尴尬境地，只能从相近的法律、财务管理、物流管理、供应链管理、工程管理乃至工商管理等专业知识中汲取营养。但由于它们不是专门为招标采购专业人员设置的专业，学习内容与实际工作的相关性、一致性程度不是很高，导致学习成本高、学习效率低。学员学到的很多知识并不是工作中所需要的，而工作中遇到的多数问题却无法通过学习来解决。授课教师及一起参加学习的学员大多来自于其他行业。师生之间以及学员之间的交流难以深入。

目前学界公认招标采购属于跨学科专业，内容涉及法学、管理学、经济学等诸多方面。到目前为止，招标采购的专业体系尚未形成，全国高校的本科教育中只有国际关系学院等少数几个学校在设立了政府采购或招标专业方向，培养的毕业生真正进入招标采购领域的屈指可数。目前几乎所有从业人员都属于"半路出家"。为了建立招标师制度，在发改委及人力资源和社会保障部的组织、中国招标投标协会具体协调之

下篇　招标采购人员能力建设

下，经过全国行业内数十名专家的多次论证，总结、提炼出招标师需要学习掌握的《专业知识和法律法规》、《专业实务》、《项目管理》和《合同管理》四门课程，做到了知识灌输与能力提升相结合、法制教育与职业道德培养相结合、掌握操作流程与加强理论学习相结合。招标师考试制度用培训与考试的形式鼓励和督促从业人员参加学习、用专业的评判检验其学习效果、用后续教育巩固学习成果，这对于希望通过学习来提升理论和实践水平的招标采购从业人员来说，是非常难得的机会！通过对招标师考试试卷的认真分析，我们发现，相当数量的参考人员对于招标投标基本概念、基本流程和专业知识的了解相当有限，甚至连《招标投标法》的基本内容都不清楚。联想到敢于报名和参加考试的人员应该还不是从业人员中素质最差的。这反证出这个行业中的人员素质尚有很大的提升空间。

2. 招标师考试制度有助于招标采购机构提高管理水平

对于任何一个有长远发展战略的机构，员工的职业通道设计都是人力资源管理中很重要的方面。以在人力资源管理方面表现突出的中国海油为例，就分别为管理、技术和操作类员工设计出不同的职业通道，操作类的员工经过级级晋升最高可以享受到集团公司副总的薪酬水平。而对于从事招标采购的工作人员，他们的能力水平应该如何评价？对于在招标采购实际工作中表现优异的员工，除了让他们走上领导岗位，是否还有其他的奖励办法？而对于某些业务水平高，但缺乏管理能力或不愿意从事管理工作的人员来说，将他们提拔到领导岗位的结果必然是：少了一位优秀的员工，多了一位不称职的领导。

2000年前后，本人曾随世界银行代表团走访各有关单位，对世行项目进行后评估。在与从事招标代理工作的中央企业的管理者进行座谈时，参会人员纷纷表示，招标采购从业人员普遍对自身的发展存在困惑，缺乏归属感和荣誉感，给招标代理机构的管理造成较大难度。在没有招标师制度的情况下，各单位只能用学历或外销员、经济师、商务师等考试结果来对员工进行评价，效果不甚理想。据不完全统计，现在在各类国家机关、企事业单位中从事招标投标相关工作的专业人员已达百

147

万之众，任何人都不能不承认招标采购在中国已经完全形成了一个行业。然而，在招标代理机构以及其他相关机构中，因为招标属于新兴的跨学科专业，对于招标采购专业人员的职业通道设计却是困扰着管理者和人力资源部门的难题。

目前进行的招标师考试，无论是大纲和辅导教材的编写、考试命题还是试卷评阅工作，都汇集了来自行业管理部门、行业协会、企业和高校的人力资源领域和招标采购领域的各方面专家，这些资源是任何一个单位单独都无法望其项背的，最终的评价结果具有较高的专业性和权威性。而国家机关或企、事业单位可以直接使用"招标师"或"高级招标师"的评价结果作为其人力资源管理的参考指标。既节约了企业的管理成本，又减少了评价员工时的主观和人为因素，提高了人力资源管理的公开、公平和公正程度，增强了从业人员的信心。更进一步，招标师制度能够引导相关机构提升人员素质和服务水平，建立学习型组织，这对于招标投标相关机构的发展将起到巨大的推动作用。

3. 招标师考试制度有助于招标采购行业健康发展

随着我国投资体制的改革、国家基础建设投入的增大，尤其是2000年《招标投标法》颁布实施以后，国际通行的招标投标制度逐渐被国人了解、熟悉和掌握。被"本地化"后的招标采购制度已经丧失了最初的神圣与神秘，违法成本低、收益高的招标投标领域成了不法分子的乐土。唯利是图者、投机取巧者和铤而走险者逐渐发现了制度中的漏洞并且向公平与正义发起了一轮又一轮的猛烈攻击。招标人违法招标，规避招标；投标人围标串标，挂靠投标，违法转包分包；评审专家名不副实；行政主管部门监管乏力等现象十分突出。

与此同时，五花八门的招标代理公司如雨后春笋般在华夏大地生长起来，从80年代的"老四家"发展到90年代末的几百家，到目前已达数千家。中国招标代理的发展同样符合达尔文的进化论，即需要经历"过度繁殖、生存竞争、遗传变异和适者生存"四个阶段。目前过度繁殖阶段已经完成，而只有少数企业正在进行遗传变异，即工作自身的变革，将业务向纵深服务拓展或向项目前期的融资、中期的项目管理、造价、代建、项目咨询或后期的审计和项目评估延伸,大部分招标代理企业还处于生存竞争阶段,服务内容同质化十分严重,竞争处于低水平的价格竞争层面,通过拉关系、请客送礼乃至行贿获取项目的招标代理权已成为招标代理行业司空见惯的"常规武器"。更有甚者,正如中国社会科学院在其题为《社会中介组织的腐败状况与治理对策研究》的研究报告中所指出的那样:招标、采购代理机构等中介组织已经沦为腐败的帮凶。

针对上述问题,政府部门出台了各项政策和措施进行整治,可是收效甚微。在2006年初发改委组织的招标师制度专家论证会上,笔者痛心疾首地指出:招标代理行业已经成为最黑暗的行业中最卑微的环节!说它黑暗,是因为各类违法违规现象有增无减、愈演愈烈,个别领域或地区甚至发展到"无标不串"的局面;说它卑微,是因为各个处在招标采购第一线的招标代理机构及其从业人员迫于生存的压力,面对上述现象束手无策、敢怒而不敢言,对业主的不合理要求俯首帖耳,甚至为虎作伥。

出现上述问题的原因是复杂的、多样的,其中之一是招标代理行业不合理的计费办法。在招标代理制度最初建立的时候,其收费办法采用了与项目规模的一定比例的计算方法。采用这种办法的直接后果是:委托代理合同一旦签订,招标代理机构的收入是固定的,而与其所提供的服务内容及最终结果无关。从成本支出的角度考虑,招标代理机构没有必要也没有动力招聘、培养和为招标人提供高水平的从业人员。从业人员的收入水平也不能与其能力、素质直接挂钩。于是招标代理行业出现了经济学中"劣币驱良币"的丑恶现象。这种计费办法是特定历史时期的产物,会随着市场经济的深入开展而发生变革。2013年7月,国家发展改革委就拟废止和修改有关规章和规范性文件向社会公开征求意见,涉及有关部门1979年至2012年颁布的129件规章和规范性文件。其中,规章7件,规范性文件122件;拟废止的123件,拟修改的6件。其中,《招标代理服务收费管理暂行办法》(原国家计委[2002] 1980号文件)和《国家发展改革委办公厅关于招标代理服务收费有关问题的通知》(发改办价格[2003] 857号)被列为拟废止的规范性文件，理由是"不适应经济社会发展需要"。

招标代理行业属于咨询业，是为招标人提供专业化的智力支撑。无论招标代理机构还是从业人员，其服务能力和水平是核心竞争力，应当在招标代理机构的选择、委托代理合同的条款以及合同的验收等环节体现出不同服务能力和水平的差异。招标师制度的建立，为招标采购从业人员的鉴别提供了可能，即经济学中的"信号显示作用"。当招标人选择招标代理机构时，不必再一一遴选、鉴别对方的服务水平，而通过对方拥有招标师的情况进行判断。因为招标师考试已经将企业单独的鉴别成本外化为社会成本，并体现为招标师证书这一具有显示作用的信号。招标人与招标代理机构签订的委托代理协议中应当约定：其招标公告、招标文件、评标报告等文件须由招标师签字盖章后方能生效。

随着招标师考试制度的建立和完善，通过专业知识和职业道德的培训、通过严格的考核及后续教育，让有素质、有能力、有道德并且有志于招标行业发展的一部分人取得招标师考试合格证书。《招标投标法实施条例》第十二条中也规定"招标代理机构应当拥有一定数量的取得招标职业资格的专业人员"。

如果招标师能够与项目委托、项目实施和招标代理机构的收费水平及个人收入挂钩，有幸从行业大军中脱颖而出的少数招标师将有可能成为行业中的佼佼者，成为招标代理机构中炙手可热的人物。那么，他们在从事具体的招标业务时，其心态将发生根本性的转变。他们在考虑业主的需求和领导的意愿的同时，更多地会考虑，其做法是否符合国家法律法规的规定、该次（违规）操作是否会导致其承担法律责任乃至失去来之不易的执业资格？这样，当且仅当招标采购从业人员有能力，并且真正有意愿同违法违规现象作斗争的时候，招标行业的健康发展才能够看到曙光！这样才能实现建立招标师制度的初衷。

4. 招标师考试制度的改革及展望

同任何新生事物一样，目前招标师考试工作还存在一些问题，比如辅导教材的内容有瑕疵，培训班良莠不齐，考题的数量和质量不够科学、导致个别考试结果有失公允等等。但瑕不掩瑜，不能用这些问题来否认招标师制度的积极意义。

  2016年6月1日，李克强总理主持召开国务院常务会议。会议指出，取消不必要的职业资格许可和认定事项，是降低制度性交易成本、推进供给侧改革的重要举措，也是为大中专毕业生就业创业和去产能中人员转岗创造便利条件。在近两年已分五批取消272项职业资格许可和认定事项基础上，此次会议决定，再取消招标师等47项职业资格。

  参照英美等发达国家招标采购职业资格制度的建立过程，本书作者展望：

  ①招标师从政府设置的"门槛"转变为市场选择的"信号"。历史总是螺旋式上升的。招标师从职业水平考试转变为职业资格考试，再回归为职业水平考试，并不是简单地重复，而是历史的进步。无论欧美发达的市场经济国家，还是我国这样处于经济转型期的国家。政府与市场的关系始终是不同发展阶段动态调整的难题。在招标采购这一同时具有公法属性与私法属性的交易手段中体现得更为充分。总体而言，在当前简政放权的大背景下，政府取消招标师作为职业门槛，可以更好地发挥市场在人力资源配置中的决定性作用。但需要注意的是：市场能否发挥作用的一个重要前提就是市场中的各个生产要素存在公平合理的定价机制。具体到招标采购中的人力资源，招标代理机构如何收费？招标采购从业人员应取得多少报酬？毋庸置疑的结论是：代理机构及其从业人员的收费应当体现权责对等、优质优价的原则。那么，作为整个采购过程中的部分环节的参与者，招标代理机构及其从业人员的服务水平及服务质量如何体现？采购人如何在众多机构及人员之中进行选择呢？显然需要招标师这样的证书来传递信号。市场越发达，对于具有信号作用的证书的需求就越迫切。

  ②招标只是采购方式的一种，"招标师"将不可避免地被"招标采购师"所替代。招标采购从业人员应当熟练掌握各种招标和非招标采购方式。更进一步，有经验的招标采购从业人员还会将自己的能力向项目的前期准备及融资方案，项目后期的合同执行和绩效评价等领域拓展。

  ③未来我国招标采购师的分级将更加细致，不仅是当前的"招标师"这一个级别。初级水平的从业人员主要做规范性、辅助性、事物性

的工作，如相关人员联络、文档编辑及管理等；中级人员从事采购的核心工作，如采购方案、采购文件的编制，竞争性谈判的实施，合同变更及终止等；高级人员从事创造性的工作，如采购政策、采购战略的制定等。

④对于考生，特别是高级别考试能力素质的要求将更加全面。除法律知识外，应具备更多的经济学和管理学知识。我们必须认识到，"合法合规的采购"只是国家和采购人对于采购的最基本要求，如何做到物有所值并提高用户满意度，需要招标采购从业人员对市场的准确把握及对自身的高效管理。

⑤考试、考核的方式将更加多样化，与所考核的技能相适应。布鲁姆教育的认知目标分成六大主类：记忆、理解、应用、分析、评估及创造。笔者粗浅地估计，未来招标采购初级人员所需要的能力主要是记忆和理解，相应地，初级考试可以采用笔试—客观题的形式；中级人员所需要的技能主要是应用和分析，考试应采用笔试—主观题＋客观题的形式；而高级人员所需要的能力是评估和创造，考核则应采用面试—主观题的形式。

⑥从业人员应当具备更高的职业道德水平（详见本书下篇第七章内容）。

总之，促进招标采购行业的健康发展，需要制度设计者的勤奋和智慧，更需要全体从业人员群策群力，为招标师制度的建立完善献计献策，有一分热发一分光，同舟共济地支持中国的招标采购事业！

六、招标师职业能力结构与测试

（一）美国联邦采购合同官制度

美国联邦采购已有200多年的历史，一直以采购规模大、法律制度完善、人员素质高而著称。最近20多年来，提高采购人员的能力成为美国联邦采购领域的一项重要工作,与此相关的法律、政策和法规不断出台。美国政府采购官员作为公共雇员的一部分,其选择有严格的要求。早在1929年,鲁瑟尔·佛比斯在其《政府采购》一书中列举了当时美国联邦政府对政府采购官员的要求:毕业于高等学校修完商业课程的同等教育程度;毕业于大学或学院,完成商业管理课程者优先;有成功和负责任的采购工作的管理经验;有关于市场条件和业务、现行价格、关税程序、仓储和会计的实际工作知识;完全熟悉获得竞争性而又最少标价的最好手段;了解合同法和合同程序;足智多谋;诚实冷静;有管理能力和策略;年龄在30~50岁。符合以上要求的人员的笔试和口试试题与实践中解决问题的能力息息相关。比如,要求写出不超过1500字的文章,讨论地方机构零星购买和集中购买的实用和经济的制度;要求列出化学用品、油漆、汽车轮胎、办公用品等两个或三个以上的供应商的名字;要求写出特定采购项目的规范或为之设计标准,要求向有关供应商解释其投标不被授予合同的原因;等等。2009年3月4日,美国总统奥巴马在专门针对联邦采购问题给所有行政机关首脑的备忘录中提到:要求政府机关提高采购人员的能力以便更加有效地完成、管理并监督好采购工作。这是美国政府关于联邦采购人员能力建设问题的最新的和最高级别的阐述,也是各政府机关下一阶段的行动纲领,从而揭示出美国政府已经把提高采购人员能力上升到了加强政府采购能力和提高政府绩效的重要支撑手段的高度。本节希望通过对美国联邦采购人员能力建设问题的分析,对我国招标师职业能力结构与测试工作提供一些借鉴。

1. 美国联邦采购的规模和采购工作量

政府的联邦采购规模从2000财年的2088亿美元增长到2008财年的约5400亿美元,增长率高达159%。此后一直保持在5000亿美元以上的规模。美国联邦采购由民用采购和国防采购两部分内容构成,目前国防采购约占70%。民用采购规模近10年一直保持增长的势头,国防采购的规模从1990年至今经历了一条"U"型曲线:1990年,由于冷战的结束,国防采购的规模迅速下降;1994下降至最低点并一直稳定到1998年；从1999年开始反弹并一直呈快速增长态势至今，尤其在2001年的"9·11"事件后增速有所加大。

伴随采购规模增长的是合同金额的增大以及合同数量的增加。以美国陆军为例，从1992年到2006年，陆军合同的金额从233亿美元增长到1006亿美元，与此同时，采购行为（美国用于统计采购人员工作量的单位）的数量从52900个增长到398700个，增长了654%。从1995年到2006年，超过10万美元的采购行为增长了359%。这些数据均表明，近年来联邦采购人员的工作负荷大幅度增加。

从20世纪80年代至今，尽管采纳了一些简化了的采购程序，联邦采购系统采购工作的整体难度依然显著地增加了。首先，采购对象发生了变化：从传统的以货物采购为主过渡到目前的以服务采购为主。服务采购在技术规格书的编制、投标文件的评审以及合同的执行和监督方面都要比一般的货物采购要复杂得多。即便是货物采购，日新月异的高新技术产品、含有知识产权的产品、绿色产品等货物采购也与传统的一般货物采购大相径庭，给采购人员提出了新的课题。

其次，评审标准发生了变化：从以往的"价格优先"转变为目前的"价值优先"，给采购文件的编写和评审工作提高了难度。

再次，采购方式发生了转变：从公开招标为主转变为以竞争性谈判为主，对采购人员的组织协调、沟通谈判等能力提出了更高的要求。

最后，技术进步对采购人员提出了新的挑战：推进电子商务、电子政务等工作的初衷是为了提高采购效率。但是同时也对采购人员的素质提出了更高的要求。

此外，（与战争和自然灾害有关的）越来越多的紧急采购、非固定总价合同的管理、巨额合同变更以及政府采购社会经济功能的实现，都使得联邦采购人员所从事的政府采购工作今非昔比。

2. 采购人员的能力素质不能满足当今采购的需要

采购人员的能力体现在数量和素质两个方面。在数量统计方面，由于以往对采购人员重视不足，很多采购工作者是混杂在一般行政或技术人员里面的。在法律法规层面对采购人员没有有统一的定义，在管理层面也没有对采购人员单独的分类,尤其是国防和民事机关的统计口径也大不相同,导致各种统计数据的结果千差万别。比较权威的数字是美国联邦政府有 30000 名正式的合同官。此外,以下数据得到了各方的公认:①从事国防采购的人员占采购人员总数的大多数。按不同的统计口径可以占到总数的 54%~70%,通常认为占 2/3 左右;②国防机关的采购人员从 90 年代初开始大规模削减。其主要原因是冷战结束后,国防机关进行了人员削减。因为当时对采购工作的重要性认识不足等原因,采购人员首当其冲,成为被削减的对象;③民事机关的采购人员数量基本保持稳定并在近几年(推行后文所述的各项政策后)略有增长;以及④相当数量的国防和民事机关的采购人员会在近 5~10 年内退休。其主要原因是"婴儿潮一代"(1946~1964 年出生的一代)开始陆续进入退休年龄。

在采购人员的素质方面,突出的问题是:①老一代采购人员虽然经验丰富,但大多数学历不高;②采购人员的年龄和知识结构老化,呈现出青黄不接的局面;以及③采购人员的专业培训不足。多数采购人员疲于应付日常的采购工作,没有时间和精力学习新出台的法律、政策、法规,更很少去研究新的采购技术、提高自身素质。

3. 近年来的采购暴露出一些问题

从采购方式上看,完全和公开竞争的原则没有得到完全贯彻。从 2002~2008 财年,民用采购中用非竞争方式(单一来源采购和类似国内的"询价"采购)授予合同的金额从 820 亿美元上升到 1880 亿美元,占总额的比例从 31.6% 上升到约 34.8%。从合同类型上看,(对政府而言)高风险合同的数量越来越多。2000~2008 财年,成本加酬金合同的金额从 710 亿美元上升到 1350 亿美元。

随之而来的是大量的采购合同中发现了滥用职权以及合同管理水平的低下的现象。根据美国联邦审计总署(现已更名为政府责任办公室,笔者注)2008 年的报告,在对当年的(研发类)重点国防项目进行审计后发现:没有一个项目在项目的关键节点获得了最佳的实践效果、成熟的技术、稳定的设计或成熟的制造工艺;有约一半项目超过预算

25%以上。其中最主要的原因是没有广泛实现"基于知识的采购"。这些现象造成了采购资金的浪费、承包商的投诉、国会的关注以及纳税人的不满。其中表现之一便是从20世纪90年代中期开始,有关联邦采购普通商品"天价采购"的丑闻经常成为报纸杂志的头条内容。

综上所述,由于联邦采购规模的增长、难度的加大、采购人员数量的减少以及采购人员素质与工作不相匹配等原因,使得联邦采购领域暴露出一些突出问题,引起了媒体、公众和国会的重视。美国政府总审计长戴维·沃克于2007年6月在参议院国土安全和政府事务委员会的听证会上阐述道:联邦政府的采购人员在规模、知识和技能以及新老接替方面存在着诸多问题,提高采购队伍的能力并保持其可靠性已成为联邦采购系统面临的巨大挑战。

联邦采购相关各方经过大量的数据收集和调查研究,一致认为:采购人员的能力建设已成为联邦采购系统迫在眉睫的工作。

4. 法律层面的保障

(1)《增强国防采购人员能力法》

美国国防部从20世纪80年代中期开始对人员的教育和培训进行调查研究。在同一时期,里根总统建立了美国国防管理特别工作委员会(也被译为国防管理蓝绶带授衔委员会或帕卡德委员会),对包括采购在内的国防管理工作进行全面审核。这两项研究都得出了采购人员缺乏培训和能力不足的结论。于是美国在1990年底首次颁布了《增强国防采购人员能力法》,该法要求国防部为采购人员建立教育与培训标准、确立教育与培训需求以及相关课程。该法随后经过多次修订,建立了国防采购中非军人采购人员(不同于"非国防采购人员",是指国防采购人员中的非军人,他们占国防采购人员的绝大多数,笔者注)的初、中、高三级体系,确立了国防采购人员证书制度、核心课程以及继续教育的学时要求。《增强国防采购人员能力法》在法律层面开创了联邦采购人员能力建设的先河,为后来的民用采购人员能力建设提供了模板,为打造整个联邦采购系统的采购人员能力建设体系奠定了基础。

(2)《国防授权法》

作为联邦法律的一部分,美国每一财政年度都会颁布新的《国防授权法》，规定用于国防的预算和开支。该法的重要作用之一是为联邦采购系统的采购人员能力建设提供了重要的资金保障。以2004财年的《国防授权法》和2003年的《服务采购改革法》为依据，美国总统管理与预算办公室于2004年建立了采购人员培训基金，用于非军人采购人员的培训。

2008财年的《增强国防采购人员能力法》的主要内容包括：撤销了采购人员培训基金要在一定时间内退出的要求，从而使得该基金成为一项永久性基金；授权国防部和民事机关可以为特定的采购岗位增补所需要的编制；建立了用于国防部的采购人员发展基金；要求联邦采购政策办公室指派一名高级主管担任副主任，以便与人事管理办公室以及各行政机关首脑协调实施好采购人员能力建设项目。该法还要求各机关的采购总监制订连续的采购人员发展计划。

在2009财年的《增强国防采购人员能力法》中，授权除国防部以外的政府机关制订采购人员发展五年战略规划。

（3）《克林格－卡亨法》及《服务采购改革法》

《克林格－卡亨法》于1996年颁布，主要用来帮助联邦政府更好地采购、使用和处置信息类产品。《服务采购改革法》于2003年颁布。按照该法的定义，"采购"不仅包含传统的签约功能，还包括需求确定、评估及合同执行，以及技术及管理指导。这两部法律都扩大了联邦采购人员的范畴，还确立了对于民事机关采购人员在教育、培训、经验方面的要求。《服务采购改革法》还为采购人员培训基金的设立及其他采购人员能力建设的措施提供了法律依据。

（4）《联邦采购政策办公室法》

1974年颁布的《联邦采购政策办公室法》要求在总统管理与预算办公室内设立联邦采购政策办公室，要求办公室主任负责规定采购政策的方向，并规定各政府机关在采购领域应遵守的政策、法规、程序和格式。该法规定办公室的职能包括：建立一套用于统一各机关有关采购的规定的体系（著名的《联邦采购条例》正是以该法为依据建立的，并须经该办公室主任批准）；建立一套标准和程序，以便有效地收集各利益相关方对于完善采购政策的诉求；对于由私营部门向政府提供所需产品、工程或服务的情况，负责监督和修改有关的政策、法规、程序和格式；推进并实施有关政策、法规、程序和格式的调查研究工作；建立一套能够收集、处理和开发采购数据的系统；以及推动关于招聘、培训、提升及评价采购人员的项目。

该法不仅确立了联邦采购政策办公室在政府采购领域行政分支的最高地位，同时也为该办公室推动联邦采购人员能力建设提供了法律依据。下文中将要述及的相关政策都是以该法为依据出台的。

5. 政策层面的推动

在政策层面，对于联邦采购人员能力建设最有力的推动是联邦采购政策办公室颁布的政策函和该办公室以总统管理与预算办公室名义颁布的备忘录。

专门为加强联邦采购领域人员的能力建设，以使行政机关获得最高性价比的货物和服务、找到最佳的商业解决方案，联邦采购政策办公室依据《联邦采购政策办公室法》及《增强国防采购人员能力法》等法律，分别于1992年、1997年和2005年向所有行政机关的最高行政长官发出了具有法律效力的政策函。

1992年的政策函92-3颁布了针对所有行政机关采购人员的基于技能的培训政策。1997年的政策函97-01制订了民事机关合同官的职业管理、教育和培训要求。在上述两封政策函的基础上，2005年的政策函05-01《发展和管理采购人员能力》中对采购人员做了更广泛的定义，并且尽可能地将对国防和民用采购人员的要求统一起来。以下介绍政策函05-01的主要内容。

(1) 采购人员的定义和范围

政策函将采购人员定义为为完成部门任务而实施各种与采购活动有关功能的所有个人。其中"采购"采纳了《服务采购改革法》中的定义。这样，就将合同官以外的在采购活动中负责需求确定、评估及合同执行，以及技术及管理指导的人员也正式纳入到采购人员范畴中，使采购人员能力建设工作具有了通用的标准。

为方便对采购人员的鉴别，行政机关应考虑其应履行的职能。采购人员既可以是全职的，也可以是兼职的或者偶尔履行职责的。举例来说，采购人员可以包括：

- 主要从事对采购需求进行定义、确定和管理的人员；
- 从事制订采购战略和采购计划的人员；
- 参与为获得货物或服务而（与承包商）建立商业关系（如签约过程，包括询价、评审和授予合同）的人员；
- 在商业合同建立之后，管理合同履行以保证政府的需求得到满足的人员（如对生产及制造过程的测试、评估管理及监控、审计、合同管理、绩效管理及评估等）；
- 工作完成之后负责处置任何残留物（如财产管理/处置）的人员；
- 在上述活动中协助处理商业事务（如法律顾问、财务或其他领域的的专家）的人员；及
- 直接管理上述任何事务的人员。

根据政策函，行政机关的采购人员至少应当包括以下人员：

- 在合同序列总计划序列号 GS-1102（人员管理办公室对于公务员的岗位编号，笔者注）中的所有职位及等同职位的人员；
- 无论在总序列中的职位如何，所有具有执行小型采购限额以上授权的合同官；
- 在合同序列总计划序列号 GS-1105 中的所有职位的人员；
- 由行政部门采购总监或相当职位的官员所指定的程序和项目经理；
- 所有的合同官代表及合同官技术代表，或等同职位的人员；
- 根据上述定义，所有被联邦审计总署或等同部门认定的与采购相关的重要职位的人员。

(2) 行政机关的职责

各行政机关应将采购人员纳入部门人力资源计划当中。采购总监应当同人事部门和咨询专家一道，为部门人力资源最高长官提供人力资源发展计划中的采购人员发展计划。这其中包括人员招聘需求和招聘战略，相关的人员统计、技能、评价、招募计划，人员规划动议及人员激励计划。与此同时，采购总监还有责任评估名录中现有采购人员的技能，确定部门对于人员的短期和长期需求计划，包括招聘及储备战略，

用以获得为实现部门战略目标而需要的人力资源。

采购总监或其指定官员应指定具有采购经验的专人担任采购职业管理主管，负责部门采购人员的职业管理计划。采购职业管理主管应负责保证该部门的采购人员满足政策函的要求。采购职业管理主管至少应做到：

● 负责采购人员的确定和发展。包括确定员工需求、培训需求以及其他人员发展计划；

● 向采购总监提交为实现政策函和其他部门人力资源目标所要求的采购人员发展所需要的年度预算；

● 向采购总监和人力资源总监提供人力资源战略的短期和长期计划，包括采购人员的培训、能力实现、职业发展、评估和储备等事项；

● 在采购人员职业管理信息系统中维护和管理整个部门的采购人员数据库。采购总监应将采购职业管理主管的姓名和联系方式提交给联邦采购协会，并及时更新信息，以保证行政部门能从联邦采购协会和国防采购大学及时获得关于培训和职业发展方面的信息以及其他信息。

（3）联邦采购证书项目

联邦采购政策办公室为联邦采购人员建立联邦采购证书项目的目的是为了设立联邦采购人员应当具备的核心能力的教育、培训和经验的标准，促进全政府范围内提升核心采购能力以及方便采购人员流动。

该证书具有通用性。行政机关的采购总监委员会批准联邦采购证书项目后，至少所有民事机关都应认可该证书，作为其员工具备采购所要求的基本教育、培训和经验的依据。具备部门特殊性的证书则不能适用于其他部门。

联邦采购证书项目按照不同的专业类型分步实施。首先推出的是联邦采购证书－合同官序列（GS－1102）。该证书并不对所有 GS－1102 序列现有员工具有强制性。目前从事联邦采购工作的人员可以获得、但不强制要求其拥有联邦采购证书。但要求 2007 年 1 月 1 日起所有新任合同官必须拥有相应级别的证书。新任合同官被定义为该机关的新入职员工。这一强制性要求不适用于代表采购机构的高级官员以及被授权负责紧急情况下的货物和服务采购的人员。同时，当政府机关认定该证书与工作职责相关时,该机关可以将特定类型和/或特定级别的证书与持证人员的定级因素挂钩。

联邦采购证书-合同官项目的具体内容和落实情况以及联邦采购证书-其他序列项目的推行情况将在下文中详细介绍。

6. 法规层面的落实

在联邦采购领域最重要的法规是《联邦采购条例》(以下简称《条例》)。狭义的《条例》是指《条例》本身,由联邦服务总署、国防部、国家航空航天局的最高行政长官联合颁布,并且符合联邦采购政策办公室主任所制订的政策要求,于1984年4月1日生效。颁布26年来,《联邦采购条例》一直在进行修订和补充。当前最新的版本共53章,1985页。而广义的《条例》是有关联邦政府采购法律实施程序的总称,由《条例》本身及各行政机关制订的、经联邦采购政策办公室批准的补充规章构成,也被通称为联邦采购条例体系。严格地说,在制订与联邦采购相关的法规时应当遵循所有的相关法律和采购政策。制订《条例》主要依据的上位法包括:《联邦采购政策办公室法》、国防采购领域的《武器装备采购法》、民用采购领域的《联邦财产与行政服务法》及联邦采购政策办公室颁布的采购政策等。《条例》主要由联邦采购政策办公室负责监督实施。

以下对《条例》中与采购人员能力建设有关的内容进行摘录。

(1) 采购人员的范围

在《条例》的第1.102-3条将最终用户和承包商在内的相关各方都纳入到了采购团队的范围中:在制订指导性原则时对于联邦采购团队(以下简称"团队")进行定义的目的是为了保证系统中从最终用户一直到提供产品或服务的承包商的所有参与者的职责都得到确认。通过这种方式确认团队的各个成员,达到鼓励团队合作、统一目标、充分沟通的效果。不同的团队成员在恰当的时间参与到采购过程当中。

(2) 有关采购人员能力建设的分工

在第1.102-4条第(c)款中明确了政府和承包商对于采购团队成员进行培训的总体义务:政府应负责提供培训、职业发展及其他相关资源，以维持和提高团队中所有政府一方参与者的知识、技艺和能力。上述培训、职业发展及相关资源，是关于团队中各参与者在系统中特定领域的职责以及其作为团队成员所应承担的相应职责的。同时鼓励承包商方面也进行类似的培训等工作。

在第1.601条第（a）款中，将建立和维护采购体系的职责赋予了行政机关最高行政长官，并将签署合同的权力赋予了合同官：除非被其他法律的相关条款所禁止，采购货物和服务的权利和职责被赋予行政机关的最高行政长官。最高行政长官可以建立采购签约体系并将该职责和权力进行分解和委托以完成该机构的采购签约职能。只有合同官才能完成采购并以政府名义签署合同。在一些机构中，相对来说为数不多的高级官员由于其在岗位上的特长而被任命为合同官。行政长官之下的执行采购签约任务的合同官应按照第1.603条进行选拔和任命。

(3) 合同官的权力、职责、选拔及任命

合同官在美国联邦采购中具有举足轻重的地位，是联邦采购人员中最重要的角色。下面对《条例》中有关合同官的内容进行介绍。

第1.602-1条规定了合同官的权力：合同官有权签署、管理和终止合同，并做相关的调查和判断。合同官仅在其授权范围内将政府（以合同的形式与承包商）约束起来。依据第1.603-1条，行政机关以书面形式明确地确定合同官的权力界限范围。公众及行政机构的人员有权获得上述权利界限的信息。合同官必须保证所有的法律、行政命令、规章及包括批准和认可在内的其他程序都已经满足的情况下，才能够签署合同。

第1.602-2条规定了合同官的职责：合同官应尽职尽责地保证有效采购签约，保证合同条款的严格履行，并维护美国政府在合同中的利益。为履行上述职责，合同官在进行商业判断时被赋予大范围的自由裁量权。

合同官作为美国公务员队伍及政府采购系统的一部分，必须服从政府采购相关法规的规定，在授权范围内行事。合同官的权力与责任是对等的，合同官有订立、执行和终止合同的权力，同时也必须保证按法律、行政命令、法规以及所有其他适用的程序处理政府采购事务。

在采购评审工作中，合同官的权力主要体现在三个方面：一是审查性权力。行使权力的时间在接受报价文件之后和评审之前，包括确定无利益冲突，电子化交易中对报价文件的初步审查，确定不合格性、排除性或暂时性状态，审核投标文件的合规性以及投标商注册事项；二是评审过程中对评审小组的管理权力。合同官的领导能力在评审工作管理中得到体现。他们需要保证评审小组内部沟通顺畅，并且通过分配工作任务、协调技术小组和管理小组之间的进度，以保证评审工作按时按质按量完成；三是确定合同相对人的权力。合同官对评审人员推荐的候选供应商有自由裁量权。尽管评审人员对于报价文件提交了评审意见，但这些评审意见并不意味着确定了中标人。供应商得分最高不一定能作为合同授予的主要理由，相反地，合同官若对评审人员的推荐意见不满意，可以根据自己的判断确定中标人（只要合同官认为有充分的理由）。

美国政府采购的合同官制度，将采购合同的权力授予指定的合同官。在采购评审结束后，只有合同官才有权代表政府与承包商签订合同。该合同对政府产生法律约束力。这一制度安排增加了整个政府采购系统的稳定性。合同官通过对采购合同系统的高效管理和监督，确保联邦采购法律法规的有效实施，维护公共利益和承包商的合法权益。

不可否认的是，合同官无法保证在所有必要的领域都有所专长，因此美国联邦政府允许合同官按照规定任命合同官代表，借助合同官代表的专业技术完成采购程序。但是并非任何人都可以成为合同官代表，合同官代表必须是政府雇员，而且必须经过相关的培训。尽管各种类型的合同都可以任命合同官代表，但是在较为复杂的服务、工程类合同中，他们的角色尤其重要。如果采购成果无法满足政府的技术要求，那么这个合同即使管理得再好，也注定是失败的。因此美国政府近年来非常重视合同官代表的作用。美国文官制度保护委员会在2005年曾向美国总统和国会提交了一份名为《合同官代表：管理政府技术专家优化采购成果》的报告，报告呼吁各部门应该重视合同官代表优化采购成果的作用，提高对合同官代表的管理水平。美国国务院也专门撰写了一本《合同官代表手册》，手册中详细说明了合同官代表的权限及其所应具备的能力资格要求，而且重点阐述了合同官与合同官代表之间既相互独立又相互关联的责任关系。

与我国政府采购从业人员相比，美国联邦政府采购合同官掌握着至高无上的权力。这就必然要求要有一个高效合理的遴选制度，从而挑选出具备高度廉洁性和使命感的合同官，避免采购过程中出现合同官徇私舞弊的现象。

第1.603条规定了选拔、任命及终止任命合同官的依据和程序：根据《美国法典》第414（4）子章第41条，要求各行政机构的最高行政长官建立并维护一套采购人员的职业管理程序和系统，用以选拔、任命和终止任命其合同官。行政机构的最高行政长官或其委托人有权选拔、任命和终止任命其合同官。选拔和任命工作应遵循联邦采购政策办公室制订的关于在履行签约和采购职责时基于技能的培训的标准，发布于联邦采购政策办公室2005年4月15日的政策函05-01。

第1.603-2款规定在选拔合同官时，任命官员应考虑采购的复杂程度和金额以及候选人的经验、培训、受教育程度、判断力、性格及声誉。作为范例的选拔条款包括：

①在政府的采购签约及管理、商业采购及相关领域的经验；

②在商业管理、法律、财会、工程及相关领域的学历或专业培训；

③对于采购政策和程序相关知识的掌握，包括各种规章制度；

④针对特定采购签约的特殊知识；以及

⑤顺利通过采购培训课程。

第1.603-3款规定合同官应以任命授权（美国文件统一编号为SF1402）的书面形式任命。任命授权中应阐明其所行使的权利界限范围，以及其他适用法律法规对其的约束。被任命的合同官应保存包括任命授权复印件在内的所有未被终止的任命的档案材料。

为了挑选出最为合适的合同官，联邦政府下属的各个部门在遵守《联邦采购条例》的前提下，有权制定本部门针对合同官和合同官代表任免程序的特别指令，可以要求候选人具备更多、更严苛的条件。例如，在美国能源局的合同官任免指令中，就要求所有合同官必须是能源局或国家核能安全管理局的雇员，或者是被派遣到本部门的人员。另外，所有合同官或合同官代表都必须满足能源局的相关资格要求，否则将被撤销任命。

7. 对于采购人员数量的分析

联邦采购协会于1976年依据《联邦采购办公室法》成立，隶属于联邦服务总署。它同时还接受联邦采购政策办公室、采购总监委员会以及董事会的领导，从成立之初就以提高采购人员能力为己任，与人员管理办公室、国防采购大学、各行政机关以及诸多社会组织和私营机构开展了广泛的合作。

从1977年至今，联邦采购协会每年会公布一份《财政年度联邦采购人员情况报告》（以下简称《情况报告》），该报告中汇总了联邦采购人员的统计数据和信息，回顾上一财年颁布的有关联邦采购人员的法律、政策、法规。在近年的报告中，还分析了联邦采购人员能力建设项目的开展情况、影响采购职业的历史因素以及对未来的展望。该报告侧重于对采购人员的数量以及客观的统计信息进行分析。《情况报告》已经成为联邦采购政策办公室制订和推行联邦采购人员能力建设相关政策的主要依据之一。

如前所述，对"采购人员"的定义不断完善，采购人员的范围也越来越大。在目前最新的2008财年《情况报告》中已经反映了政策函05-01对采购人员的新的定义，包含了通用工业商业人员（GS-1101序列）、合同官（GS-1102序列）、采购官（GS-1105序列）（采购官与合同官的区别是：前者通常执行的是小额的、简化的采购任务，笔者注）、采购文书及支持人员（GS-1106序列）、采购计划经理（主要负责确定采购需求，笔者注）、项目经理以及合同官技术代表（主要负责监督合同的执行及付款，笔者注）。2008财年《情况报告》有93页之多，本文摘取其中的2008年采购人员总体状况一览表，以便读者对美国联邦采购人员的总体状况有一大致了解。

表 6-1　　　　　　2008 财年采购人员总体状况一览

	通用工业商业人员（GS-1101）	合同官（GS-1102）	采购官（GS-1105）	采购文书支持人员（GS-1106）	采购计划经理及项目经理	合同官技术代表	总计
人员数量	29945	29707	3186	1776	9826	16560	91000
国防机关	12975	19786	997	1235	8070	—	43063
民事机关	16970	9921	2189	541	1756	16560	47937
平均级别	9.29	11.65	7.11	6.24	12.74	12.54	10.89
平均年龄	47.11	46.26	49.25	49.92	49.91	50.03	47.80
女性比例（%）	57	60	71	81	34	40	53
2008 年退休比例（%）	13	13	18	22	19	21	15
2018 年退休比例（%）	52	52	60	65	70	52	54
本科以上（%）	38	76	15	11	74	71	59
高级人员	107	92	0	0	136	18	353

8. 对于采购人员能力结构的分析

（1）国防领域采购人员的能力结构分析

对于采购人员能力的重视开始于国防采购领域。20 世纪 80 年代初期，随着国防采购规模的急剧增加，国防采购领域陆续爆发出一系列采购丑闻。比如一个名为"监督政府项目"的民间组织揭露了国防采购中出现的 7600 美元的咖啡机和 436 美元的锤子等现象。这类丑闻导致公众对公共采购的信心急剧下降，里根总统下令组建了以曾任国防部副部长的戴维·帕卡德为主席的国防管理蓝绶带授衔委员会，对美国国防采购的管理职能进行了全面的研究和梳理，并对从事国防采购人员的综合素质进行了比较全面的调查和分析。帕卡德委员会于 1986 年 4 月完成了题为《行动公式》的报告。该报告的重要发现之一是"天价采购"的背后并不是通常认为的不诚信或腐败，而是采购人员技能的不足。因此解决采购领域的问题关键在于提高采购人员的能力，这一建议直接促成了国防采购大学的创办以及后来《增强国防采购人员能力法》的颁布。

美国陆军组建了以前国防部次长杰克·甘斯勒为主席的出征行动中的采购及项目管理委员会，于2007年10月发布了题为《急需改革》的报告（又称《甘斯勒报告》）。委员会对于美国陆军包括内部控制在内的采购流程、人员、机构、培训、政策和法规进行了深入的调查研究。《甘斯勒报告》认为陆军的采购人员配备、培训和授权都存在不合理之处，无法满足21世纪国防采购的需要。

2007年，国防采购大学牵头对由联邦采购协会2003年组织鉴别的采购人员能力进行了研究和修订。

在对国防领域中的重点项目进行绩效审计后，联邦审计总署于2008年向国会进行了报告。报告中发现由于此前的"外包"政策，导致国防部门过度依赖承包商，采购人员数量下降。联邦审计总署认为：没有适度规模并具备相关技能的采购人员，今后出现错误、浪费和腐败的风险将会增大。

尽管国防部近年来在采购人员能力建设方面做了大量的研究工作，但是联邦审计总署在其2009年4月发布的题为《采购人员：国防部应该有更多的行动和数据以提高管理和监督水平》的报告中仍然对国防部采购人员的管理提出了批评，认为国防部缺乏其采购人员综合素质的全面信息。

（2）非国防领域采购人员的能力结构分析

在民用采购领域，对于采购人员能力结构方面的研究工作相对起步较晚，但是起点高、覆盖面广，在调研过程中大量应用了信息技术手段、在数据处理方面亦采用了先进的统计学工具，因而得出的能力结构分析结论比较可靠而且非常具有说服力。

始于1985年，联邦采购协会就通过跨部门的工作组鉴别出一套采购人员应当具备的能力结构。2002年，在联邦采购政策办公室的指导和支持下，联邦采购协会对合同官所应当具备的能力结构再次进行了专项研究，并于2003年公布了报告。通过对16个行政机关的合同官的问卷调查以及之后的数据分析，鉴别出合同官所应当具备的24项通用能力和16项专业能力。

在此基础上，联邦采购协会于2007年进行了更大规模地对民用采购人员能力结构的调查研究，该次调查历史上第一次对采购人员的业务水平进行了基础数据调查和分析。调查中回收了超过5400份调查问卷，其中近一半来自GS-1102序列，其他的则来自于类似的岗位。通过对采集到的超过100万条数据进行分析后发现：在项目管理、确定采购需求、基于绩效的采购以及谈判等方面，采购人员的专业能力与实际需要之间存在差距。

2008年，联邦采购协会按照联邦采购政策办公室政策函05-01中对采购人员的新的定义扩大了调查研究的范围，新纳入了采购计划经理和项目经理以及合同官技术代表。调查中回收了来自26个行政机关的超过4400份调查问卷。本次调查综合了采购人员数量分析和能力结构分析的两方面内容，并与2007年的调查研究结果进行了对比分析和趋势预测。在能力结构分析方面通过统计分析方法得出了以下发现：

合同官。除基于绩效的采购的业务水平保持不变外，其他所有专业能力的业务水平都比2007年有所提升；与2007年相比，17项采购专业能力中的9项专业水平提高了0.50以上；从时间占用的角度看，分数越高的技能在实际工作中应用得越多；被调查的合同官在基于绩效的采购、财务管理、争议解决和确定采购需求方面需要进行培训；按照目前的专业水平，合同官的谈判方面的专业能力需要进行培训。

合同官技术代表。其平均专业水平超过预期；在市场调研、确定采购需求和谈判方面需要进行培训。

采购计划经理和项目经理。其中多数具备硕士以上学历同时还具备相关证书，如联邦采购证书-采购计划经理和项目经理序列、商业证书或者具有部门特殊性的合同官技术代表证书等。调查对象在采购签约及商业、成本估计方面需要进行培训。

9. 采购人员的能力鉴别

通过数量分析和能力结构分析，联邦采购协会目前已经鉴别出合同官、合同官技术代表以及采购计划经理和项目经理所应具备的素质和相关技能。因篇幅所限，下面仅以合同官为例进行简要介绍（仅列出素质和技能的名称，省略了具体的定义）。

(1) 通用能力

通用能力共有24项，分别为：算术、注意力、采购签约、创造性思维、客户服务、决策、灵活性、影响力/谈判、信息管理、诚信、人际交往能力、学习能力、用数学和统计方法解决问题、记忆力、口头沟通能力、计划与评估、解决问题、阅读、解释、自尊、自我管理及激励、抗压、团队合作及写作。

(2) 专业能力

2007年经过国防采购大学修订后，鉴别出的专业能力有17项，下表简要列出了专业素质以及与之匹配的相关技能的名称。

表6-2　　　　　　　　采购人员专业能力一览

专业素质	相关技能
战略规划	• 战略规划
项目管理	• 项目管理 • 会恰当使用联邦采购系统中适当的电子系统
市场调研	• 市场调研
竞争管理	• 需求分析 • 是否外包的比较分析 • 是否外包的法规要求 • 竞争管理
小企业受益计划	• 社会经济需求
确定采购需求	• 选择评审因素 • 确定采购方式
基于绩效的采购	• 基于绩效的采购
确定合同关系	• 环境、能耗及用水效率 • 报价方式 • 雇佣员工方面的要求 • 无价格合同 • 付款方式 • 制订来源选择计划
询价	• 刊登广告 • 分包要求 • 口头询价 • 询价准备 • 答疑及公示 • 标前会 • 询价的修改及撤销

169

续表

专业素质	相关技能
开标及初步评审	• 管理招标流程
详细分析及评审	• 管理报价流程 • 评审非价格因素 • 澄清 • 评估供应商的报价及预测系统 • 使用审计信息
谈判	• 价格及成本分析 • 针对谈判采购的分析 • 针对报价的沟通 • 缩小竞争者的范围 • 谈判策略 • 谈判 • 判断责任及能力
授予合同	• 准备和发出中标通知书 • （为未中标人）撰写采购摘要 • 处理投诉 • 输入相关的采购数据
需求管理	• 合同管理计划 • 合同调整及修改 • 订单合同
绩效管理	• 履约状况 • 绩效管理
财务管理	• 商品类产品采购及简化采购的补救措施 • 非商品类产品采购的补救措施 • 管理合同的财务条款 • 成本、价格和管理费 • 审核单据
争议解决及合同终止	• 识别腐败和欺诈 • 争议解决 • 索债 • 管理合同特殊条款 • 终止合同 • 合同收尾

10. 推行采购证书项目

在能力结构测试的基础上，由联邦采购政策办公室倡导推行了加强联邦采购人员能力建设的一系列具体措施，包括开发联邦采购证书项目、建立人员管理信息系统、建立采购培训基金、联邦采购实习联盟以及"采购明星"评选活动等。

联邦采购证书由联邦采购政策办公室倡导，具体由联邦采购协会在与人员管理办公室磋商后，与国防采购大学合作开发，由各行政机关参与和落实。

按照联邦采购政策办公室政策函05－01中的要求，联邦采购协会与国防采购大学合作开发出了联邦采购证书－合同官项目，该项目于2005年12月获得采购总监委员会的批准。2006年1月，总统管理与预算办公室向各行政机关采购总监和高级采购经理和人力资源总监发出备忘录，重申了联邦采购证书项目的意义、背景及法律依据，对适用范围、实施监督、持证人员的素质要求等方面进行了细化。联邦采购证书－合同官项目在建立时参照了《增强国防采购人员能力法》对于国防采购人员初级、中级、高级的分类标准以及具体要求。下文中进行详细介绍。

（1）对合同官的能力结构要求

对合同官的能力要求，以联邦采购协会和国防采购大学鉴别出的通用能力和专业能力为准。值得注意的是，这些能力并不是一成不变的，将会随着时间的推移不断更新、补充或修改，以满足采购实践的需要。

（2）对合同官的教育背景要求

该项目并不改变人员管理办公室对合同官序列（GS－1102）既定的学历要求。在GS－1102序列中的第5级到第12级，国防和民用的学历要求有所不同。目前合同官Ⅰ级和Ⅱ级要求具有来自国家承认的教育机构的本科学历或至少24个学期学时的商业课程。合同官Ⅲ级则和国防初级、中级和高级的采购人员一样，按照《增强国防采购人员能力法》的要求都同时应具备国家承认的教育机构的本科学历和至少24个学期学时的商业课程。相关课程建设主要由联邦采购协会和国防采购大学负责开发。

上述商业课程包括：会计、法律、商业、财务、合同、采购、经济、工业管理、营销、数量方法以及企业管理。

（3）对合同官的培训要求

按照政策函05－01的要求，民用采购人员也应遵守国防部制订的培训课程表。核心课程必须由国防采购大学或者同等机构提供。而同等机构提供的课程须经国防采购大学认可。联邦采购政策办公室于2006年1月颁布了培训要求，又于2008年12月进行了修订。

合同官Ⅰ级的培训要求：
- CON 100《课程编号，笔者注》《更明智的商业解决方案》
- CON 110《支撑任务的计划》
- CON 111《战略执行》
- CON 110《任务绩效评估》
- 110《以任务为导向的合同签约》
- 1门选修课（至少有16个小时的指导）

合同官Ⅱ级的培训要求：
- CON 214《采购签约的商业决策》
- CON 214《支撑任务的中级采购签约》
- CON 216《采购签约的相关法律》
- CON 217《成本分析和谈判技巧》
- CON 218《支撑任务的高级采购签约》
- 两门选修课（每门课至少有16个小时的指导）

同官Ⅲ级的培训要求：
- CON 353《支撑任务的高级商业管理》
- 两门选修课（每门课至少有16个小时的指导）

选修课由采购人员及其上级主管协商，可以是与其现有工作或未来职业发展有关的课程，也可以是为了有利于轮岗的课程。选修课可以是免费的远程教育、论文课程或者其他的培训课程。鼓励采购人员多选课程以扩大知识面或提高能力，一般来说采购人员在职业生涯中应逐步增加选修课的难度。国防采购大学对选修课不做具体要求。

(4) 对合同官工作经验的要求

工作经验一般以在政府或私营部门相关工作的年限为参照，仍以人员管理办公室对合同官序列（GS－1102）的工作年限要求为准。

合同官Ⅰ级的工作经验要求：1年合同签约经验

合同官Ⅱ级的工作经验要求：2年合同签约经验

合同官Ⅲ级的工作经验要求：4年合同签约经验

（5）证书的申请与颁发

申请人负责准备相关的证书和材料以证明其达到了相关要求。其上级主管应利用这个机会评价申请人的技能和素质，并在必要时制订提高申请人素质的计划。供上级主管评价时使用的清单由联邦采购协会制订。

证书由申请人所在的行政机关制作颁发，但它能够证明申请人达到了整个政府范围的标准。尤其在联邦采购证书－合同官项目推行的第一年，这种分散的管理方式可以提高效率。批准联邦采购证书－合同官的权力被赋予高级采购经理，高级采购经理可以向下授权，但不应低于采购职业管理主管的级别。为了审计的需要，采购职业管理主管应保管好相关的证明材料。

至2008年1月，已经有560名采购人员获得了联邦采购证书－合同官序列。

（6）合同官的继续教育

即便得到了合同官证书，仍然要在工作的同时持续不断地学习以维持证书的有效性。GS－1102序列以及无论何种序列的授权合同官，每两年都应获得80个连续学分点，否则其联邦采购证书将会被修改或吊销。民事机关通常应遵循国防部门制订的学分点的获取方式，并鼓励用连续学习的机会帮助员工获得核心采购能力、保持关键采购技能以及获得部门所需要的特殊培训。如果需要，联邦采购政策办公室可以指定专门的连续培训课程以保证采购人员在道德伦理、基于绩效的采购签约、战略采购及其他方面获得培训。关于学分点的计算方式比较复杂，本报告中不进行详细介绍。

（7）其他联邦采购证书项目

继顺利推行联邦采购证书－合同官项目之后，联邦采购政策办公室又于2007年4月推出了联邦采购证书－采购计划和项目经理序列，于2007年11月推出了联邦采购证书－合同官技术代表序列。于2008年5月以管理和预算办公室备忘录的形式启动了联邦采购证书－采购评估员序列。

(8) 联邦采购证书项目的监督与管理

联邦采购协会董事会，跨部门采购职业主管管理委员会以及必要的其他部门负责监督项目的运行情况，并可以向联邦采购政策办公室提出项目修改意见以反映所有民事机关的需求。项目的变更将通过采购总监委员会或其他形式传达。联邦采购协会应在其网站上维护和公布项目的最新版本。

联邦采购协会应主要通过其网站提供相关的指导、程序和信息。此外，联邦采购协会还应定期检查和审核行政机关的项目落实情况，以保证对采购人员教育、培训、工作经验和连续学习方面的要求得到了严格执行。审核的内容包括：

- 确认行政机关接受和保存申请材料
- 审核申请者的相关材料
- 确认 2007 年 1 月 1 日以后入职的新合同官必须拥有证书

包括评估申请人在内的日常证书管理工作由各行政机关各自负责。监督联邦采购证书－合同官项目、解决争议以及颁发证书的权力被赋予高级采购经理一级。如果需要，高级采购经理可以通过书面形式将部分权力授权给不低于采购职业管理主管级别的人员。

由采购总监按照政策函 05－01 任命的采购职业管理主管具体负责联邦采购证书－合同官项目的管理，包括开发信息沟通战略等。作为联邦采购协会运营的跨部门采购职业管理主管委员会的成员，采购职业管理主管应确保人力资源开发政策和机会能够满足采购人员的需要。

11. 建立采购职业管理信息系统

在联邦采购政策办公室的政策函 97－01 中，要求行政机关收集和保存采购人员的相关信息。为满足这一要求，联邦采购协会于 1999 年建立了采购职业管理信息系统。该系统可以协助行政机关进行制订预算、员工管理、培训、人员开发决策等工作。它还能协助行政机关按照《克林格－卡亨法》的要求保存采购人员的培训记录以及联邦采购证书－合同官及相应级别的记录。截至 2008 年 2 月，该系统中已收集了民事机关近 30000 名采购人员的信息，其中包括 10000 名合同官，7000

名采购官，900名计划经理以及11000名合同官技术代表。

参加培训的学员应将自己参加培训的更新信息输入系统。学员的上级主管负责确认培训是否符合学员的工作需要以及录入信息的准确性。为了审计的需要，学员必须保管好证书或者其他证明材料。

联邦采购协会使用采购职业管理信息系统制订培训方案和研究报告。联邦采购政策办公室则用来追踪联邦采购证书项目推行的情况。

12. 建立采购职业培训基金

联邦采购协会使用该基金开发和提供培训资源以帮助联邦采购人员过渡为服务导向型和技术驱动型人员。

联邦采购协会向其董事会、联邦采购政策办公室、采购总监委员会提供建议，确认培训需求并就基金使用的优先顺序进行排序。联邦采购政策办公室在管理活动、联邦采购动向及新趋势方面提供指导。

在2001年的财政预算中，联邦政府分配了1.58亿美元用于提高民用采购人员能力，包括增加5%的采购人员规模、培训和证书项目。这其中的2490万美元将从采购职业培训基金中支付。其中790万美元用于工资和培训；600万美元用于人力资源支持；300万美元用于采购人员数据管理；600万美元用于建立维护承包商目录数据库；200万美元用于研究现在和将来的采购人员需求。目前美国政府对采购人员的重视程度可见一斑。

13. 成立联邦采购实习联盟

联邦采购实习联盟的建立主要是为了吸引更多的年轻人进入到采购领域。按照联邦采购政策办公室的要求，联邦采购协会于2007年建立了联邦采购实习联盟，并建立了配套的结构性培养计划，为大学生以及有工作经验但打算转行到采购领域的人员提供不同岗位、不同级别的联邦采购实习机会。2008年运行了9个实习项目，每年培训约600名实习生。联邦采购实习联盟搭建了求职者和用人单位的桥梁，使求职者对联邦采购工作增进了了解，也使用人单位有更多的考察机会。

14. 组织"采购明星"评选活动

为保证联邦采购工作者的价值得到承认、良好的采购实践得到推广，联邦采购政策办公室创办了一年一度的采购明星颁奖活动。截至2008年，已有十余位个人和团队因出色地完成采购使命、有效地使用纳税人的资金而获奖。他们获奖的原因涉及采购流程的各个环节：出色的签约、采购规程和道德规范的制订、积极创新乃至与承包商建立有益的伙伴关系等。这项活动对于采购人员起到了很好的示范和激励作用。

15. 制订采购人力资源中长期发展规划

尽管按照政策函05-01的要求，各行政机关的人力资源发展计划中已经包含了采购人员发展计划的内容，但是由各机关制订的计划通常局限于短期的和局部的人员需求。按照2009财年的《增强国防采购人员能力法》的要求，联邦采购政策办公室制订了采购人员发展五年战略规划（2010~2014财年），并于2009年10月以总统管理与预算办公室备忘录的形式传达给所有行政机关的采购总监、高级采购经理、财务总监和人力资源总监。该战略规划的主要内容有：

- 人员增长的需求；
- 每年详细的人员计划；
- 包含增加实习项目及其他培训和开发项目的蓝图；
- 未来5年促进人员开发和人员管理基础设施建设的行动计划。

备忘录要求各行政机关结合该战略规划和各单位的实际情况，有针对性地制订各自的人力资源计划。

国防部也不甘落后，于2010年4月向国会递交了国防采购战略人员计划。在报告的扉页上写道：采购人员的规模重要，采购人员的素质至关重要。该报告分为三章：战略、分析和倡议。在分析环节采用了2009财年的最新数据。报告涉及了商业、合同、信息技术、物流、项目管理及测试评估等8个与采购职业相关的领域。

（二）政府采购学历教育——以乔治·华盛顿大学法学院为例

2010年8月25日，历经波折，本书作者终于站在了美国乔治·华盛顿大学法学院的小广场前。久久凝视着这位美国开国总统的铜像。他的名言"一个好的政府最坚实的基础，就是对正义的伸张"久久在耳边回荡。

乔治·华盛顿认为国家需要一个高层次的教育和研究机构，而这个机构最理想的地点应该设在首都。根据他的遗愿，乔治·华盛顿大学于1821年创立（当时名为"哥伦比亚学院"）。从诞生之日起，乔治·华盛顿大学就跟美国政府关系密切，很多"第一家庭"的成员都曾在该校就读。毕业于该校的参议员、部长、大使、军队统帅、各届领袖、外国首脑更是不胜枚举。它被称为"政治家的摇篮"确实名副其实。与乔治·华盛顿大学有联系的诺贝尔奖获得者有20人之多，其中10人的获奖成果是在校期间完成的。这些都令美国学子们为之神往，使它成为"全美国最贵的大学"，本科生平均每年学费达到43000美元左右。

乔治·华盛顿大学法学院建立于1865年，是华盛顿特区最古老的法学院。先后有几位大法官曾在这里任教。得益于法学院与最高法院的密切关系，法学院经常接待联邦法院、巡回法院、上诉法院和地区法院法官的访问。先后有7位美国总统成为该校的荣誉法学博士。目前法学院在校学生总数约2000人。

在美国学习法律的门槛很高。在本科教育中没有法律专业，学生需要首先取得一个非法律专业的学士以上学位，然后参加全国统一的法学院入学考试（LSAT）。该考试重点考查考生的逻辑思维能力。学生拿学士学位和LSAT成绩申请法学院的Juris Doctor（JD）学习资格。JD是3年制教育，内容涵盖了美国法律制度的方方面面，直接翻译的话叫做法律博士。由于教育体系的不同，这个翻译常常会引起中国人的误解，其实JD是法学院最基本的法律学位。它类似于一种职业教育，是进入法律行业的基本条件，只有获得 JD 才能够参加律师考试。在法学院，我遇到过不少已经取得其他专业硕士、博士学位的学生为了转行而读 JD。

法律硕士（LL. M.）通常是为拥有 JD 学位、有一定工作经验、确定了研究方向、想在某个专业领域继续深造的人准备的。学制为 1 年（脱产学习则 2 年）。

在美国学习法律的成本十分高昂太贵！有位在乔治·华盛顿大学法学院读书的法律硕士，上了一学期课就杳无音讯。后来笔者偶然遇见他，才知道他打一段时间的工，攒够一个学期的钱之后来读一个学期。钱花完了再出去打工。经过至少 8 年的时间，一般人拿到法律硕士学位，花费 50 万~60 万美元是正常的。这也是导致在美国接受法律服务成本高昂的重要原因。如果时间、精力、特别是经济上允许，法律硕士还可以继续读"Scientiae Juridicae Doctor"（拉丁文，缩写为 S. J. D.），可以翻译为法律科学博士，这是真正意义上的法律博士，是为有志于从事法律教学和研究工作的精英们准备的，毕业的条件主要看论文的水平，通常需要 2~3 年的时间。

有了以上背景知识，就可以继续深入分析美国的政府采购学历教育。乔治·华盛顿大学法学院的"政府合同法"法律硕士项目（以下简称"政采法硕项目"）是美国乃至全世界政府采购教育领域的翘楚。该项目由政府采购教育领域的"教父"Ralph C. Nash 教授创立于 1960 年，其撰写的经典教材《政府采购合同的订立》出到了第 3 版，《政府采购合同的履行》已经出到了第 4 版。这两本教材从 20 世纪 80 年代起就已经成为所有政府采购行业相关人员案头的必备工具。每本教材的价格均超过 100 美元。在高度保护知识产权的美国，写出一本畅销的教材，可保证作者一生衣食无忧。而市场的资源配置作用则会吸引越来越多高智商、肯钻研的人为此不懈努力。

政采法硕项目目前的三位负责人均非等闲之辈。Steven L. Schooner 教授是本校毕业的法律硕士，曾在司法部、国防部门和私营律所任职，并担任过美国联邦采购政策办公室副主任。Joshua I. Schwartz 教授持有哈佛大学的本科和康奈尔大学的 JD 学位，曾就职于法院和司法部，并曾受聘于联邦采购建议委员会（美国政府采购领域最高级别的智库）。Christopher R. Yukins 教授是国际政府采购领域一颗冉冉升起的新星。他本科毕业于哈佛大学大学，拥有弗吉尼亚大学的 JD。他曾供职于司法部，担任教授之前，他是一家很大的私人律所的合伙人。他们三人共同的特点是名校毕业、具有深厚的理论基础以及在私营领域和政府部门丰富的实践经验、热爱政府采购事业和教育行业（尽管在名校担任教授收入不菲，但以他们几位的学识和资历，如果在私人律所中担任律师或合伙人的话，收入扩大几倍简直易如反掌）。

学院专为政采法硕项目开立的主要课程有：政府合同的订立、政府合同的履行、政府合同法庭辩护、政府合同成本与定价、政府合同国际比较、政府合同中的反腐败、政府合同中的知识产权、政府合同案例分析等。每门课 2~3 学分不等，学生毕业需要修满 24 学分。

其中《政府合同成本与定价》和《政府合同中的知识产权》都是全世界最前沿的课程，分别由律所合伙人 Stephen D. Knight 先生和国防部副总法律顾问 Richard M. Gray 先生任教。现任联邦采购办公室主任 Daniel I. Gordon 先生和前任联邦服务总署（GSA）副署长 David Drapkin 目前也都是法学院的兼职教授。在美国当兼职教授可不是挂个名就可以了，是要认真备课、上讲台、判作业的哦。此外，来自国会、政府、学术界、律所、国际组织和非政府组织的重量级人物也时常以嘉宾身份出现在课堂上。

与国内大学的"严进宽出"和许多中国人印象里美国大学的"宽进严出"不同的是：乔治·华盛顿大学法学院奉行的是"严进严出"的政策。说说参加政采法硕项目的学生吧，体现出很多与国内学生的差别。

首先，大多具有丰富的实践经验。从没出过校门的学生是绝对少数。甚至一些学生比教授年龄都大。他们都在相关领域工作，这使得交互式教学成为可能。在教授的引导下，课堂常常成为学生们交流乃至争论的平台。相关研究表明，这样的学习效果与"填鸭式"宣讲的效果不可同日而语。

其次，学生的学习态度非常认真。不要说旷课、迟到、早退、开小差等现象，每门课每次上课前都有几十乃至几百页的阅读材料，事先没有阅读就来上课的学生属于凤毛麟角。教师上课不是照本宣科，而只是挑其中的重点、难点讲解。

再次，几国内的学生大都喜欢写论文，怕考试。这里的学生正好相反，因为他们对论文的质量要求非常之高。以笔者所看到的一名普通JD学生写的作业论文（不是毕业论文）为例，51页的论文有327个脚注，粗略统计了一下，他为撰写这篇论文阅读了约10部法律、50份案例和100～200篇论文。后来得知，每页纸6个脚注是对学生论文的最低要求。

最后，学生们在学习上舍得投入时间和金钱。一本教材100多美元算便宜的。有一门课的一本教材加一本参考书加起来超过了400美元。尽管教授提供了免费的电子版教材和参考书。可绝大多数学生都会花巨资购买纸质版教材和参考书。在美国找不到盗版书。即便是复印，如果连续超过了10页，相关人员通常会拒绝为你复印。

分析这些"反常"现象的原因，经济杠杆发挥了很大的作用。获得一个学分约需1700美元。有学生半开玩笑地粗略算过，一节课折下约120美元，1分钟2.4美元，没有人舍得逃课？如果一门2～3学分的课程考试不及格的话，则意味着3400美元或5100美元就打了水漂。所以经济的压力会学生们深切到"知识就是金钱"这句话的含义。另一方面，一旦学成，毕业后5年内拿到12万美元的年薪属于家常便饭。这样，当下有巨大的成本学习成本作为压力，未来有诱人的美好的前程作为动力，学生们通宵达旦、废寝忘食地学习也就不足为奇了。

除课堂学习外，政采法硕项目非常注重能力培养。乔治·华盛顿大学法学院的地理位置得天独厚，最高法院、国会、白宫、国际货币基金组织、世界银行、财政部、司法部、国务院、联邦服务总署、政府责任办公室（GAO）、政府采购领域的大律所均在其走路20分钟可以到达的范围内。加之法学院在政府采购领域里的崇高声望以及深厚的人脉关系，上述机构时常为法学院的学生提供实习机会乃至工作岗位。学院的模拟法庭搞得有声有色，2007年美国联邦首席大法官John Roberts Jr.

先生（从某种意义上说，其地位不亚于美国总统）受邀担任了模拟法庭的主持人。此外，有很多学生以实习编辑的身份参与到美国政府采购领域最重要的期刊之一——《政府合同杂志》的工作中。

乔治·华盛顿大学的教育目标是培养各行业的"领军人物"。经过这种严格的培养，政采法硕项目的毕业生们也都陆续成为政府采购领域各机构中的佼佼者，并且带动着其他人一起进步。

（三）美国联邦采购人员能力建设对我国的借鉴和启示

1. 充分认识采购人员能力建设工作的重要性

一支具备优秀的业务素质和良好的道德水平的采购队伍是整个招标采购行业的中流砥柱。随着规模的不断扩大，我国的招标采购已经成为社会各界乃至海内外越来越关注的焦点。除了节约资金和反腐倡廉的传统功能，政府和学术界也期待着政府采购承担更多的诸如环境保护、扶植中小企业等政策功能。"更有效率才能更有作为"，这些功能能否实现最终取决于一线采购人员的能力。在研究美国近20年采购人员能力建设的问题时，本书作者发现其政府采购各方发现问题较早、在相关的研究工作方面投入大、调查研究工作详实、采取措施果断而有效，有效地避免了一场可能因采购人员能力不足而导致的"采购危机"。我国目前招标采购的法律体系已经初具规模，应当防微杜渐、未雨绸缪，尽早将采购人员的能力建设问题摆上重要的议事日程上来。

2. 有步骤、有计划地推进采购人员能力建设工作

十年树木，百年树人。人员能力的提高不是一朝一夕的事情。目前国内高素质、专业化的招标采购人才资源非常稀缺。当前对招标采购从业人员的培训不能说没有，但培训时间的长短、培训的内容和培训对象的选择基本上处于比较随意和随机的状态。培训的质量得不到保障，培训的效果也无从考证。我们可以借鉴美国的经验，首先，从人员状况调

查、素质鉴别开始，找出当前招标采购从业人员的实际素质、技能与所从事工作的差距。然后，制订出有针对性的培训计划和采购人员发展计划和发展战略，有条不紊地针对不同的对象开展不同层次、不同期限、内容多样的教育和培训活动。招标师职业资格制度对于统一采购人员能力的要求以及教育和培训标准、保证教育和培训工作的质量，都是至关重要的。

3. 采购人员能力建设工作需要多部门密切合作

采购人员的能力建设是一项系统工程，不是一个机构能够单独解决的问题。我们看到，美国联邦政府从法律、政策到法规的制订，从国会、联邦采购政策办公室、联邦采购协会、国防采购大学到各行政机关乃至社会组织和私营部门，形成了一套全方位、多角度、各司其职、合力推进采购人员能力建设的体系。最新的数据表明他们的工作已经取得了一定成效。我国的招标采购从业人员能力建设工作也需要相关各方的通力合作：政府部门制订和推行采购人员能力建设的相关政策、科研机构研究政府采购从业人员的现状及差距并制订教育及培训标准、招标采购机构制订并执行采购人员发展计划和战略、高校应研究编制课程体系和教材并尽早设立政府采购专业、高校和培训机构提供相关课程的培训，等等。总之，需要建立一套机制与流程，以促进政府、招标采购机构、研究教育及培训机构、供应商等有关各方在采购人员能力建设问题上密切合作。

4. 建立符合我国国情的招标师职业资格制度

经历了上百年的发展，美国的政府采购体系中形成了一个重要的群体——合同官。合同官掌握有国内政府采购从业人员无法比拟的权力，但同时也承担着巨大的责任。与美国相比，我国的招标采购工作起步晚、发展快，在文化传统、法律框架、管理体系、从业人员结构等方面都有很大的不同。因而在借鉴美国经验时不能盲目照搬。比如，美国的联邦政府采购证书采用了分散的管理方式，由合同官的所在单位自行颁发，但在全政府范围内有效。而且美国在人员能力建设方面的理念以培训为主、考试为辅,即便有考试也是培训课程里的考试。本书作者认为这种方式不太适合我国国情。按我国目前的情况,还是全国统考的方式比较便于统一标准。同时,"以考试促进培训"有利于提高培训积极性和降低社会总成本。另外美国的采购人员都是政府公务员,所以培训所需资金全部由政府提供。我国的招标采购人员则在编制上存在很大的差异,培训资金的来源显然不便于统一。

在招标采购制度建设的初期,建立一套刚性的制度是必要的,便于操作而且有利于树立制度的权威性。但是随着我国招标采购逐步走向成熟以及从业人员的素质逐步提高,未来可以考虑逐步增加采购人和采购人员的自由裁量权。这有助于提高采购工作的效率和质量。因此从中长期看,有必要对于合同官制度进行调研和论证。

(四) 我国招标师职业能力结构与测试

在我国,对于招标采购从业人员能力结构的测试工作尚无先例,本书作者借鉴美国联邦采购的做法,采用以下方式进行:首先,通过对招标采购机构的管理者和业内有经验的专家进行访谈,设计、发放和回收调研问卷,鉴别出招标师所应具备的通用能力和专业能力;其次,通过对历年招标师考试对应通用能力和专业能力的题目的得分情况进行分析、梳理,从而对现有的招标采购从业人员的相关能力状况做出判断;最后,将上述两组数据进行对比分析,找出差距,从而为今后招标采购从业人员的培训、考试命题、继续教育等工作提供方向。

1. 关于招标师通用能力结构的调研

(1) 统计方法

本次统计通过"EXCEL—数据分析—描述统计"进行,对原始数据表"通用能力重要性"中收集的 21 位招投标行业高级管理人员、专家教授针对 15 项通用能力在整个招标活动中的重要性的打分进行汇总统计。统计指标包括:平均值、标准误差、中位数、众数、标准差、方差、峰度、偏度、区域（极差）、最小值、最大值、求和、观测数、第 K 最大值、第 K 最小值和置信度等相关项目。其中：

①平均值：此处指算数平均值。体现在本表中，即 21 位被调查者对各能力重要性的平均评价。

②标准误差：

A. 定义：各测量值误差的平方和的平均值的平方根，故又称为均方误差。其中的"测量值误差"为测量值与真实值的差。

B. 在 EXCEL 中，标准误差是方差除以样本数后的算术平方根。

C. 标准误差不是测量值的实际误差，也不是误差范围，它只是对一组测量数据可靠性的估计。标准误差小，测量的可靠性大一些，反之，测量就不大可靠。

③中位数：排序后位于中间的数据的值。

④众数：出现次数最多的值。体现在本表中，即 21 被调查者针对某项能力的最一致的打分。

⑤标准差：也称均方差，是离均差平方和平均后的方根标准差是方差的算术平方根。标准偏差反映相对于平均值（mean）的离散程度。

⑥方差：样本中各数据与样本平均数的差的平方和的平均数，衡量一个样本波动的大小。体现在本表中，即 21 位被调查者针对某项能力打分的不一致程度。

⑦峰度：衡量数据分布起伏变化的指标，以正态分布为基准，比其平缓时值峰度值为正，反之则为负；

⑧偏度：衡量数据峰度偏移的指数，根据峰度在均值左侧或者右侧分别为正值或负值；

⑨区域（极差）：最大值与最小值的差。

⑩第 K 大（小）值：输出表的某一行中包含每个数据区域中的第 K 个最大（小）值。

⑪样本均值的置信度：

A. 通常用来计算在显著性水平为 5% 时的平均值置信度。均值 +/- 置信度，即得置信区间。

B. 置信区间是指由样本统计量所构造的总体参数的估计区间。置信区间展现的是这个参数的真实值有一定概率落在测量结果周围的程度。置信区间给出的是被测量参数的测量值的可信程度，即前面所要求的"一定概率"。这个概率被称为置信水平。举例来说，如果在一次大选中某人的支持率为55%，而置信水平0.95上的置信区间是（50%，60%），那么他的真实支持率有95%的概率落在50%和60%之间。

C. 体现在本表中，如客户服务能力的重要性均值是4.81，那么它在95%置信水平上的置信区间是（4.58，5.04），也就是说客户服务能力的真实重要性有95%的概率在4.58和5.04之间。

（2）统计目的

通过对样本进行描述统计，获得行业专家对15项通用能力重要性打分的平均值，即一般评价；样本内各个体打分的差异性；以及各项能力重要性在95%的概率下落入的区间范围。最后以各项能力重要性均值为基准进行排序，得到各项通用能力在整个招标活动中的相对重要性。

（3）原始数据15项能力说明

针对此次问卷设计的15项通用能力是经过文献查阅、专家访谈、会议研讨之后设计出的拟作为对招标师的通用能力结构，被调查者被赋予补充相关能力的权利。

（4）统计结果初步分析

如表6-3所示，重要性排名在第1和第2的客户服务能力，正直、道德责任感重要性均值分别为4.81和4.38；而标准误差分别为0.112和0.176，可见前者的个体意见一致性强于后者。另一方面，这两项能力的中位数和众数均为5，从另一个角度体现了21为被调查者中大部分人趋向于给这两项能力赋予重大的重要性。然而，信息管理、推理能力、灵活性被认为是最不重要的三项能力，其均值分别为3.48，3.43，3.38。考虑5%的显著性水平，其置信区间分别是（3.17，3.79），（2.94，3.92），（3.01，3.75），即三项能力的真实重要性基本上是"一般重要"的。

表 6-3 通用能力重要性统计

统计指标	创造性思维	客户服务	决策	灵活性	影响	信息管理	正直、道德责任感	人际交往能力	口头交际能力	计划和评估	解决问题能力	推理能力	自我管理能力	团队合作能力	书面交流能力
平均	3.95	4.81	3.76	3.38	4.00	3.48	4.38	3.86	4.10	4.00	4.33	3.43	3.57	3.81	3.95
标准误差	0.244	0.112	0.257	0.176	0.207	0.148	0.176	0.199	0.181	0.154	0.159	0.234	0.289	0.214	0.212
中位数	4	5	4	4	4	3	5	4	4	4	4	4	3	4	4
众数	5	5	3	4	5	3	5	4	4	4	5	4	5	4	4
标准差	1.117	0.512	1.179	0.805	0.949	0.680	0.805	0.910	0.831	0.707	0.730	1.046	1.326	0.981	0.973
方差	1.248	0.262	1.390	0.648	0.900	0.462	0.648	0.829	0.690	0.500	0.533	1.095	1.757	0.962	0.948
峰度	0.508	7.918	-0.388	-0.865	-1.007	0.079	-0.865	-0.116	0.498	2.435	-0.765	-0.989	-1.274	-0.875	-0.441
偏度	-0.850	-2.829	-0.501	-0.844	-0.388	0.094	-0.844	-0.574	-0.767	-0.938	-0.631	-0.294	-0.241	-0.285	-0.616
区域	4	2	4	2	3	3	2	3	3	3	2	3	4	3	3
最小值	1	3	1	2	2	2	3	2	2	2	3	2	1	2	2
最大值	5	5	5	4	5	5	5	5	5	5	5	5	5	5	5
求和	83	101	79	71	84	73	92	81	86	84	91	72	75	80	83
观测数	21	21	21	21	21	21	21	21	21	21	21	20	21	21	21
最大(1)	5	5	5	4	5	5	5	5	5	5	5	5	5	5	5
最小(1)	1	3	1	2	2	2	3	2	2	2	3	2	1	2	2
置信度(95.0%)	0.51	0.23	0.54	0.37	0.43	0.31	0.37	0.41	0.38	0.32	0.33	0.49	0.60	0.45	0.44
重要性排名	7	1	11	15	5	13	2	9	4	5	3	14	12	10	7

(5) 统计结果详细分析

通过对统计结果的详细分析，得到业内专家和招标采购机构管理者认为招标师的通用能力结构重要性排序，如表6-4所示。

表6-4　　　　　　　　　　招标师通用能力排序

排序	通用能力	定义（描述）	重要性 文字	分值
1	客户服务	确定客户需求，提供帮助、解决问题并满足客户期望；掌握客户需要的产品和服务的知识	非常重要	4.81
2	正直、道德责任感	有助于维护组织的正义感；事关利益冲突时，理解并遵守相关准则；面对道德困境时有合适的解决方案	非常重要	4.38
3	解决问题能力	发现问题并确定信息的准确性和关联性；使用良好的判断力来生成和评估备选方案和提出建议	非常重要	4.33
4	口头交际能力	有效传达信息；根据目标受众选择合适的表达方式；能够做清晰且令人信服的业务介绍；有效倾听他人	重要	4.10
5	影响力	说服别人接受自己的建议；引导别人合作或使他们改变行为；和其他人达成一致；互相磋商以找到彼此都能接受的解决方案	重要	4.00
6	计划和评估	能够有重点地组织工作、确定资源分配和决定目标、策略；能够和其他部门、同事有效合作；有效管理工作进度、评估成果	重要	4.00

续表

排序	通用能力	定义（描述）	重要性 文字	分值
7	创造性思维	利用想象力提出新见解和创造性的解决办法；在现有办法和程序不适用或不可用的情况下设计新方法	比较重要	3.95
8	书面交流能力	使用恰当的语法、标点、拼写；能够用简洁的有条理的方式交流信息；根据目标受众选择适当的书面信息	一般重要	3.95
9	人际交往能力	举止得体，懂得换位思考；能够发展并维护有效的工作关系；能和不同背景的人友好相处并善于发现个体之间的差异	一般重要	3.86
10	团队合作能力	在团队成员间鼓励促进合作互信；培养责任感和合作精神	一般重要	3.81
11	决策能力	做出完整的、信息充分的、客观的决定；认识所作决定的影响和可能结果；对行为负责并完成组织目标；敢于质疑	一般重要	3.76
12	自我管理能力	确立明确的、具有现实意义的目标；主动、努力、及时完成任务；有动力做到更好；有责任感	一般重要	3.57
13	信息管理	识别信息需求并知晓获取信息的途径；组织和维护信息（利用信息管理系统有效储存信息）	不太重要	3.48
14	推理能力	确定适用于工作的法律法规；分析信息并得出准确结论	不太重要	3.43
15	灵活性	愿意接受变化和新信息；针对新信息、新环境或预料之外的障碍调整行为或工作方法；有效处理歧义	不太重要	3.38

可以看出，前12项能力分值较高，属于招标师的通用能力结构范畴。而排在后3项的信息管理、推理能力和灵活性被认为重要性偏低，在下一步的结构测试研究中予以剔除。

2. 关于招标师专业能力结构的调研

（1）统计方法

本次统计通过"Excel—数据分析—描述统计"进行，对原始数据表"专业技能阶段重要性"中收集的 21 位招投标行业高级管理人员、专家教授针对 18 项专业技能在相应阶段（招标准备、招标过程、合同管理）中的重要性的打分进行汇总统计、排序。统计指标包括：平均值、标准误差、中位数、众数、标准差、方差、峰度、偏度、区域（极差）、最小值、最大值、求和、观测数、第 K 最大值、第 K 最小值和置信度等相关项目（各统计指标描述见"通用能力重要性统计表"）。

（2）统计目的

通过对样本进行描述统计，获得行业专家对 18 项专业技能重要性打分的平均值，即一般评价；样本内各个体打分的差异性；以及各项能力重要性在 95% 的概率下落入的区间范围。最后以各项技能重要性均值为基准进行排序，得到其在相应阶段中的相对重要性。

（3）原始数据 18 项技能的说明

针对此次问卷设计的 18 项专业能力是经过文献查阅、专家访谈、会议研讨之后设计出的拟作为对招标师的专业能力结构，被调查者被赋予补充相关能力的权利。

（4）统计结果初步分析

如表 6-5 所示，在招标准备阶段，"确定采购需求"被赋予最大的重要性，且其标准误差 0.164 在 18 项技能中也是最小的。同时，该项技能的样本众数和中位数均为 5，进一步反映了多数被调查者一致认为该项能力对招标准备阶段来说是非常重要的。此外，样本最小值 3，表明即便评分最低的个体也认为该项能力至少是一般重要的。招标准备阶段重要性排名第 2 的"确定合同关系"具有类似的统计推断。"小企业受益计划"被赋予最小的重要性，其重要性仅为 2.67，未达"一般重要"。这一方面源于被调查者对扶持中小企业的认知程度不够，更重要的原因是当前招标采购领域目前中小企业的扶持政策还没有落实到位。因此在后续的详细分析中，将扶持中小企业这一指标剔除。在招标过程，价格、质量和工期被赋予最大重要性，且在 95% 的置信水平下，其真实重要性落入区间（4.11，4.85）。在该阶段，谈判和合同授予能力被认为是最次要的。但合同授予的标准误差 0.168 要明显小于谈判的 0.217，且 5% 的显著性水平下，合同授予重要性落入的区间（3.55，4.25）

表 6-5 专业技能阶段重要性统计

统计指标	战略规划	项目管理	市场调研	竞争管理	小企业受益计划	确定采购需求	基于绩效的采购	确定合同关系	询价	开标及初步评审	详细分析及评审	谈判	合同授予	需求管理	绩效管理	财务管理	合同变更决策	争议解决及终止
平均	4.05	3.76	4.00	3.05	2.67	4.48	3.81	4.43	4.48	3.95	4.38	3.90	3.90	3.67	3.33	3.14	3.52	3.43
标准误差	0.223	0.206	0.218	0.212	0.199	0.164	0.190	0.190	0.178	0.234	0.176	0.217	0.168	0.211	0.211	0.232	0.264	0.202
中位数	4	4	4	3	3	5	4	5	5	4	5	4	4	4	3	3	4	3
众数	5	4	5	3	3	5	4	5	5	5	5	4	4	3	4	4	3	3
标准差	1.024	0.944	1.000	0.973	0.913	0.750	0.873	0.870	0.814	1.071	0.805	0.995	0.768	0.966	0.966	1.062	1.209	0.926
方差	1.048	0.890	1.000	0.948	0.833	0.562	0.762	0.757	0.662	1.148	0.648	0.990	0.590	0.933	0.933	1.129	1.462	0.857
峰度	2.502	2.423	-0.537	0.547	-0.245	-0.197	-0.742	-0.871	-0.394	-0.653	-0.865	-0.772	0.676	-0.959	-0.959	-0.141	0.003	-0.592
偏度	-1.340	-1.052	-0.663	0.257	-0.549	-1.092	-0.095	-1.017	-1.147	-0.707	-0.844	-0.467	-0.561	0.027	-0.027	-0.587	-0.624	0.230
区域	4	4	3	4	3	2	2	2	3	3	3	3	3	3	3	4	4	3
最小值	1	1	2	1	1	3	2	3	3	2	3	2	2	2	2	1	1	2
最大值	5	5	5	5	4	5	5	5	5	5	5	5	5	5	5	5	5	5
求和	85	79	84	64	56	94	80	93	94	83	92	82	82	77	70	66	74	72
观测数	21	21	21	21	21	21	21	21	21	21	21	21	21	21	21	21	21	21
最大（1）	5	5	5	5	4	5	5	5	5	5	5	5	5	5	5	5	5	5
最小（1）	1	1	2	1	1	3	2	3	3	2	3	2	2	2	2	1	1	2
置信度（95.0%）	0.47	0.43	0.46	0.44	0.42	0.34	0.40	0.40	0.37	0.49	0.37	0.45	0.35	0.44	0.44	0.48	0.55	0.42
重要性排名	3	6	4	7	8	1	5	2	1	3	2	4	4	1	4	5	2	3

下篇　招标采购人员能力建设

表6-6　专业技能项目重要性统计

统计指标	战略规划	项目管理	市场调研	竞争管理	小企业受益计划	确定采购需求	基于绩效的采购	确定合同关系	询价	开标及初步评审	详细分析及评审	谈判	合同授予	需求管理	绩效管理	财务管理	合同变更决策	争议解决及终止
平均	3.86	3.57	3.67	3.00	2.67	4.33	3.67	4.29	4.29	3.57	4.19	3.81	3.62	3.71	3.33	3.14	3.48	3.43
标准误差	0.210	0.202	0.222	0.249	0.199	0.174	0.232	0.184	0.197	0.281	0.235	0.255	0.201	0.197	0.187	0.210	0.264	0.224
中位数	4	4	4	3	3	5	4	5	5	4	5	4	4	4	3	3	4	3
众数	4	3	4	3	3	5	4	5	5	5	5	5	4	4	4	3	4	3
标准差	0.964	0.926	1.017	1.140	0.913	0.796	1.065	0.845	0.902	1.287	1.078	1.167	0.921	0.902	0.856	0.964	1.209	1.028
方差	0.929	0.857	1.033	1.300	0.833	0.633	1.133	0.714	0.814	1.657	1.162	1.362	0.848	0.814	0.733	0.929	1.462	1.057
峰度	-0.632	1.773	-0.964	-0.072	-0.245	-1.002	0.464	-1.316	-1.518	-1.100	-0.545	-0.155	2.337	-0.471	-0.718	-0.094	-0.123	-0.979
偏度	-0.431	-0.648	-0.187	0.224	-0.549	-0.707	-0.621	-0.617	-0.635	-0.330	-0.945	-0.636	-1.237	-0.267	-0.215	-0.310	-0.689	0.212
区域	3	4	3	4	3	2	4	2	2	4	3	4	3	3	3	4	4	3
最小值	2	1	2	1	1	3	1	3	3	1	2	1	2	2	2	1	1	2
最大值	5	5	5	5	4	5	5	5	5	5	5	5	5	5	5	5	5	5
求和	81	75	77	63	56	91	77	90	90	75	88	80	76	78	70	66	73	72
观测数	21	21	21	21	21	21	21	21	21	21	21	21	21	21	21	21	21	21
最大(1)	5	5	5	5	4	5	5	5	5	5	5	5	5	5	5	5	5	5
最小(1)	2	1	2	1	1	3	1	3	3	1	2	1	2	2	2	1	1	2
置信度(95.0%)	0.44	0.42	0.46	0.52	0.42	0.36	0.48	0.38	0.41	0.59	0.49	0.53	0.42	0.41	0.39	0.44	0.55	0.47
重要性排名	5	11	8	17	18	1	8	2	2	11	4	6	10	7	15	16	13	14

也明显窄于谈判的（3.45，4.35）。在合同管理阶段，可以看到5项技能的重要性打分均值都在4分以下，体现了被调查者对这几项技能相对不重视。而5项技能的标准误差均在0.2以上，体现了样本个体意见的差异性较大。其中，需求管理被认为是最重要的。而财务管理被认为是最不重要的。

（5）统计结果详细分析

通过对调研结果的进一步分析，得到招标师应当具备的专业能力对所在阶段的重要性排序，如表6-7所示。

表6-7　　　　当前阶段招标师应当具备的专业能力

排序	专业能力	定义（描述）	对所在阶段的重要性
（一）招标准备			
1	确定采购需求	选择合适的评审因素、确定采购方式	4.48
2	确定合同关系	确定最合适的报价方式；决定是否和如何提供再次采购；准备无价格合同；决定付款方式；制定来源选择计划	4.43
3	战略规划	在完成采购任务的情况下，为客户提供相关角色定位和确保货物、服务采购顺利进行的策略的建议	4.05
4	市场调研	收集和分析相关市场信息；分析采购需求并提供商业建议；在需求文件和采购需求的相关因素的准备中审查并提供商业建议	4.00
5	基于绩效的采购	采用基于绩效的采购策略	3.81
6	项目管理	提出切实可行的方案和调配资源完成整个项目	3.76
7	竞争管理	基于商业策略、市场环境、采购目标和法律法规管理竞争；根据社会经济目标决定是否要限制竞争	3.05
（二）招标过程			
1	询价	刊登招标信息；确定适当的分包要求；口头询价；询价准备；答疑和公示；询价的修改和撤销	4.48
2	详细分析及评审	接受报价并且识别无效的报价；保证技术评审团队运用非价格因素（例如过去业绩）评估报价；判断需要从招标人获取哪些价格信息；考虑一家企业在制定投标文件时会计和评估系统的充分性；确保企业具有投标资格	4.38

续表

排序	专业能力	定义（描述）	对所在阶段的重要性
3	开标及初步评审	接受投标（包括现场安全保护、拆标、唱标、记录和开标一览表）；确定提交投标文件的截止日期并采取适当措施；判断投标是否迟到，如果迟到，投标是否仍有效；发现并解决标书的错误；计算每份标书的评标价并判断最低价者是否合理；判断投标邀请的响应度	3.95
4	谈判	建立谈判前价格因素以外的条款和条件定位；判断是否在未讨论情况下授予合同；促进沟通以提高采购人对投标文件的理解并促进采购人的估价进程；准备谈判策略；执行谈判并在合同文本中记录谈判协议的基本要素	3.90
4	合同授予	确定潜在承包商的责任和免责条款；拟定合同并记录授予合同的过程；分发合同和相关通知；如果要约人有要求，能向他们提供报告；解决对采购的投诉和质疑	3.90
（三）合同管理			
1	需求管理	制定合同管理计划；指导合同的执行；监督分包合同以使其与主合同的要求保持一致；判断是否使一项可行的选择权；利用任务订单合同、交付合同和基本的订购协议	3.67
2	合同变更及相关决策	在可允许范围内对合同进行变更	3.52
3	争议解决和合同终止	终止合同；执行合同收尾	3.43
4	绩效管理	监督履约情况并对延迟履行行为采取必要措施；利用绩效衡量方法评估实际执行情况和预设目标之间的差距；在商业项目合同和简单采购中采用救济；记录过去的绩效信息	3.33
5	财务管理	作出是否扣除履约保证金的决定；确保承包商拥有与合同需求相匹配的融资能力；判断对发票进行全额、部分支付还是完全不支付；向相关官员提供欺诈等犯罪行为的指示；向承包商追偿债务	3.14

招标师应当具备的专业能力对整个项目的重要性排序，如表 6-8 所示。

193

表 6-8　　　　　　　　　　　　专业能力对项目重要性排序

	专业能力	定义（描述）	对整个项目的重要性 文字	分值
1	确定采购需求	选择合适的评审因素、确定采购方式	非常重要	4.33
2	确定合同关系	确定最合适的报价方式；决定是否和如何提供再次采购；准备无价格合同；决定付款方式；制定来源选择计划	非常重要	4.29
3	询价	刊登招标信息；确定适当的分包要求；口头询价；询价准备；答疑和公示；询价的修改和撤销	非常重要	4.29
4	详细分析及评审	接受报价并且识别无效的报价；保证技术评审团队运用非价格因素（例如过去业绩）评估报价；判断需要从招标人获取哪些价格信息；考虑一家企业在制定投标文件时会计和评估系统的充分性；确保企业具有投标资格；	非常重要	4.19
5	战略规划	在完成采购任务的情况下，为客户提供相关角色定位和确保货物、服务采购顺利进行的策略的建议		3.86
6	谈判	建立谈判前价格因素以外的条款和条件定位；判断是否在未讨论情况下授予合同；促进沟通以提高采购人对投标文件的理解和促进采购人的估价进程；准备谈判策略；执行谈判并在合同文本中记录谈判协议的基本要素		3.81
7	需求管理	制定合同管理计划；指导合同的执行；监督分包合同以使其与主合同的要求保持一致；判断是否行使一项可行的选择权；利用任务订单合同、交付合同和基本的订购协议		3.71
8	市场调研	搜集和分析相关市场信息；分析采购需求并提供商业建议；在需求文件和采购需求的相关因素的准备中审查并提供商业建议	比较重要	3.67
9	基于绩效的采购	采用基于绩效的采购策略		3.67
10	合同授予	确定潜在承包商的责任和免责条款；拟定合同并记录授予合同的过程；分发合同和相关通知；如果要约人有要求，能向他们提供报告；解决对采购的投诉和质疑		3.62
11	项目管理	提出切实可行的方案和调配资源完成整个项目		3.57
12	开标及初步评审	接受投标（包括现场安全保护、拆标、唱标、记录和开标一览表）；确定提交投标文件的截止日期并采取适当措施；判断投标是否迟到，如果迟到，投标是否仍有效；发现并解决标书的错误；计算每份标书的评标价并判断最低价者是否合理；判断投标邀请的响应度		3.57

194

续表

	专业能力	定义（描述）	对整个项目的重要性	
			文字	分值
13	合同变更及相关决策	在可允许范围内对合同进行变更	一般重要	3.48
14	争议解决和合同终止	终止合同；执行合同收尾		3.43
15	绩效管理	监督履约情况并对延迟履行行为采取必要措施；利用绩效衡量方法评估实际执行情况和预设目标之间的差距；在商业项目合同和简单采购中采用救济；记录过去的绩效信息		3.33
16	财务管理	作出是否扣除履约保证金的决定；确保承包商拥有与合同需求相匹配的融资能力；判断对发票进行全额、部分支付还是完全不支付；向相关官员提供欺诈等犯罪行为的指示；向承包商追偿债务		3.14
17	竞争管理	基于商业策略、市场环境、采购目标和法律法规管理竞争；根据社会经济目标决定是否要限制竞争		3.00

在专业能力中，前15项能力分值较高，属于招标师的通用能力结构范畴。而排在后2项的财务管理和竞争管理被认为重要性偏低，在下一步的结构测试研究中予以剔除。

综合以上招标采购机构的管理者和业内专家的意见，可以得到以下结论。

通用能力中最重要的6项能力依次为：客户服务；正直、道德责任感；解决问题能力；口头交际能力；影响力和计划和评估。

在专业能力方面，从对整个项目的重要性来看，大家关注的重点放在招标准备和招标过程，而认为合同管理的重要性偏低，这是与我国当前招标代理工作的业务属性密不可分的。专业能力中最重要的4项能力依次为：确定采购需求；确定合同关系；询价及详细分析及评审。

3. 对于历年招标师试卷的分析

(1) 通用能力分析

对于2009~2012年招标师水平考试四个科目（法律法规、项目管理、专业实务和案例分析）中的试题进行分析，查找与12项通用能力相匹配的题目，有如下发现：

①总体而言，招标师水平考试考察通用能力的不仅题目总量小（一共只有39道），而且其中近3/4的题目（27道）题目集中在一个科目（项目管理）对一项能力（计划和评估）的考察，其他科目以及对于其他能力的考察较少，对于5项通用能力没有进行考察，分别为：影响力、人际交往能力、自我管理能力、团队合作能力及书面交流能力。产生这种现象，有三方面的原因：首先，招标师考试属于专业考试，重点对于考试的专业能力进行考查。而通用能力主要通过学历教育、企业的人力资源管理、社会交往和市场竞争等方式进行提高；其次，相当一部分通用能力无法或不适合通过笔试的方式进行考核；最后，在缺乏数据支撑的情况下，命题专家在命题时对于拟考察的能力结构没有方向。

②由于各年度各科目的难易程度不同，本项研究的主要目的主要是对通过试卷应答结果的统计，分析当前招标采购从业人员的能力结构的分布与（专家推测的）行业实际需求的差异，因此在计算某项实际能力时，考虑到样本量太小，故没有进行难度系数校正，采用如下办法：

以对应该能力的题目的平均分折算成5分制，如对应该能力的题目不止一道，则剔除掉区分度不好的题目，取剩余结果的平均数。

表6-9　　　　　　　招标师通用能力测试结果一览

通用能力	2009年	2010年	2011年	2012年	平均值
创造性思维			2.2		2.2
客户服务	1.9				1.9
决策			4.14		4.14
正直、道德责任感	4.0				4.0
口头交际能力				2.23	2.23
计划和评估	2.59	3.44	3.21	2.85	3.02
解决问题能力	2.58		4.36	2.68	3.21

(2) 专业能力分析

对于2009~2012年招标师水平考试四个科目（法律法规、项目管理、专业实务和案例分析）中的试题进行分析，查找与15项专业能力相匹配的题目，有如下发现：

①总体而言，招标师水平考试考察专业能力的题目量较大（总数达到321道），但也存在能力考核多寡不均的情况。没有题目对于"基于绩效的采购"这项专业能力进行考察。对于"市场调研"仅有一道题目，却因区分度差而剔除数据。而对于"开标及初步评审"，不仅四个科目均有题目对应，而且总题目量高达89道。"详细分析及评审"的总题目量也达到了40道。产生这种现象，有三方面的原因：首先，考试大纲和辅导教材中的重点内容与行业专家的判断有所差异；其次，各科目之间的边界划分不清楚，内容有重叠；最后，命题专家在命题时过多考虑知识性，而忽略了对于能力的全方位考核。

②由于各年度各科目的难易程度不同，本项研究的主要目的是对通过试卷应答结果的统计，分析当前招标采购从业人员的能力结构的分布与（专家推测的）行业实际需求的差异，因此在计算某项实际能力时，采用如下办法：

剔除掉区分度不好的题目，以对应该能力的题目的平均分折算成5分制，如对应该能力的题目不止一道，则取结果的平均数；如果不同年度和/或不同科目均有对应该能力的题目，则根据该科目该年度的通过率进行难度系数校正后取平均数。

表6-10　　　　　　　　专业能力测试结果一览

专业能力	平均值
战略规划	2.74
项目管理	2.68
确定采购需求	2.61
确定合同关系	2.87
询价	2.40
开标及初步评审	3.18
详细分析及评审	2.57

续表

专业能力	平均值
谈判	1.24
合同授予	3.03
需求管理	3.17
绩效管理	2.60
合同变更及相关决策	3.38
争议解决和合同终止	2.33

4. 当前招标采购从业人员能力结构与预期的差距分析

将行业专家鉴定出了的通用能力与试卷中反映出的考生实际能力对比如表6-11所示。

表6-11　　　　　　　　通用能力对比

重要性排序[①]	通用能力	行业需求	试卷分析值
1	客户服务	4.81	1.9
2	正直、道德责任感	4.38	4.0
3	解决问题能力	4.33	3.21
4	口头交际能力	4.10	2.23
5	计划和评估	4.00	3.02
7	创造性思维	3.95	2.2
11	决策能力	3.76	4.14

为了更加直观地反映出二者的差距，在对系统性偏差进行校正后，绘制雷达图如图6-1所示。

[①] 专家鉴别出的通用能力共有12项，但有5项通用能力没有在试卷中反映，故不进行对比。

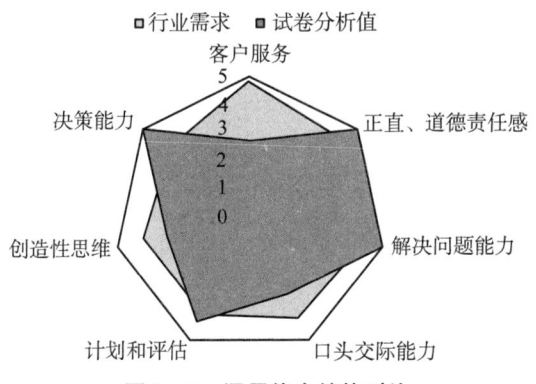

图 6-1 通用能力结构对比

浅色未填满的区域表示从业人员的实际能力结构与行业需求之间的差距。通过雷达图反映出，从业人员的通用能力在客户服务、口头交际能力和创造性思维方面有待提高。特别是客户服务，是专家列出的重要性第一的通用能力，行业实际情况与需求差距较大。

在专业能力方面，行业专家鉴定出的行业需求与试卷中反映出的考生实际能力对比如表 6-12 所示。

表 6-12　　　　　　专业能力对比

	专业能力①	行业需求	试卷分析值
1	确定采购需求	4.33	2.61
2	确定合同关系	4.29	2.87
3	询价	4.29	2.40
4	详细分析及评审	4.19	2.57
5	战略规划	3.86	2.74
6	谈判	3.81	1.24
7	需求管理	3.71	3.17
10	合同授予	3.62	3.03
11	项目管理	3.57	2.68
12	开标及初步评审	3.57	3.18

① 专家鉴别出的专业能力共有 15 项，但有 2 项专业能力没有在试卷中反映，故不进行对比。

续表

	专业能力	行业需求	试卷分析值
13	合同变更及相关决策	3.48	3.38
14	争议解决和合同终止	3.43	2.33
15	绩效管理	3.33	2.6

将以上数据进行系统性偏差校正后绘制出的雷达图如图6-2所示。

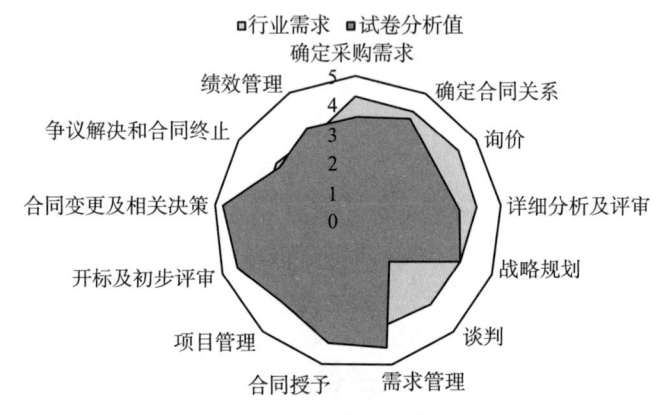

图6-2 专业能力结构对比

可以看出，从业人员确定采购需求、确定合同关系、询价、详细分析及评审及谈判能力与需求之间存在较大的结构性偏差：行业认为重要性较强的专业能力，从业人员普遍存在差距；从业人员过剩的，则是行业认为重要性较弱的专业能力。比如，从业人员在开标和初步评审及合同授予方面的能力超过行业需求，而详细分析及评审以及谈判的能力不足，这与当前的法律法规将评标权赋予评标委员会，并且不强调用非招标方式进行采购的政策是直接相关的。招标师的工作在一定程度上变成了走流程，特别是对于专家列在第一位的确定采购需求的能力，从业人员有很大的提升空间。

（五）辅导教材编写、考试及培训的原则、方向及内容

1. 编写招标师辅导教材及考试的原则

招标采购人员能力建设是一项系统工程。如何高层次专业人才，改

革现有的科目设置、教材内容及继续教育体系，逐步建设并形成高层次人才合理知识结构要求的专业课程体系，是一个需要认真研究和解决的重大课题。

当前科学技术飞速发展，学科之间的相互渗透、相互影响、相互作用和相互制约成为科技发展的显著特征。仅仅局限于原先招标师水平考试的课程范围已不能适应招标采购行业发展的需要。招标采购领域的飞速进步对从业人员的需求均已呈现出综合化的趋势。招标采购是一个新兴的交叉学科，不仅涉及经济学、法学、管理学的结合，由于研究对象是具有公权力的政府部门进入到市场中采购的过程和结果，政府在采购中具有双重身份，它一方面是一个买方，与卖方一样，是市场经济中平等的民事主体，另一方面，它又是市场交易规则的制订者和维护者。所以招标采购学在经济学领域，是公共经济学与市场经济学的结合；在法学领域，是经济法与民商法的结合；在管理学领域，是行政管理学与工商管理的结合。由于这些原因，很难从原先某一本现成的教材通过简单的转换和过渡直接完成成熟的招标采购教材编写工作。

经过广泛的论证和研讨，本书作者确定了编写招标师职业资格考试大纲和教材的原则如下。

（1）为行业服务的原则

招标师培训和考试的目的是提升从业人员素质，为招标采购行业的发展服务。

（2）连续性原则

招标师职业资格考试要兼顾与其他资格考试的兼容性，充分考虑现有招标采购从业人员的能力素质；科目设置及大纲和教材编写要兼顾以前招标师水平考试的情况，不宜有过大的跳跃。

（3）前瞻性原则

在考虑行业现状的同时，也要考虑未来招标师发展趋势。

①加强理论性。招标采购作为一个新兴的行业，目前高等院校中相关的基础教育和理论教育非常匮乏，理论建设和实践脱节，使得在职业教育中加入理论内容成为必要。同时，适度加入理论内容还有助于增强招标师的专业技术含量及从业荣誉感。

②增加《合同管理》科目。目前招标采购从业人员的工作内容主要集中在合同签订之前，但市场上的各方主体的博弈正在向深层次发展，合同管理成为越来越重要的内容。参照国际经验，我国的招标师要向合同官过度，应该深化全周期管理的概念。

③招标采购的国际化，中国作为世界贸易组织的成员国，已经于2007年递交了加入WTO《政府采购协定》的申请并启动了相关谈判，我国的招标采购制度和国际接轨成为大势所趋，在我国的招标采购中应考虑国际规则，我国企业也要加入到国际投标中，因此招标师教材中应有国际招标采购的相关制度介绍。

2. 辅导教材编写、考试的方向

招标师辅导教材编写、考试及培训的方向是：完善招标采购从业人员的知识结构框架、提升招标采购从业人员人员的能力结构，使之满足行业发展的需要。

（1）招标采购从业人员应具备的专业知识结构框架体系

通常意义而言，招标采购工作的实质是在国家法律法规的框架范围内，理顺招标采购程序、处理好各方主体关系的经济工作。招标采购的过程就微观管理活动而言，会影响到采购人的供、产、销的协调发展，人、财、物的综合利用。就招标采购管理环境而言，人、财、物的运动又会受到经济环境、法律环境、金融环境等因素的影响。将微观采购循环纳入社会经济系统循环，可以从更高层次上研究生产—分配—交换—消费构成的社会再生产循环体系。

高素质的招标采购从业人员应能准确把握物流、资金流、信息流管理系统，使之形成一个周而复始、螺旋式发展的良性循环轨迹：应了解企业生产过程和产品生产工艺构造（工学知识）；了解招标人和投标人通过管理活动提升效率的方法（管理学知识）；应熟悉市场，能营造适度的竞争环境提升采购效果（经济学知识）；能正确应用政策和法律政策为采购人服务，对法律风险有敏感的、准确的职业判断能力（法律知识）。

（2）招标采购从业人员应具备的能力

前面对于招标采购从业人员通用能力、专业能力以及能力结构与预期的差距分析，为招标师教材编写、考试和继续教育提供了方向。

3. 招标师考试辅导教材的内容

为了帮助广大招标采购从业人员学习和掌握职业资格考试的内容及要求，中国招标投标协会总结招标师职业水平考试大纲和辅导教材编制和使用中的经验，组织成立全国招标师职业资格考试辅导教材指导委员会，依据《全国招标师职业资格考试大纲》，紧密结合招标采购行业的专业技术能力特点，编写了全国招标师职业资格考试辅导教材，包括《招标采购专业知识与法律法规》、《招标采购项目管理》、《招标采购专业实务》、《招标采购合同管理》。

《招标采购专业知识与法律法规》是全国招标师职业资格考试中的一门基础理论课程，该课程根据招标采购从业人员专业技术能力要求，由点及面、由浅入深地系统介绍了与招标采购相关的管理、经济、法律、技术等理论知识。其中，"专业知识"着重介绍招标采购相关的博弈论、公共选择理论、交易成本等专业理论等。"法律法规"则以《建筑法》、《反垄断法》、《反不正当竞争法》等与招投标活动有间接关系的法律法规为主。

《招标采购项目管理》以工程项目管理为主要着重介绍项目管理的基本原理任务和工具，并首次系统梳理了招标采购项目的项目化管理流程、特点、标准、风险控制及实施内容。

《招标采购专业实务》着重介绍工程、货物、服务的招标过程中最普遍、最典型的操作实务，同时，分别介绍政府采购、机电产品等招标的不同特点和规定。

《招标采购合同管理》以各招标采购合同订立、条款设置、履行管理、风险控制为主要内容。以一般工程合同为主，货物和服务合同的特殊性作为补充。与合同直接有关的法律法规以及标准合同文本。

关于上述四本招标师考试辅导教材的目录的详细内容，见本书附录二。

4. 招标师继续教育

通过招标师考试和辅导教材编写，对于招标采购从业人员培养通用和专业技能起到了极大的促进作用。为完善招标师的知识能力结构，中国招标投标协会于 2011 年发布了《招标师职业继续教育暂行办法》（发改办法规〔2011〕1007 号），标志着招标师的继续教育开始走向正规化。《暂行办法》规定：凡取得招标师职业水平证书的专业技术人员在从业过程中应接受职业继续教育，继续教育完成情况将作为其考核的重要内容；继续教育每三年为一个考核周期，每一考核周期内完成 90 学分继续教育，其中必修课程达到 60 学分，选修课程达到 30 学分。2013 年人力资源社会保障部和国家发展改革委联合发布的《招标师职业资格制度暂行规定》强调了接受继续教育是招标师的权利之一。

招标师的继续教育由中国招标投标协会组织实施；北京九合互联科技有限公司作为技术支持单位负责"中国招标师继续教育网络服务系统"（http://jxjy.zbsdj.com/）的运行维护、继续教育网络课件的拍摄制作等工作。截至目前，总计超过四万四千人次在继续教育平台接受了继续教育。回顾继续教育的 5 年发展历程，我们积累了丰富的经验、取得了可喜的成绩，主要包括：①课程内容涵盖了最新的法律法规、政策、标准规范、项目管理、国际招标采购制度等，致力于不断提高招标师专业水平和职业能力；②继续教育授课老师基本来自于高校老师、行业领军人物，具有丰富的理论知识和实践经验，从而保证了课程的质量能够招标师的需求。

继续教育网络服务系统流程如下：登录继续教育平台→选定学习课程→网上缴费→开通课程→在线学习→在线考试获得学分→获得合格证明。

截至目前为止，继续教育网络服务系统开设必修课程 18 门，选修课程 12 门（详见本书附录三）。可以看出，继续教育课程的主要内容及其定位：

①招标采购相关的法律、法规、政策、标准规范，比如《招标投标法实施条例》解析、《电子招标投标办法与技术规范》、2013 年版《建设工程工程量清单计价规范》解读等；

②招标采购相关基础理论及相关专业知识，招标采购合同法律应用、货物招标技术规格编制方法等；

③招标采购方式、方法及其全过程专业实务，比如招标采购投诉处理程序及其案例分析、标准施工招标文件解析（通用条款）等；

④国际招标采购相关制度应用，比如 FIDIC 条款（银皮书 1999 版）使用指南、世行亚行采购指南等；

⑤国内外招标采购行业现状及发展趋势，比如美国联邦政府采购制度概览等。此外，为满足广大招标师不同需要，继续教育还规划了大量网络课程（详见本书附录四）。

七、完善招投标职业自律机制

（一）招标采购活动的监督机制现状

招标采购活动的监督主要依据《招标投标法》和《政府采购法》的规定实施。《招标投标法》针对采购中的招标投标活动，以保护国家利益、社会公共利益和投标活动当事人的合法权益，提高经济效益，保证项目质量为目标。《政府采购法》的目标是规范政府采购行为，提高政府采购资金的使用效率维护国家利益和社会公共利益，保护政府当事人的合法权益，促进廉政建设。两法在监管目标上有相通的地方——保护国家和社会公共利益；同时又各有侧重：《招标投标法》侧重于提高经济效益，保证工程的质量；而《政府采购法》侧重于保护政府采购活动当事人的了合法权益，促进廉政建设。

在《招标投标法》和《政府采购法》的规定中，监督的主体主要分为以下几类：①权力机关：全国人民代表大会和各省人民代表大会对于招标采购活动的监管主要体现在预算和决算的管理上。②行政机关：在招标采购过程中涉及的各个行政部门对招标采购工作进行监督和管理。如《招标投标法》第 14 条规定"从事工程建设项目招标代理业务的招标代理机构，其资格由国务院或者省、自治区、直辖市人民政府的建设行政主管部门认定"；《招标投标法》第 61 条规定有关行政监管部门在法律规定的范围内决定行政处罚；《政府采购法》第 68 条规定"审计机关应当对政府采购进行审计监督"；《政府采购法》第 65 条规定"政府采购监督管理部门应当对政府采购项目的采购活动进行检查"。③司法机关：在《政府采购法》第 69 条规定"监察机关应当加强对参与政府采购活动的国家机关、国家公务员和国家行政机关任命的其他人员实施监察"；同时在《政府采购法》第 58 条规定投标人可以在合法的情况下向人民法院提起行政诉讼。④供应商：供应商对招标采购活动的监督主要通过质疑和投诉来实现。供应商对于投标采购活动中的质疑，可以向采购人或采购代理机构提出询问和质疑；对质疑结果不满可以向监管部门投诉；对投诉处理结果不满可以继续申请行政复议或向人民法院提起诉讼。⑤招标采购从业人员：经办采购的工作人员与负责采购合同审核、验收人员相互分离、相互监督制约。

除上述监管主体之外，公众和媒体对招标采购的活动也有一定的监督作用。采购代理机构一般也设有内部的招标采购信息平台，通过平台上的数据监测起到一定的内部监管作用。但这两种监督管理方式的效率通常较低。

监督的内容主要有招标采购项目的合理性，招标采购资金来源，如《招标投标法》第 9 条的规定；招标采购方式选择的合理性，如体现在《招标投标法》第 3 条、《政府采购法》第 8 条等法律中的采购方式的选择；招标投标相关文件的规范性，如《招标投标法》第 19 条规定"招标人应当根据招标项目的特点和需要编制招标文件。招标文件应包括招标项目的技术要求、对招标人资格审查的标准、投标价格要求和评标标准等所有实质性要求和条件以及拟签订合同的主要条款"；招标采购过程的公开和合理性，如《招标投标法》第 16 条、第 23 条和第 24 条；以及对从事招标采购的工作人员的要求，如《招标投标法》第 37 条。

（二）市场经济对于职业道德建设的要求

改革开放以来，社会经济体制发生了深刻的变革，由单一的公有制经济向公有制为主体和主导的多种经济成分共存转型，从高度统一的计划经济向社会主义市场经济转型。在转型过程中，利益主体多元化，人们的利益追求上升为职业活动目标的核心。职业作为谋生手段的性质由隐而显，从业对象的选择、利益实现的手段、职业生活的方式等，都呈现出新的趋势和特点。应当说，职业活动的目标是从业者获得生存和发展所必需的手段和人生归宿。人们对职业活动目标的关注，相应地对从业对象和利益实现手段的选择，以及对生活方式的自主决定，是从传统道德和计划经济条件下的道德向新道德转化的进步。这个转化和进步的实现，靠的是改革开放和市场经济机制。市场不仅是一个进行物资交换的空间，而且是交换的总和，是利益和道德交汇之地。在这里同样通行着自由、平等，所有权和功利主义。每个人（法人）都为自己，然而在交换的转化中，却变为对他人和对社会有利的行为。这种转化体现了在正常市场运行条件下个人与个人，法人与法人之间的互为目的和手段的关系，也就是通常所说"主观为自己，客观为他人"、"主观为他人，客观为自己"。按照黑格尔的说法，市场交换中的这种转化是一种"不自觉的必然性"。但是另一方面，市场经济价值规律这只看不见的手并不能保证参与市场活动的人追求个人利益的动机必然善，也不能保证市场经济的运转始终处于良性循环。因为在这个竞争"乐园里"，"主观为自己"的行为同时也处在"转向作恶的待发点上"。它可能为善，也可能为恶。因为它以个人的私利为目的，在有利于达到目的时他会正常经营，与自己不利时，在一定条件下他就可能采取不正当手段达到获取私利的目的。所谓"处在转向作恶的待发点上"，是说有两种可能性，并非都是恶，并非必然是恶，而应肯定向善，但又可能向恶。肯定商人的活动有利于民，有利于国，就是肯定了商人活动的积极作用。指出"待发点"是提醒人们看到市场活动中，一般不会追求至德、圣德境界，而是表现其功利境界，以致表现出乱纷纷的任性。因此必须两手抓，一手抓教育，提高思想道德觉悟；一手抓法律，惩罚其违法行为。

目前我国正处在社会体制转型过程中，政治体制和法律监督机制正处在调整、健全的过程中，道德运行既不能以旧道德的宗法强制维持伦理秩序，也不能以计划经济时期以突出政治服从来维系伦理秩序，而是适应社会主义民主的新形势，增强个人的独立、自主、自由观念，社会生活趋向于开放、活泼、多样化。与此同时也出现了集体对个人约束力的弱化，社会控制失范；出现了只追求个人自由而无视纪律和公德，只想发财而不顾社会责任和道义的现象。

（三）增强招标采购从业人员职业道德的迫切性

与市场经济中普通的交易者相比，增强招标采购从业人员的职业道德显得更加迫切，主要有以下三个原因。

1. 招标采购活动涉及巨大的经济后果

招标采购的本质是招标采购人员参与市场交易，而且由于涉及国家基础设施的建设，往往涉及巨额的资金。招标采购从业人员在交易过程中发挥重要作用，如界定采购需求、制订采购方案、制订评审标准、发布采购信息、组织开标评标等等，尽管已经出台了各类不同层级的法律法规，力图对上述过程进行规范。但如果这些制度如果不能内化为从业人员主观的价值追求，那么上有政策、下有对策，操作人员总能发现并利用制度中的漏洞，为个人谋取经济利益。

2. 招标采购从业人员身处复杂的外部环境

存在决定意识。由于招标采购活动介于公权力与市场的交汇处，决定了招标采购职业与政府及市场经济的唇齿相依关系。掌握公权力的采购人的道德水准以及整个市场经济的生产、消费、交换、分配过程中诚信水平将直接影响招标采购职业道德的建构取向，构成其最直接依存的外部环境。

3. 招标采购从业人员经常处于道德困境之中

招标采购从业人员虽然也是理性经济人，会为自己的物质利益最大化而努力。但是与其他职业不同的是，招标采购从业人员还要面对本企业以及招标人、投标人以及监管部门、审计机构等其他的利益相关方。招标采购从业人员需要考量的不仅有个人利益和企业利益，更要考虑公共利益。招标采购从业人员需要在"合法合规"以及"满足利益相关方的要求"的多重压力下，决定自己的行为。换句话说，招标采购从业人员一方面从属于企业、服从上级领导，但又必须选择超脱出本企业的"公允"立场，甚至部分地担当起监督经营者的职责，亦即并不完全遵循"谁付酬，为谁服务"的原则。这种道德困境是招标采购职业行为关系的最重要特征，也是招标采购职业道德应着重解决的问题。

上述的三个特性构成了对于招标采购从业人员的职业道德进行规范的必要性。

（四）职业道德、自律和职业道德自律的概念

1. 职业道德的概念

道德，是人们基于各自的行为和彼此的关系，在坚持行为规范中所形成并表现出来的思想品质和境界。其主要内容又有道德意识、道德规范以及道德活动三个方面。

社会分工产生了职业。当社会分工出现时，特别是第二次社会大分工出现后，社会成员个体就有了自己一定的劳动方式和特殊的活动范围。为了获得生活和生产资料，每个有劳动能力的人都必须从事某种特定的职业，并且还要同其他社会成员相互协作，交换生活和生产资料。在这种分工和交换的相互关系中，个人的劳动态度、劳动效率和劳动成果如何，以及个人在交往中的心术、行为表现如何，都与他人和整体利害有关。有关系就有相互的要求，有要求就有"应该如何"的行为规范约束，这就必然产生职业道德。职业道德旨在确定职业应有的作用、从业人员应有的行为态度和品德。所以，职业道德是伴随社会分工必然产生的，只不过是社会经济形态和结构不同，其职业道德形态也有所不同而已。从历史的发展来说，与自然经济相适应的是自然经济条件下的职业道德；与商品经济相适应的是商品经济条件下的职业道德；与知识经济相适应的是知识经济条件下的职业道德。职业道德不是一成不变的，而是随着社会经济形态的发展而变化的。

把道德的基本理论、原则、规范具体地应用于招标采购实践领域，所体现的就是招标采购从业人员道德。而通常所说的招标师职业道德概念，多了"职业"这两个字，则代表着招标师从事招投标行业所需要遵循的道德规范及行为准则。

2. 自律的概念

自律由古希腊语 autos（自己）和 nomcos（规律）两个词合拼而成，含义为"自己的规律"，即法则由自己制定。在哲学意义上，自律是指人自觉、自愿地对个人自由的自我约束。在康德的伦理学中，所谓"自律"，就是强调道德意志受制于道德主体的理性命令，自己为自己立法，将被动的"必须如此行动"，变为"愿意如此行动"，把服从变为自主。也就是说，道德价值的根据只在人自身，即在于善意志，或说遵循绝对命令的善意志，在于对道德法则（理性命令）的尊重。

在英语中，当指纯粹的对自我行为的内省时，一般常用"Self-discipline"，表示在不存在任何外部监督的条件下而进行的自我约束。"self-regulation"，"self-police"，"self-enforcing"，"self-governance"通常也翻译为个人的自律。与个人自律相对的是行业自律，行业自律的英语表述通常是在个人自律前加上"industrial"或"association"，用"industrial self-regulation"，"association self-regulation"等来表示。行业自律带有一定意义上的外部管理、调节的意思，即通常是以行业组织为主体，以监督等方式促进行业内部规范的行为。但由于行业协会的管理权力是行业成员自愿让渡的。因此，行业协会对个体的监督可以看作是行业个体为提高自身水平的自律行为。它强调的是团体的自我治理和约束。

综上所述，自律是一种自我的监管行为，有两个关键要件"自我（self）"和"规范（regulation）"。即自律是行为主体基于一定的规范和意识，运用主观能动性对自身行为进行的要求和规范。

3. 职业道德自律的概念

职业道德自律即行业内部基于行业的道德规范和行为准则的自我监管的意识和行为。招标采购从业人员职业道德自律是指从业人员在招标采购职业活动中，在履行对他人和社会义务的过程中形成的一种招标采购职业道德意识和行为。

（五）自律与他律的关系

1. 他律与自律的理论基础

"自律"和"他律"原是德国哲学家康德伦理学的用语，其本义是指道德价值的根据是在人之外，还是在人自身。康德的自律论在18世纪的德国乃至欧洲，是有重大启蒙意义的，它作为对基督教神学道德和机械道德论批判的结果，被看作是道德哲学上的"哥白尼式革命"。显然，在康德的理论中，自律是排斥他律的。在他看来，他律就是道德行为受制于理性以外的其他因素，即受制于神，或环境，或社会的权威，或感性欲求等，而这样的行为，在他看来是有悖于道德的纯粹性和人的尊严的。因为按照康德道德哲学的根本原理，人是目的，人就是自由，他律使人成为手段、工具，这是与人的本质和本性不相容的。

马克思则认为，康德是从道德和宗教之间的根本矛盾出发的，因为"道德的基础是人类精神的自律，而宗教的基础则是人类精神的他律"。马克思是从人类精神而不是从个别精神的角度来谈道德自律的，即把自律当作人类社会整体的内在制约，而不是仅仅作为孤立的个体意志的表象。当然这种人类精神自律也不是没有物质基础的。这种人类精神的基础和内容，就是他常常强调的"全人类的利益"。他说："既然正确理解的利益是整个道德的基础，那就必须使个别人的私人利益符合全人类的利益。"这种反映全人类利益的"人类精神"，必然来自对外部世界规律性的认识，来自产生和深化这种认识的实践。也就是说，一定社会的人的道德自律，只能建立在对必然性的规律的认识的基础上，个体的道德自律不可能离开外部规律性的制约和客观要求，只能自觉地去认识外部世界的规律性和必然性，把自己的行为限制在规律性、必然性、必要性所允许的范围之内。正是在这个意义上，马克思和恩格斯肯定道德的本质是他律的，并肯定了黑格尔对康德道德哲学的批评。

黑格尔肯定了康德道德哲学对思想启蒙的伟大功绩，同时批评他只是停留在主观道德领域而未能进入客观的伦理领域。在黑格尔看来，单有主体自身的"意志内部的自我规定"还只是形式的道德，只有进一步通过家庭、市民社会和国家这些客观的实体性的伦理关系规定，即进入他律，才能成为真实的道德。黑格尔指出，"在市民社会中个人在照顾自身的时候，也在为别人工作。但是这种不自觉的必然性是不够的，只有在同业工会中，这种必然性才能达到自觉的和能思的伦理。"黑格尔的他律伦理学形式是唯心主义思辨的，但内容却是很现实的。对此恩格斯作了肯定的评价，说"黑格尔的原则也是他律"。

2. 他律与自律的辩证关系

他律与自律既是相互对立的，又是相互统一的。两者的对立关系体现在：首先，他律和自律是对同一行为不同主体进行的约束和规范；其次，他律和自律通常基于不同的规则：他律是基于相对基本的行为准则和道德规范，而自律是基于基本的行为准则和更高层次的道德规范；最后，他律的行为准则有监督促进实施，强制性较强。而自律的道德规范部分是自愿性的，强制性较弱。

他律和自律又相互统一，道德自律和他律不可分离。所谓自律，如果不是在康德道德哲学的原义上，而是经过改造了的意义，那么它只是意味着道德主体借助于对自然、社会规律的认识和对道德规范的认同，自己为自己立法，把被动的服从变为主动，自觉地指导和约束自己。一方面是讲个体道德必须是自律的，因为社会道德要求只能通过个人的自律得到实现，化道而成德；另一方面，个体的自律又必须以社会的、外部的他律为基础和根据。当我们强调自律的时候，不应该忘记和否定这种自律是以承认他律为前提的，首先是肯定道德价值的根据不在人自身、而在人之外，即在社会和历史发展之中。其价值就是人的活动的一定的社会存在方式，即对社会所尽的责任和所做的贡献。当我们说到他律的时候，也不应忽视和否定道德必须通过自律去体现，必须转化为自律，才能"因德而明道"。只有自律而无他律的道德，实际是忽略了它借以律己的道德准则的客观根据，或者是无根据；只有他律而无自律的道德，只是虚拟不实的规定，或强行的宗教教规。

当某人自觉履行约束他的法律和道德规范时，他的行为便是自律的；当某人按照法律法规和行为规范所要求的"应该如何"去行为时，他不但在自律，而且是把自律与他律统一起来，达到自觉、自主和自由。一个人越是尊重他律，能承担他律的客观要求，他的主体性就越强，他的自律程度就越高。因此，他律和自律又是统一的。他律和自律约束的是同一行为，自律建立在对他律的法律法规和行为规范认同的基础上，发挥主观能动性，指导和约束自身行为；同时，自律又是他律的补充和完善。我们的职业道德建设，应力求推进自律与他律的统一。

3. 他律与自律的相互转化

人们的道德是从他律阶段逐渐向自律阶段发展的，他律是道德发展的低级阶段，人们在他律阶段对"道德的服从和遵守或者来自人们对社会道德权威的崇敬，或者来自对社会规则、法律和道德舆论压力的畏惧，或者来自渴望得到社会的承认，或者处于某些实际利益的考虑，或者来自环境风俗熏陶的习惯"。总之，他律阶段的道德是外在的，是受外在压力或外在利益的驱使，而不是发自道德主体的内心需要。而随着人们社会实践的深入，人们的道德会由他律阶段向自律阶段逐渐过渡。自律是道德发展的高级阶段，人们在道德自律阶段能够根据自己内心的信念或良心自觉自愿的遵守和服从道德规范，这种遵守和服从出于人们内心的满足和良心的安宁，是内在的。

职业道德的他律就是通过法律准则和行为规范体现的"应当如何"的要求。这种客观的外在规范对从业者来说是一种劝导，也是一种约束。其作用在于"谨乎其外，以养乎其内"，这是职业道德建设的一个普遍规律。有了一定的规范，长期坚持下去，使个体养成适应于职业要求的良好习惯，就会逐渐由外而内地培养和促进个体道德的自觉性和自主性，这正是他律向自律转化的过程。可以说，谨外以养内，就是通过强化他律促进自律，用社会规范的力量铸造从业者的优良素质。规范、礼法作为外在的要求，既可以起到"谨外养内"的作用，也可以起到"警内谨外"的作用。

（六）招标采购从业人员的职业自律与他律

1. 招标采购从业人员的职业道德自律

招标采购从业人员职业道德自律是指从业人员在招标采购职业活动中，在履行对他人和社会义务的过程中形成的一种招标采购职业道德意识和行为。

招标采购职业道德自律既是体现在招标采购从业人员意识中的一种职业道德责任感，又是从业人员在意识中依据一定的招标采购职业道德准则进行自我评价的能力。

招标采购职业道德自律，首先，表现为一种职业道德情感，它是从业人员对他人和社会义务感的强烈表现。其次，招标采购职业道德自律表现为一种自我评价，它是一定社会的道德原则、规范在招标采购从业人员意识中形成的相对稳定的职业信念和意志。最后，招标采购职业道德自律，还往往表现为职业良心，是对招标采购职业责任的自觉意识，是招标采购从业人员认识、情感、意识和信念在职业活动过程中的统一。

2. 招标采购行业的职业道德自律机制

招标采购行业的职业道德自律机制是指为提升招标采购行业道德水准，行业协会对招标采购人员进行约束的机制，典型表现是职业道德准则。这种自律机制最重要的是服务于提升招标采购行业的职业道德自律机制行业地位，树立招标采购行业的职业道德自律机制行业形象。比如职业道德准则、行业自律公约、行业职业资格制度。除了技术上的要求外，招标采购行业还有对从业人员道德品质的要求，只有从业人员的道德水准高，招标采购行业的道德水准才能提高，行业的地位才会提高，才能拓展其在社会政治、经济生活中的空间。

招标投标行业自律组织应结合行业实际情况宣传贯彻国家法律政策，制定和实施行业自律规则、行为规范；组织开展企业和个人从业资格管理及素质培训教育；建立行业信用评价体系和信息系统，指导、评选和监督检查企业和个人的市场自律行为，激励诚信守法，惩处违规失信，从而倡导、培育全行业诚信守法、公正科学的职业文化；增强企业、个人主动、积极维护社会公共利益和行业全局、长远发展利益的自觉意识及凝聚力，构建形成全行业遵守招标投标市场秩序的内部有效制衡机制及其企业、个人的自我约束力。

行业自律是建立健全现代市场机制不可缺少的主要组成部分，具有行政监督不可替代的重要作用。行业自律与行政监督对于维护和规范招标投标秩序的不同作用主要体现在四个方面：

①作用的机理不同。行政监督是政府以法律政策为依据，采用行政规则、指令、检查、处罚等对招标投标主体行为实施的外部强制性约束。行业自律是招标投标主体及其从业人员在自律组织构建的内部制衡机制中产生的自我行为约束。

②作用的层面不同。随着政府职能的转变，行政监督着重宏观、整体层面，主要对市场主体共性和突出的行为实施约束。而行业自律是将政府宏观监督层面落实到企业、个人微观监督层面，针对所有企业及其从业人员的具体职业行为产生监督约束。同时，行业自律组织可以为政府决策提供咨询服务，并协助政府加强行业统筹协调，依法维护行业整体和长远利益。

③作用的形式不同。行政监督主要采用立法、执法、违法惩戒的方式制约招标投标主体行为。而行业自律主要采用制度引导、培训教育、告诫预防、沟通协调、监督检查、纠正控制，违规惩戒等手段实施全过程、多环节、多方式地约束招标投标主体行为。

④作用的效果不同。行政监督行为具有强制性、权威性、威慑性，但面对宽泛、复杂、动态的市场主体及其市场行为往往针对性不强，操作性不强，时效性不够，行政监督执法的成本高、效率低。而行业自律可以充分借助社会监督的作用，尽早发现市场秩序存在的问题，同时针对市场和企业主体不同的实际情况以及违规违法行为产生的原因，依据法律政策及时采取指导、协调、检查、纠正并制定相应行业规则等自律措施，帮助企业、个人及时反映和有效解决有关诉求及诱发违规违法行为的相关问题。但是，行业自律又必须以行政和司法监督为支撑。行业

自律与行政监督必须相互结合，互为补充，才能使宏观管理和微观管理相得益彰，有效维护和规范招标投标市场的秩序。

行业自律的行为应由各级招标投标协会实施。

3. 招标采购从业人员的他律

（1）社会舆论监督机制

招标采购活动是一项阳光工程，《招标投标法》和《政府采购法》均规定招标投标活动应该公开进行，并接受社会监督。新闻媒体是公众对招标人和招标代理机构实施社会舆论监督的有力武器，投标人可以充分利用各种新闻媒体，依靠公众的力量监督招标投标活动，同时维护自己的合法权益。

社会舆论监督在招标采购活动中发挥着他律制约作用。这种监督机制运作社会成本收到全民的文化素质的影响，发挥作用的大小以社会参与能力的提高为前提。如果没有法律制度的保障，这种舆论监督不容易被监督者所接受，如从业者对此种舆论充耳不闻抑或闻而不动，即使最终有所行动也莫过于慈悲为怀，那么这种监督必定是软弱无力的。

（2）法律制度机制

我国十分重视招标采购的立法工作，已经拥有独立于其他法律之外的《招标投标法》，这在国际上并不多见，与之配套的招标投标法规文件则更多。这些法律、法规明确规定了与招标采购相关的单位、部门、个人在招标采购行为履行中的权力、责任；强调加强各单位内部监督及单位负责人、招标代理机构、招标采购从业人员的监督的法定职责。

招标师的从业责任是指招标师在从业活动中，由于其从业行为违反相关规定而应承担的相应责任。招标师的从业责任主要有三种：

①行政责任。行政责任是指招标师在从业过程中，因违反《招标投标法》及其他相关法律法规，依法受到的行政制裁。行政责任分为行政处分和行政处罚。

行政处分是行政机关对身份为国家公务员和在事业单位任职的招标师违法违规、但尚未构成犯罪的行为给予的惩戒处理。行政处分的种类包括警告、记过、记大过、降级、撤职、开除等。

行政处罚是指行政机关或其他行政主体依法定职权和程序，对在各类企事业单位中就职的招标师违反行政法规，但尚未构成犯罪的行为所实施的制裁处理。行政处罚的种类包括：警告、罚款、没收违法所得、暂停从事招标业务或者取消招标职业资格等。

②民事责任。民事责任是指招标师在从业过程中，因违法违规或因过错、过失给当事人造成损失，而依法所应承担的民事赔偿责任。

③刑事责任。刑事责任是指招标师从业过程中，因违法行为情节严重构成犯罪的，依照刑法所受到的刑事处罚。如招标师有泄露应当保密的与招标投标活动有关的资料，提供虚假信息，行贿受贿，串通投标，损害国家、社会公共利益或者他人合法权益等行为，情节严重构成犯罪的，将被依法追究刑事责任。

（七）建设招标采购从业人员的职业自律的主体

政府对社会道德进行规范的目的在于引导社会形成良好的道德价值取向。但不容忽视的事实是：道德主要是一种个人主观选择的结果，只有个人自由选择才会从内心真实接受，而不仅仅是被动地服从或敷衍政府的倡导。哈耶克就曾坚持反对政府对社会道德的控制和管理。由于长期的政府主导，人们已经渐渐失去了自己的道德评判能力，进而对道德规范和道德行为淡漠化处理。同时，由于政府公权力在缺乏监督的情况下介入，不仅难以达到预期目的，而且将实现目的的手段异化为权力寻租的竞技场。在新一届政府简政放权的背景，政府应充当裁判员、服务员和救生员的角色，同时培养"大社会"的理念。重新界定政府治理边界，变全能政府为有限政府。在建设招标采购从业人员的职业自律方面，要充分发挥招标人、企业和行业组织的自主作用，以便实现更有效的治理。

（八）各行业培养职业自律做法的分析与借鉴

培养行业的职业道德自律首先应该有一定的行业道德规范做引导，

其次培养从业人员对于行业形成的道德规范的认同感，从而形成各行业从业人员的职业道德自律。

例如，在会计行业，会计人员拿到会计从业资格证书之前要学习《会计职业道德规范》，测试合格才能拿到会计从业资格证书，才能从事会计工作。我国检察官职业规范体系中也有《检察官职业道德基本准则》《检察官职业行为基本规范》《检察官职业道德规范》等规范性文件，这些文件既有关于底线伦理的规定、也有关于中层伦理和德行伦理的内容。又如记者行业，1991年，中华全国新闻工作者协会第四届理事会通过了新中国成立之后第一个正式颁布的新闻工作者职业道德规范《中国新闻工作者职业道德准则》。新闻职业工作者职业道德规范随着新闻工作的发展做了多次修订，是新闻记者自律的重要依据，也是行业从业人员自律的主要内容。在行业从业人员自律形成的过程中，行业的职业道德规范起着重要的先导作用。因此，形成招标师职业道德自律机制应该先建立一个先导的道德规范。

综合各行业的做法，引导从业人员对行业道德规范的认同感概括起来大致有五个字：劝、导、训、逼、罚。劝就是针对具体人的具体问题，进行劝解，帮助他解决思想、心理问题和困难，克服一时障碍，完成职业职责；导是从方向、精神上引导从业者积极向上，努力工作，它具有普遍性、共同性、长远性的教育作用；训，就是进行与职业有关的行为、作风训练，使其养成良好习惯，以致形成第二天性；逼，就是利用制度、物质利益手段，甚至关乎生存的手段，把不求上进、不务正业者逼上正路，使其勤奋工作，遵守礼法；罚，就是对失职、怠工、违纪而损害集体和社会利益者，给予一定的惩罚。这些做法，就是要把职业道德的贯彻与职业的责、权、利结合起来，同纪律、规章、制度、法规结合起来，使从业人员有较高的道德自觉性，树立起为人民服务，为社会服务的观念，积极主动地承担职责，做好工作。这就是要加强从业者的道德自律。

职业道德的自律，不在于规定职业行为只需有一个高尚的目的，而在于培养从业人员的职务感和责任心。提高职务感和责任心的外在机制固然是重要的，但关键是建立和动员起内在机制。人的思想，情感是复杂的，易变的，抓住什么东西，才是稳定持久的动力源和有效的根本机制呢？在现实的条件下，对从业人员来说，就是使责任与个人利益紧密结合，而且把道德和福祉统一起来，真正使员工清楚地意识到负起责任，做好本职工作是关乎自己生存、发展的根本，认识到职责就是职分，就是"自己的事"，就是"营造共同利益平台"。在这个基础上，还必须不断创造条件，提高员工的觉悟，使其把个人利益与企业利益、行业利益、社会利益结合起来；使其认识到工作、劳动不仅是为个人、为家庭，同时也是为企业集体、为社会、为国家作贡献。

在分析从业人员职责意识时，应当肯定其为自己正当利益的意识，肯定其为自己的生存、发展而努力工作的道德价值。企业产权明晰，不仅体现出公有制产权，也体现出个体和私人产权的价值。目前的法人治理结构就是与这种权利价值相适应的。人的行为目的是多种多样的，肯定权利就是肯定了人的自主行为目的和动机。不能说只有为社会、为国家的动机和行为才是合乎道德的。

培养一个人的职务感和责任心的方法有多种，比如加强集体凝聚力、榜样示范、宣传教育、提高社会对个人的关怀程度等。从理论上探讨职务感和责任心的形成以及如何在人的心灵中培固，至少可以提出以下三点：

第一，增强理性能力，即提高从业者的知识水平，增强理解力、想象力、创新力，同时培养正直、自制、大度等道德理性。人的理性有多种功能，它可以在静观的认识中起关键作用，对一个事物的实质、运动规律、功能、机理等进行分析、判断、推理，而得到对事物的科学认识；同时理性还有另一种功能，即能思考人与人之间的关系，思考人类生存的合理目标。有了这样的理性，从业者才能既"敬业"，又"乐群"。

第二，改变情感倾向，培养从业者爱好职务、责任和义务的情感。情感是外物对人的刺激而引起的心灵反应，在一般意义上，情感是对外物是否有利于自己的好恶感受。在没有培养起理性的实践功能之前，责任和义务感对个人来说是完全陌生的，其情感往往会集中在外物对肉体需要的感受性上。但是一个人培养了道德理性之后，职责和义务就为个体所认同，这时的个体就成为自主的主体，他对事对人能定、能应，不被物欲所诱，不随波逐流。当然，情感并不会立刻喜爱职责和义务，因为职责、义务对个体当下好恶往往是一个抑制，或者说，职责、义务这种普遍性的东西与个体感受的任性是相悖的。但前者可以抑制后者的任性，去除情感与欲望满足关系的狭隘性而使之趋向高尚性，从而产生爱好普遍的职责、义务的高尚情感。这种情感表现为集体归属感、参与决策感、工作成就感、安全幸福感、自我实现感、贡献荣誉感等。

第三，端正价值导向。21世纪的道德，必须充分认识和把握科教兴国的历史大趋势，反映它的要求，展示它的精神，端正道德价值导向，唤起从业者理智的觉醒。新一届政府坚持科教兴国的方针，把科教兴国作为政府施政的"最大的任务"，发出了向科学技术进军的号召，吹响了向21世纪进军的冲锋号。职业道德就是要落实这个任务，唤起广大从业者特别是青年的觉醒，努力提高科学知识水平和运用自己的理智去探索、去创造；努力增强艰苦奋斗的精神和善于劳动的技能。职业道德要落实科教兴国这个最大战略任务，要把素质教育扣到点子上去，就是要在职业道德建设中强化爱国、进步、科学、民主的教育，加强科学精神和勤劳品质的训练。我们的职业道德不仅要讲爱岗敬业、诚实、守信、公正，还应该强调勤劳和科学精神，努力培养从业者的科学态度和劳动技能。

（九）招标采购从业人员职业道德的内容

招标采购从业人员职业道德规范的内容主要包括制定道德原则与行为规则这两大部分。道德原则只抽象地指明应遵循的道德标准，而行为规则是结合业务流程环节中可能的情况将道德原则具体化，其目的是提高可操作性。

1. 职业道德原则

（1）公正性原则

在现代市场经济环境下，由于实行了多种所有制同时并存、共同发展的战略，因而利益主体也日趋多元化。企业多元化利益主体所形成多元化的契约关系，也就成为当代经济的主要特征之一。相应地，招标采购的结果是缔结合同和财富分配的直接依据，从而使招标采购也成为利益冲突的中心；并且因制度的非刚性使得"操纵或干扰招标采购"具有可能的空间。从道德角度对招标采购从业人员提出"公正原则"之要求显得尤为必要。可以认为，公正原则既是催生招标采购人员职业道德规范的主要动因，又是其核心的原则。

（2）客观性原则

随着我国计划经济体制向市场经济的转轨，招标采购的经济后果日益凸显，极大地刺激了人们利用招标采购进行谋私利的动机。再加上转轨时期相关制度空缺或失去规范，使得客观性的原则容易转化为它的对立面"造假和操纵"。失去真实的招标采购将不再可靠，将会动摇供应商乃至社会公众的信心，直接危及政府的公信力，甚至引起社会经济秩序的混乱和动荡，进而招标采购这个职业的市场声誉。因此，客观性原则是每位招标师的基本道德责任和义务。

（3）公开性原则

可以把公开性原则理解为是对客观性原则的进一步补充，即所发布的应该是全面而不是部分的，及时的而不是滞后的，客观的而不是主观的招标采购信息。

（4）忠于职守

由于招标采购职业行为的特殊性，赋予忠于职守更为丰富的内涵。从服务于企业内部的角度看，一方面，招标采购人员需忠实于雇主，应尽职尽责地履行招标采购从业人员应有的职能；另一方面，当对企业的忠诚与更高的社会正义发生冲突时，则招标采购从业人员的立场应选择后者。

（5）专业胜任

专业胜任是指招标采购从业人员应具备从事专业服务所需的业务素质，并勤勉和谨慎地运用其知识、技能和经验，且善于根据客观环境做出正确的职业判断。

招标师的业务素质指招标师应当具备的专业知识、能力和水平。招标师作为专业技术人员，具有良好的业务素质是从事招标采购活动的基本要求和必备条件。招标师应当具备的业务素质主要包括以下几方面：

①掌握和运用专业知识的能力。招标采购活动是一项法律政策性、

技术性、经济性极强的工作，招标师应能够全面、准确理解和掌握国家和行政监督部门颁布的有关招标采购的法律法规、政策、标准规范，相关技术经济知识，以及民法通则、民事诉讼法、合同法、建筑法等相关法律法规知识，并有效运用到实际招标采购工作中。

②招标采购专业实务操作能力。招标师应具备招标采购全过程所需要的编制招标公告、资格预审文件、招标文件的能力、组织投标资格审查、开标、评标等各个环节的工作能力以及处理各类异议、争议纠纷的实务操作能力，才能够适应招标采购岗位职责的要求。

③组织管理和协调能力。招标师组织招标采购全过程活动涉及多个主体、多个时段、多个空间的系统组织管理。因此，应当具备一定的组织管理能力，才能够保证招标工作质量，提高招标工作效率。

同时，招标师应具备相应的沟通与协调能力。招标活动涉及多方利益，容易产生争议和冲突，招标师应在依法遵守规定程序的基础上，及时与招标人、投标人、评标委员会、其他专业技术人员、监督管理机构等各方参与者进行有效的沟通和交流，有效防止和妥善解决招标采购活动及合同履行中的争议纠纷。

2. 招标师职业权利、义务和行为规范

社会生活的每一个领域，都是一个复杂的系统，而某系统内部又有若干具体的道德要求和个别的道德规范。在经济、政治、文化三大领域中可以分化出若干个别道德规范；在社会公德、职业道德、家庭道德领域中也可以划分出许多个别道德规范。以职业道德为例，三百六十行，行行有职业道德。正如恩格斯所指出的："实际上，每一个阶级，甚至每一个行业、都各有各的道德。"随着的社会的进步，分工的细致，行业的增多，必然促进职业道德的内容更加丰富和完善。因此，认真研究这些个别道德规范的具体内容、要求、功能和作用是非常必要的。

（1）招标师的职业权利与义务

①招标师的职业权利。招标师职业权利是指招标师从业活动中依法所享有的权利。包括：

● 自主选择从业单位的权利。招标师有权自主选择从业单位，依法从事招标采购工作。

● 依法开展招标采购业务并获取劳动报酬的权利。招标师按照采购人委托或所在单位工作职责安排，有权利开展招标采购相关业务并获取相应劳动报酬。

● 维护招标投标秩序的权利。招标师有权告诫、抵制和纠正招标采购过程中违反国家有关法律、法规的行为。

②招标师的职业义务。招标师职业义务是指招标师在从业活动中享有权利的同时，应当履行的相应义务，包括：

● 遵纪守法。招标师在开展招标采购相关业务时，应严格遵守招标投标的各项法律、法规和政策，遵守所在工作单位的规章制度，执行国家和行业的标准、规范，维护国家、社会公共利益和招投标当事人的合法权益。招标师在招标采购活动中，如果发现违反国家有关法律、法规的行为，应及时向相关行政管理部门或行业协会如实反映情况。

● 诚信履约。招标师应当在依法维护社会公众利益的基础上，对招标委托人和所在工作单位负责，恪守职业道德，诚信履约，尽心尽责地履行自己的本职工作和承诺的义务。

● 保密。招标师应承担相应保密义务，不得泄露招标采购工作中涉及的国家秘密，招标人、投标人、其他当事人以及招标采购活动中应当保密的信息，更不能利用机密信息非法牟利。

● 接受继续教育。招标师应关注有关法律、法规的最新动态，接受有关部门组织的继续教育，参加职业培训，学习、更新专业知识，不断提高业务水平。

● 接受行业监管和自律管理。招标师应自觉接受行政管理部门的监督，接受行业组织的指导以及行业自律管理。中国招标投标协会是我国招标投标行业进行自律管理的社团组织，对招标投标行业的自律规范具有重要作用。招标师的职业行为必须依法守信，遵守职业道德准则和行业行为规范的自律规定。

（2）招标师的行为规范

招标师的行为规范是指招标师在从事招标采购业务活动时应当遵循的基本准则。

①遵守国家法律法规、政策和行业自律规定，爱岗敬业，积极进

取，自觉维护国家、社会公共利益和招标投标市场秩序；

②坚持诚信守法、客观公正、认真负责、勤奋努力，提高职业素质、规范职业行为，不断提高服务质量、效率和水平；

③确保招标采购相关文件的、客观真实，努力提高招标项目的经济和社会效益，维护招标人的正当权益，坚决抵制欺诈、伪造、作假、串标抬标等违法违规行为，不损害招标投标主体的合法利益；

④尊重同行，公平竞争，不得采取不正当的手段侵犯同行的权益；

⑤廉洁自律，不得索取、收受委托约定以外的任何利害关系人的礼金和其他财物，不得利用职务之便谋取不正当的利益；

⑥招标师与委托方主要负责人及投标方有利害关系的应当回避；

⑦招标投标活动中涉及的技术和商业秘密负有保密责任义务；

⑧接受国家和行业自律性组织对其职业道德行为的考核和监督。

具体地，招标师在招标采购活动中，应当认真负责，规范履行招标采购工作职责，保证工作行为和工作成果依法合规、客观真实、保质、保量、按时完成。招标师如与投标人有隶属关系或其他利益关系，应予以回避。招标师不得承接同一项目的招标代理和投标代理，也不得为所代理的招标项目的投标人提供咨询。招标师不得以任何方式规避招标或虚假招标；不得违法限制或者排斥本地区、本系统以外潜在投标人参加投标，不得以任何方式非法干涉招标投标活动以及非法干预、影响评标的过程和结果。

招标师不得与招标投标主体和评标专家私下串通协商、"黑箱操作"、串标抬标，泄露应当保密的招标评标信息，损害国家和社会公共利益，损害招标人和其他市场主体的合法权益。招标师在招标采购活动中不得收受与工作职责有关以及可能影响客观公正履行职责的任何不正当利益。

3. 招标师职业道德规范

招标师应当具备合格的职业素质能力，坚持诚信守法、客观公正、专业科学、经济高效的行为准则，自觉遵守招标采购法律法规、政策和职业道德规范，依法承揽服务项目并按照项目需求以及约定的服务要求，规范提供招标采购专业服务。

①严格遵守国家有关的法律法规和政策，正确理解和执行国家和行业的标准规范，自觉维护国家、社会公共利益和招投标当事人的合法权益；遵守招标采购行业自律规章和企业制度，认真履行岗位职责和权利义务；禁止违法违规行为；

②严格遵守招标采购公开、公平、公正和诚实信用的原则；坚持依法规范招标采购、客观公正评价交易对象、诚信履行服务合同、对服务质量精益求精；

③努力提升招标采购职业素质和服务能力水平，积极参与招标采购行业经验和专业知识的学习培训以及交流，自觉接受招标采购职业继续教育，不断更新招标采购专业技术知识，了解国内外招标采购行业发展动态；

④严格保守招标采购服务中应当依法保密的招标投标信息、国家秘密信息、招标投标主体与从业单位以及其他相关主体的商业秘密、技术秘密，禁止利用机密信息非法牟利；招标采购中，如果招标师本人与相关主体存在利益关联或者冲突，应当严格回避；

⑤廉洁自律，规范履职；不得利用单位和个人职务之便向委托人或者其他任何人谋取不正当利益，除了依法获取约定的服务费之外，不得收受任何利害关系人的财物；不得以不正当手段承揽业务；不得允许他人以招标师本人名义执业；

⑥自觉维护招标采购职业形象和行业信誉，坚持同行同事之间的平等有序竞争和团结友好合作；主动接受政府、招标投标行业组织、社会公众以及所在企业的行为监督。

八、高等院校中招标采购专业人才的培养

（一）各高校招标采购专业人才培养总体情况

我国政府采购人才的匮乏表现在数量和素质两个方面。如前文所

述，美国联邦政府拥有一支30000名合同官的专业采购队伍，而我国从事招标采购工作的人员大多是非专业。招标采购作为一个新兴的行业，目前人才缺口是非常巨大的。以政府集中采购机构为例，中央、省、市、县四级政府基本上在财政部门设立了政府采购管理机构，全国大部分地区设置了集中采购机构，直接从事政府采购的人员超过10000人，从事政府采购管理工作的人员超过6000人。在政府部门、企事业单位和社会团体从事招标采购的人员的学历构成复杂，极少有招标采购相关专业科班出身的人员，缺乏市场经济条件下订立及执行采购合同所必须具备和掌握的招投标、合同、商业谈判、市场调查及服务等方面的相关知识和技能，专业素质和知识结构亟待改善。

当前，专门开设相关专业以培养高素质采购人员的高等院校并不多。主要有国际关系学院为本科生设立的国际经济与贸易专业项下的政府采购方向以及为硕士研究生设立的国际公共采购学专业、中央财经大学财政学院为硕士研究生设立的财政学专业项下的政府采购方向、北京物资学院物流学院开设的采购管理专业、北京建筑大学开设的公共事业管理（招标采购方向）专业等。南开大学法学院和清华大学公共管理学院有硕士及博士研究生从事相关的研究学习。此外，天津城建大学经济与管理学院、中央财经大学的政府管理学院和法学院、中南财经政法大学、湖南师范大学法学院、东北财经大学法学院、中国人民解放军军事经济学院等高校开设了与招标采购相关的课程。从数量上看，招标采购专业的毕业生合计不足百人，远远不能满足招标采购行业对专业人才的巨大需求。从素质上看，各高校分别从经济学、管理学、法学等某一单一领域的角度进行培养，具备招标采购综合素质的毕业生属于凤毛麟角。尤其缺乏相关实务操作技能的培养以及国际视野的拓宽。

（二）中国招标采购研究与教学实践基地培养招标采购专业人才的情况与经验

1. 基地概况

国际关系学院是国内最早开展政府采购专业方向高等教育的高等学

校，早在1993年学校就在全国高校中率先开设政府采购的课程；2006年成立我国高等院校中第一个建立专门研究政府采购问题的科研机构——公共市场与政府采购研究所，同时开始培养政府采购方向的硕士研究生和博士研究生；2008年在国内高校中率先正式设置政府采购本科专业方向，并于2009年被教育部批准为国家级特色专业；2014年在高校中首次设立国际公共采购学硕士研究生专业。国信招标集团是我国招标代理行业的排头兵，在管理和实践中成绩斐然、独树一帜。国信招标集团公司是国内最大的招标采购咨询综合性服务企业，在国内同行中处于领军企业的地位。早在20世纪90年代，校企双方就陆续在政府采购科研、人才培训等方面进行了卓有成效的合作，建立了良好的校企合作关系。进入21世纪以来，为更好地适应政府采购事业发展对高层次专门人才培养和高水平理论研究的要求，2009年5月，国际关系学院与国信招标集团公司签署协议，共同建立"中国招标采购研究与教学实践基地"（以下简称"基地"），从而正式拉开了国际关系学院在国信招标集团建立政府采购专业方向校外人才培养基地的序幕。经过3年多的建设，基地于2012年经北京市教委批准，成为招标采购领域第一个市级招标采购专业人才培养基地。几年来，基地按照"共同规划、共同建设、共同管理、资源共享"的原则，采取务实举措加大建设力度，积极探索符合招标采购专门人才培养目标要求的基地建设模式，在教学授课、课题研究、学生实习、研究生指导、专题研讨与讲座等方面进行了卓有成效的探索。目前，基地已经成为国际关系学院政府采购专业方向在校学生工程建设项目招投标、政府采购业务理论与操作能力培养和教师科研的试验田，人才培养效果显著。

2. 基地建设与管理情况

获得北京市教委的认定后，国际关系学院和国信招标集团就如何推进基地的建设工作进行多次磋商，确定了"制度先行"的建设方案。

（1）制度建设

①明确组织架构。建立基地管理委员会和执行委员会，由双方人员共同组成，形成"管理委员会领导、执行委员会执行"的基地组织架

构。管理委员会负责基地建设重大事项，审议基地年度工作总结和工作计划，讨论基地建设重大事项等；执行委员会具体负责基地的日常管理与运行工作，定期召开例会，研究基地建设规划及具体实施计划，协调日常工作等。

②建立各项管理制度。为了加强和规范中国招标采购研究与教学实践基地的建设和管理，保证和发挥校企领导班子的集体领导作用，促进基地实习实践教学与科研工作的制度化、规范化以及决策的民主化、科学化，相互学习借鉴经验，结合学校与企业实际，基地先后制定了《中国招标采购研究与教学实践基地建设管理办法》、《中国招标采购研究与教学实践基地联席会议制度》、《中国招标采购研究与教学实践基地教学与实习管理办法》、《中国招标采购研究与教学实践基地资金管理办法》等，使基地建设工作有章可循，提高了工作效率，加强联系与沟通，保障基地各项工作的正常有序开展。

（2）制定运营管理实施方案

在制度建设的基础上，基地制定运营管理实施方案，从基地定位、运作模式、任务目标及经费管理等四个方面对基地的工作进行了共同规划和设计

①基地定位。短期目标（3年）：打造成为功能齐全、设施先进、运作规范的政府采购专门人才培养和科学研究基地。成为国际关系学院政府采购专业方向学生实习、国信招标集团员工培训的重要场所。顺利通过北京市教委组织的考评验收。

长期目标：成为国内外公共采购领域知名专家学者交流、研究和教育平台，成为国内公共采购领域有影响力的智库。

②运作模式。按照共同规划、共同建设、共同管理、资源共享的原则，双方制定完善的基地管理制度，共同投入人力、物力和财力，积极探索符合招标采购专门人才培养目标要求的合作教育模式，制定校外实践教育的培养方案，共同建设课程体系和教学内容。共同开展基地的管理工作，共同监控基地的建设效果，充分整合基地内外多方面资源，实现资源最大限度地共享。

③任务目标。分别从教学、实习实践、科研等几个方面明确任务

目标。

教学方面。开设三门实践类课程，在教材编写和教学方面由校企双方深度合作。通过课堂多媒体教学、情景模拟、小组研讨以及模块实习等方式，提升教学效果。通过举办学术沙龙引导学生研究社会热点问题。在学生培养方面采用双导师制，由校企双方的专家组成导师组进行指导。基地还聘请国内外知名专家或公共采购相关领域的政府官员为兼职教授，开设招标采购系列讲座，开阔学生视野，提高学习兴趣，让学生掌握所学专业前沿知识，提高学生分析问题的能力。促进招标采购优秀人才的培养。

实习实践方面。结合学生对于自身未来发展的不同定位，基地为学生提供不同深度的实习模式，临时性实习和模块化实习。

科研方面。采用多种形式，提高同学们学习专业知识的热情，并鼓励同学们研究行业中亟待解决的问题，将科研成果转化为生产力。

基地通过举办学术沙龙、协助设立大学生学术支持计划选题和毕业论文选题，鼓励研究生和本科生将与基地的建设和发展、在招标采购实践中遇到的问题、招标采购领域的难点问题作为自己的研究方向，在导师的指导下做出有实际意义的研究成果。

在为社会服务方面，以基地的名义承揽发改委、财政部等部委、行业协会及各类企事业单位的课题，由导师带领学生进行研究，提升学生的研究能力，提升基地的行业影响力，为基地建设和公共采购领域的发展做出贡献。

（3）经费预算

为保证基地实践教学及科研工作的正常运转，国际关系学院和国信招标集团3年内分别拨付基地25万元，加上北京市拨付基地50万元，共计100万元，每年按照30万元的预算计划，作为补助教学改革、学生实习、课题研究、专家支持、教师科研、基地活动等方面经费，国际关系学院和国信招标集团各自立账，协调管理，专家劳务费用主要由国际关系学院负责，日常经营及学生实习费由国信招标集团负责，具体按照年度工作计划由执行委员会申请、管理委员会批准实施。

3. 基地实习实践教学情况

（1）实践教学情况

①实践课。A. 政府采购系列讲座。基地邀请美国马里兰大学、德州大学、乔治华盛顿大学、清华大学等国内外高校经济学及法学领域的知名教授，美国政府合同官、韩国采购官、发改委、国资委、建设部等部门的官员来学校开设课程及讲座。

2014年5月23日，基地邀请特聘教授、国家发改委法规司司长李亢做了主题为《招标投标发展形势和政策取向》的专题讲座。就当前招投标领域的如简政放权、电子招标投标、公共资源交易平台等热点问题进行解读，来自国际关系学院的40名政府采购专业的本科生和研究生，以及国信招标集团近80名员工聆听了本次讲座。另外，为满足国信招标集团京外分子公司员工的需求，公司还通过视频会议系统进行现场直播。

2014年10月14日，基地邀请了西北政法大学国际法学院欧盟法研究中心主任杨蔚林教授，在国际关系学院学术交流中心新闻发布厅作了主题为中法公私合作（PPP）项目比较的专题讲座。国际关系学院的政府采购专业的部分师生，以及国信招标集团的部分员工聆听了讲座。

2015年11月11日，基地邀请韩国负责一线政府采购任务的采购厅代表团进行学术访问，举办了主题为《韩国电子采购为基础的采购行政》的专题讲座。中国政府采购报、政府采购信息报等多家专业媒体参加了讲座并且进行了详细报道。

B. 招标采购专业实务。是由国际关系学院具有实践背景的教师为高年级本科生及研究生开设。在课堂上举行真实的招标。同学分组招标采购中不同的角色：采购人、采购代理机构、评标委员会、供应商及监督部门。需要同学们自己查阅资料，独立完成每部分的工作。通过亲身参与招标，同学们对于招标采购的程序、细节及意外情况的处理有了深切的认识，发现自身学习中存在的漏洞，提升了动手能力。

C. 公共采购案例分析。按照年度实施计划，国信招标集团设定了《公共采购案例分析》课程的教学负责人，由教学负责人完成《公共采购案例分析》课程教师授课任务的分解，国信招标集团有6名客座教授参与了具体的教学工作，分别负责招标采购法律法规解读、政府采购业务、工程建设项目招标业务、机电产品国际招标以及外资贷款项目招标、PPP项目咨询以及招标师职业资格培养等几个模块进行教学设计和教案编写。另外对学生考核方法也进行了创新设计，从听课出勤情况、作业完成情况、模块实习情况、期末考试情况，由教学负责人和实习老师对学生进行综合评定打分。教学工作每年从3月开始，目前共有93名学生选修了《公共采购案例分析》课程，并取得了很好的学习成绩。

此外，基地还不定期举办中国招标采购研究与教学实践基地实践课。在2013~2015年，基地每年开课前在国信招标集团举行中国招标采购研究与教学实践基地实践课，希望通过实践课的培训和教学宣贯，推动对招标采购感兴趣的学生选修本门课程。

②学术沙龙和大学生学术支持计划。2013年，国际关系学院公共市场与政府采购研究所带领硕士生和本科生举办"国际关系学院政府采购学术沙龙"。上半学期，赵勇副教授指导2012级硕士研究生共举办了四次学术沙龙，针对"政府采购对我国原研药品开发的促进作用"、"串标的机理分析及应对策略"、"招标行业资质管理模式"、"政府采购中的养老问题"四个主题进行研究、讨论，沙龙结束后共有7篇学术论文在专业期刊公开发表。下半学期，张睿君老师带领2013级硕士研究生和本科生共举办了三次学术沙龙，分别围绕"政府采购的基本知识"、"政府采购法规"、"政府采购方式"和"政府采购资金的使用"等主题进行讨论，并且邀请访问学者韩国调达厅采购官为大家进行讲座。在2014年和2015年中，学术沙龙活动依然举办的如火如荼，均以当时的热点为讨论中心，动员广大本科生和硕士研究生进行理论探索，丰富了同学们的理论知识。同学们此后申报完成了"美国联邦政府采购的合同官制度"、"美国联邦政府采购中的诚信问题"、"欧盟绿色政府采购制度"等多个公共采购领域的大学生学术支持计划项目。

③校内校外双导师指导毕业论文。按照实施计划，基地参与了在校本科生及研究生的培养。在研究生培养方面采用双导师制，共有18名研究生配备了双导师，他们将在国际关系学院教师和一名国信招标集团

客座教授的共同指导下完成论文方向的选题、编写等。同时也鼓励研究生和本科生将与基地的建设和发展、在招标采购实践中遇到的问题、招标采购领域的难点问题作为自己的毕业论文选题方向，在导师的指导下做出有实际意义的研究成果。

同时，基地的教师和客座教授在学生论文的开题、编写等过程中，给予了大量的指导，研究生孙华砚、薛萍等同学在论文的选题及编写过程中主动与客座教授沟通，使毕业论文获得了较高的理论和学术水平，对实际工作具有一定的借鉴作用，毕业论文顺利通过答辩，获得答辩委员会的较高评价。

（2）实习实践情况

按照年度实施计划，结合学生对于自身未来发展的不同定位，基地为学生提供了不同深度的模块化实习、临时性实习模式。

①临时性实习。临时性实习是指同学们利用课余时间及寒暑假参加国信招标集团的招标采购业务工作。同学们从最基础的事项开始做起，最后能够独当一面的完成许多招标实践环节。执行委员会每月月初从国信招标集团业务办公系统中查询开标信息，据此预测所需要的实习岗位及人数，放入基地的公共邮箱中，供学生根据自身情况进行甄选，待其确定实习的时间和内容后，再与相应的业务部门领导沟通和落实，协助学生完成临时性实习，并采用指纹打卡的方式记录实习时间。

②模块化实习。基地的客座教授根据国信招标集团的业务属性，并参照企业对新入职员工的培养方案将学生实习的内容划分为如下几个模块：招投标与政府采购基础知识（内含政府采购基础知识、招标师考试与职业资格管理、《政府采购法实施条例》和《招标投标法实施条例》）；PPP 项目；政府采购项目；工程建设项目；世行、亚行贷款项目；机电产品国际招标项目；质疑和投诉处理。在每个模块结束之后，如果国信招标集团有适合的项目，就会有项目经理一对一地联系学生进行模块实习，以巩固强化刚刚学习到的知识。由于模块化实习时间较长，为加强学生模块化实习管理，基地设计了《中国采购与研究教学实践基地实习申请表》，从学生的基本情况、拟实习时间、实习内容等方面向基地执委会提出申请，由执委会批准后提交至国信招标集团人力资

源部，按照学生的实习时间及内容进行分配，学生按照基地的课程模块参与及实际操作招标采购的业务流程或。最终由实习所在部门对学生实习情况进行评价，为加强实习学生的出勤管理，基地购置指纹打卡机，由执委会成员专人负责，记录学生的实习时间，每月完成实习并根据学生实习情况给予 1000 元的实习补助，每月月底执委会将学生的实习打卡情况进行汇总统计，并将汇总表备案至学校进行对接。

2013 年基地共接受实习学生 66 人、237 次的实习。2014 年基地共接受实习学生 25 人，192 次的实习。

③协助承办全国性会议。政府采购专业方向的通过参与组织和参加会议，旁听会议中全国来自政、商、学三界顶级专家对同一个问题不同的角度见解，丰富了同学们思维的维度。通过长期、大量的会前准备工作，锻炼提升了同学们的策划能力、组织能力、沟通能力和协调能力。

A. 协助承办五月第二届大学生政府采购论坛。基于"首届大学生政府采购论坛"的良好反响，2014 年 5 月 11 日，基地协助承办了"第二届全国大学生政府采购论坛"，来自全国 12 所高校的本科生、硕士和博士向论坛提交了 70 篇参赛论文，并有国际关系学院、清华大学、中国人民大学、对外经贸大学四所高校的同学参加了"高校政府采购主题辩论赛"，共计 100 余位学生代表参加了本次论坛。

B. 协助承办招标采购案例分析研讨会。2014 年 12 月 12 日，基地协助承办了政府采购与招投标案例分析研讨会，研讨会在国际关系学院学术交流中心召开。来自财政部、国家发改委、国务院机关事务管理局和北京市标办的领导、教育界、法律界、传媒界和招标代理行业等相关领域的专家和学者，国际关系学院政府采购专业方向的师生以及其他院校从事相关学习研究的硕博士参加了会议。

在本次研讨会上，2011 级政府采购专业方向本科生表演了《询价采购》作为开场案例，新颖的表现形式令与会代表耳目一新。

4. 双方合作情况

实践基地需要高校和企业双方力量的共同培植。从建立伊始，基地的建设和运营就得到了校企双方高层领导和各级管理人员的高度重视，国际关系学院刘慧书记和国信招标集团的袁炳玉总裁亲自担任基地管理委员会的工作。双方同时投入大量经费和人员用于基地建设。国际关系学院的国际经济系以及财务处、教务处、学生处、研究生部、科研处等职能部门，国信招标集团业务部门和职能部门及其特聘教授和几十位项目经理在基地日常教学、实习和科研工作中承担管理和工作任务。

按照基地管理制度的相关规定，基地执行委员会每月至少会晤一至两次。基地管理委员会每年召开年终总结会，由执委会向管委会总结汇报基地全年的具体工作，全面、深入地回顾一年来基地所取得的成绩，分析出现问题的原因，实事求是地作出准确评价，为下一年的工作打下坚实的基础。通过总结会进一步加强了企校合作的良好基础，一边总结、一边思考，使基地的建设和人才的培养更上一个台阶。

此外，基地还结合总结会创新多种形式，如2014年在总结会的同时增加政府采购专业实践能力培养与模式创新研讨，邀请老师、学生参加，结合基地建设就政府采购专业实践能力培养与模式创新等问题展开讨论，让学生自己讲述在国信招标集团的实习经历和收获，并对基地的建设和学校对学生创新培养提出观点和建议；老师则对政府采购专业提出课程设置和实践能力培养方面的建议。

成功建设一个社会实践基地，必须实现双方的共赢。通过建立实践基地，利用社会资源，为广大同学拓展素质提供更广阔的舞台、更大的空间、更多的机会，学校和学生获得了明显的教育收益。企业通过基地的建设培养了人才，提升了研究能力和行业影响力和竞争力。实践基地发展到现在，所取得的成绩和成果都体现了共赢性原则。

5. 基地建设成效

（1）学生培养方面

通过基地建设，提高大学生的就业能力，扩大了同学们的实习和就业机会。3年共接受实习学生超过100人，实习次数超过600次。截至目前，已经有两名同学毕业后到国信集团入职。这两名同学由于入职前已经系统地学习了政府采购专业知识并参加了基地的实习实践活动，因此能够迅速地进入角色，大大缩短了企业的培训时间，受到所在部门的高度认可。

(2) 科研成果方面

①设立内部课题。由校企双方分别从理论和实践的角度，定期收集、筛选出一定数量对于基地或企业发展或招标采购行业发展有重大意义的选题，由基地出资或者申请大学生学术支持计划进行资助，由导师带领学生进行研究，并将研究成果用于指导实际工作或发布、发表，提升学生的研究能力，国际关系学院学生伊力凡在执委会的指导下参与了基地的建章立制工作。

②承接外部课题。校企双方在承揽国家发改委、卫计委、财政部、商务部、北京经济和信息化委员会、中国招标投标协会等部委、行业协会及各类企事业单位的课题时，尽可能地整合基地内外多方面资源，实现资源最大限度地共享。

2013年基地配合国信招标集团完成了《招标代理机构市场行为监管的调研》（北京市建委）和《如何在政府采购工程中执行政府采购政策》（财政部）两个课题的研究。在《招标代理机构市场行为监管的调研》课题的研究中，国际关系学院国际公共采购学专业的所有研究生在课题前期材料的准备中完成了大量的基础性工作。同时，学生在国信招标集团导师的指导下，也从材料收集整理过程中学到了很多书本上学不到的东西，加深了对招标采购管理的理解。

2014年4月，基地与国信招标集团共同接受了国家发改委的委托，对全国各省级发改委上报的清理后的招标投标地方性法规、规章和规范性文件进行整理分析。为此，基地组织了10位研究生对全国32个省、自治区、直辖市（含新疆建设兵团）上报的4937件文件进行了收集整理，完成了大量的基础工作，为课题的完成做出了一定的努力。

另外，基地还配合国际关系学院完成了《政府采购扶持中小企业政策研究》（北京经济和信息化委员会）和《加强WTO〈政府采购协议〉对中国卫生行业的影响与对策研究》（卫计委）、《政府采购服务法律制度分析》（商务部）和《招标师职业能力结构与测试》（人力资源和社会保障部）多个研究课题。

③发表论文及出版专著。在发表科研成果方面，通过基地师生的共同努力，3年来共在专业期刊发表文章35篇，出版专著9部。

6. 特色及辐射作用

（1）基地特色

①以丰富的形式开拓学生视野。公共采购是门新兴的、交叉性的、专业性很强的学科，理论研究内涵包括国际政治经济学、宏观经济学、国际经济贸易理论，同时需要以公共管理学和公法（行政法）为支撑。此外，对其行为和规律的研究还需要应用经济学包括电子商务、电子政务等跨学科研究。基地通过举办各类学术讲座、举办学术论坛等多种形式，邀请公共采购领域国内外官员和专家学者分享其管理经验或学术成果，对于开拓学生视野，加深对于本领域的认识起到了不可替代的作用。

②以灵活多样的方式提升学生的学术素养。通过开设实践课、举办学术沙龙、参与大学生学术支持计划等方式，以社会关注度高的问题为导向，带动同学们的学习专业知识的热情。在平时的学习以及毕业论文的开题、编写过程中采取的校内校外双导师制度，使得同学们可以从实务和理论两个方面来进行学习研究。同时，也鼓励研究生和本科生将在基地的建设和发展、在招标采购实践中遇到的问题、招标采购领域的难点问题作为自己的毕业论文选题方向，在导师的指导下做出有实际意义的研究成果。

③以专业化的手段增强学生的实践能力。通过临时性实习和模块化实习相结合这一有特色的实习实践制度设计，特别是在模块化实习中国信招标集团配备的1对1的资深项目经理的亲自指导，对于在校大学生来说，是不可多得的职业体验。这种实习实践方式符合我国高等教育"学以致用"的培养人才理念。通过理论联系实际，实现"知行合一"的最佳教育目的。

（2）辐射作用

由于国信招标集团是中国招标采购实践领域的排头兵，国际关系学院是招标采购教学、科研领域的"领头羊"，基地从诞生之日就受到了公共采购领域同行和媒体的关注。基地实践课程的内容以及科研成果不仅提升了同学们的专业水平，还解答了业内热议的现实问题。

基地协助承办的首届和第二届全国大学生政府采购论坛，已经成为全国高校政府采购领域最具影响力的学生学术交流平台，极大地提升了兄弟院校的学生学习公共采购专业知识的热情。中央财经大学已经从国际关系学院手中接过了"接力棒"，将于2016年承办第三届全国大学生政府采购论坛。北京物资学校等高校也对今后承办该论坛表现出了浓厚的兴趣。基地将继续以协办单位等多种角色参与今后论坛的组织工作。

此外，基地邀请的"国际大腕"们对于整个中国招标采购领域所发挥的作用更为深远。例如，2014年7月2日，基地与中国招标投标协会联合举办《美国联邦采购现状与借鉴》专题讲座，由原美国联邦采购政策办公室主任、现任乔治华盛顿大学法学院副院长丹尼尔·高登（Daniel I. Gordon）先生主讲。来自国内100多家招标代理公司的200余名代表参加了讲座。与会代表们表示，高登先生所做的讲座内容丰富实用，很接"地气"。这样的国际交流活动对国内企业拓宽视野、拓展思维、加强国际交流大有裨益，希望多参加此类活动，让更多、更好、更先进的理念和经验惠及中国招标采购企业。

（三）对于高等院校中招标采购专业人才培养的建议

1. 国家和社会层面

招标采购专业人才培养离不开良好的社会环境。在营造社会环境方面起先导作用的是国家的宏观政策的引导。

在制度建设方面，应继续推进和完善招标师制度，扩大招标师队伍的规模、提升招标师的能力素质、拓展招标师的职业范围，使这一群体成为招标采购领域的中坚力量。

在舆论环境方面，应理性看待我国推行招标采购30余年来所取得的成就和发现的问题，既不能固步自封，也不需要妄自菲薄，为招标采购的健康发展营造出良好的舆论环境，吸引更多有能力、有志向的年轻人进入这一领域。

2. 从用人单位的角度

此外，社会代理机构这些年也得到了迅猛发展，粗略估计达到了上万家，从业人员达到了几十万。而这些人员成分不同、知识结构各异、道德水平参差不齐。

我想，我们国际关系学院的政府采购方向就是在这种背景下应运而生的。概括是来就是：采购实践方兴未艾、法制建设有待完善、理论研究嗷嗷待哺。可以看出，为了政府采购和招标投标行业的健康发展，急需一支由专家、学者、科研人员、从业人员和监管人员组成的人才梯队。

所以今天如果站在政府采购这个行业的立场上，政府采购方向的设立，为政府采购专业人员的培养打开了大门，将对进一步促进政府采购市场的健康发展起到巨大的作用。如果站在学校的立场上，在当前严峻的就业形势下，政府采购方向将为学生提供一个开阔的就业渠道。所以这是一个非常重要的、紧迫的、有发展前景的方向和学科。

目前多数用人单位，无论是采购人还是招标采购代理机构，对于招标采购人员的知识结构的认知都存在误区：他们没有认识到集经济、管理、法律和技术于一体的招标采购已经独立为一门专门的新兴学科，也不认为从事招标采购工作需要专业技能，而仅仅是拷贝文件、抽取专家、组织会议等事务性、流程性、机械化的工作。随着招标采购活动的深入开展以及国际交往的日益增多，对于从业人员能力素质的要求会越来越高。用人单位应主动适应这种转变，将吸收和培养高端的专业人才提到纳入本单位的人力资源规划之中。

3. 从高等院校的角度

（1）加强招标采购专业建设

打铁还需自身硬。高等院校的学科建设应紧密结合社会需求，建立符合招标采购学科特点的课程体系，着力夯实招标采购从业人员所应具备的经济学、法学和管理学相关知识。同时通过学术论坛、学术讲座、学术沙龙、学术支持计划等各种方式提升学生学习招标采购专业知识的动力。

(2) 加强实践能力的培养

目前高校中开设招标采购专业、方向或课程多在文科类院系。与理工类院系的学生相比，文科类学生的动手能力有更高提升的空间。如何提升相关专业学生的实践能力是一个值得探索的课题。中国招标采购研究与教学实践基地的模块化实习方式有效地解决了学生时间零散难以集中和实际招标采购工作时效性强的矛盾以及实习学生的集中管理难以满足不同学生个性化需求的矛盾，让同学们能够在不影响正常教学的情况下亲身参与到真实的招标采购工作中，在实践中寻找问题、发现问题、解决问题，全面提升自身的动手能力和综合素质。

(3) 加强交流协同创新

招标采购涉及多个传统的学科专业，如果单凭一个或几个少数高校建设招标采购专业，成本高、收益小。首先，可以加强相关高校之间学生和教师的流动，如跨校选课、学分互认等。其次，实习实践基地的建设也可以由多个高校和企业共同完成。通过多个高校与企业的通力协作，才能发挥出实习实践基地的规模效应。最后，交流和合作的部门不应局限于高校和企业，行业组织和政府部门也应纳入进来。国内外的实践表明，只有政策、理论、生产要素的高度融合与协同，才能带来创新效率的最大化。各方主体应当积极搭建协同创新平台、开展多种协同创新模式、推进创新体系协调发展，强化产学研结合，逐步建立起招标采购理论研究、法律政策研究、应用研究以及成果转化相统一的协调发展机制。加强招标采购重要基础研究、战略先导研究以及交叉前沿研究，不断推进学科交叉融合和均衡发展。以企业为龙头，汇集高校、行业组织、政府部门等多方力量，逐步将实习实践基地转变提升为创新示范基地。及时总结和归纳基地建设的成功经验，并向周围辐射推广。在此基础上，整合全球创新资源，加强国际合作、扩大国际交流。坚持"走出去"与"引进来"相结合，积极融入全球招标采购网络，开展跨国开设课程、学术讲座、国际会议、访问交流、合作研究等多种形式的合作。汲取发达国家招标采购领域的经验教训，结合自身实际，不断提高协同创新水平，实现开放共赢、持续发展。

附录一　全国招标师职业资格考试大纲

第一科目　招标采购专业知识与法律法规

一、考试目的

通过本科目考试，检验应试人员对招标采购专业知识的掌握程度和运用相关法律法规分析解决招标采购实际问题的专业工作能力。

二、考试内容和要求

1. 招标采购
1.1　采购的目标和原则
1.2　采购的任务
1.3　采购的分类、方式与实施
1.4　招标投标的特性
1.5　招标与采购的关系
1.6　招标与拍卖的区别与联系
1.7　招标采购与合同
1.8　招标采购知识体系
2. 招标投标制度
2.1　招标投标制度的发展
2.2　依法必须招标制度
2.3　招标投标的监督体系
3. 招标采购中的经济学和管理学
3.1　招标采购过程中的成本分类及控制
3.2　招标采购中的委托代理关系
3.3　博弈论在招标采购及其合同履行中的应用

3.4 招标采购价格的形成
3.5 招标采购中的资金时间价值
3.6 宏观经济效应和市场失灵相关理论在政府采购中的应用
3.7 公共选择理论在招标采购中的应用
3.8 寻租理论与制止寻租的对策
3.9 招标采购中的质量、数量、时间、价格等管理要素
4. 招标采购主要法律法规
4.1 法律规范的结构和分类，法律的实施，法律责任的分类
4.2 招标采购法律法规的构成和效力层级
4.3 《招标投标法》的立法目的、适用范围及基本原则
4.4 《政府采购法》的立法目的、适用范围、基本原则及政策
4.5 公共采购的主要国际规制
（1）世界贸易组织《政府采购协定》
（2）联合国国际贸易法委员会《公共采购示范法》
5. 招标采购相关法律法规
5.1 民商法
（1）民事法律关系、民事权利、侵权责任和诉讼时效制度。
（2）公司设立的条件和程序，公司的组织机构，公司的合并、分立、破产、解散与清算。
（3）担保的设定和效力，担保方式的种类和应用。
5.2 行政法
（1）行政许可的设定、实施和监督检查。
（2）行政处罚的种类、实施机关、管辖和适用，行政处罚决定及其执行。
（3）《建筑法》中关于建筑许可、建筑工程发包与承包等规定。
（4）《环境保护法》中关于建设项目的"三同时"制度、环境影响评价制度和施工中的环境保护要求。
（5）生产经营单位的安全生产保障、安全培训，从业人员的安全权利和义务，安全生产许可证制度。

5.3　经济法

（1）不正当竞争行为和垄断行为。

（2）价格形成的基本形式，经营者的价格行为，政府的定价行为，价格监督检查。

（3）产品质量的监督，生产者、销售者的产品质量义务及责任。

5.4　程序法

（1）行政复议的申请人和被申请人，行政复议申请的提出、管辖、受理和决定。

（2）行政诉讼的当事人、管辖、证据，行政诉讼程序，行政诉讼的侵权赔偿责任。

（3）民事诉讼中的两审终审制度，民事诉讼的管辖、证据、程序。

（4）仲裁协议的内容和作用，仲裁的申请和受理，仲裁程序。

第二科目　招标采购项目管理

一、考试目的

通过本科目的考试，检验应试人员应用项目管理相关知识组织实施招标采购项目管理以及配合实施整个项目系统管理的专业工作能力。

二、考试内容和要求

1. 项目与项目管理

1.1　项目及项目管理

（1）项目的基本属性。

（2）项目生命周期的阶段划分。

（3）项目管理行业组织及项目管理知识体系。

1.2　项目干系人

（1）项目干系人分类。

（2）项目经理的作用及能力要求。

1.3　项目目标管理

（1）项目管理目标的制定原则及考核办法。

（2）项目管理方案的作用与内容。

（3）项目动态管理（PDCA）与项目流程管理。

1.4 项目管理组织方式

（1）项目式组织方式及特点。

（2）职能式组织方式及特点。

（3）矩阵式组织方式及特点。

（4）项目管理组织方式的选用。

1.5 项目管理任务的工作内容、工作过程及常用工具

（1）项目范围管理及工作分解结构（WBS）的应用。

（2）项目时间管理及横道图、网络图的应用。

（3）衡量产品与服务质量的基本指标。

（4）项目质量管理及因果分析图、排列图的应用。

（5）项目成本管理及S曲线法的应用。

（6）项目人力资源管理、沟通管理、风险管理、采购管理的相关内容。

（7）项目综合管理及挣值分析方法的应用。

2. 工程建设项目管理

2.1 工程建设项目分类

（1）工程建设项目的管理分类。

（2）建设工程施工技术分类及特征。

（3）通用设备技术分类及特征。

2.2 工程建设项目管理因素

（1）项目生命周期阶段划分。

（2）项目参与方的职责定位。

（3）项目业主方的管理任务。

2.3 工程建设项目组织与管理

（1）工程建设项目管理实施的组织方式。

（2）工程建设项目管理模式。

2.4 工程建设项目决策管理

（1）投资决策的分类及决策程序。

（2）项目建议书、可行性研究报告和项目申请报告的主要内容。

（3）财务评价指标计算及应用。

（4）经济评价指标应用。

（5）环境影响评价的相关规定。

2.5 工程建设项目的专业实施过程

（1）工程勘察设计的阶段性工作任务。

（2）工程施工过程及工作任务。

（3）工程试运行及缺陷责任期的主要工作。

2.6 工程建设项目进度管理

（1）项目进度计划的类型及编制。

（2）项目进度管理任务与管理措施。

2.7 工程建设项目质量、职业健康、安全和环境管理

（1）项目质量管理的内容与质量管理体系。

（2）职业健康、安全与环境管理体系。

2.8 工程建设项目投资与造价管理

（1）项目投资构成与全过程管理程序。

（2）工程造价的计算与控制。

2.9 工程建设项目风险管理

（1）风险的分类及特征。

（2）风险管理程序及风险转移方式。

（3）工程保险的种类及其承保范围。

3. 货物生产及贸易管理

3.1 货物生产的过程管理

（1）货物的研发、设计及工艺管理。

（2）货物的生产制造与库存管理。

3.2 货物的质量管理与监督

（1）货物生产的质量标准。

（2）内部质量管理的要求。

（3）外部质量监督的规定与要求。

（4）特种设备及特殊产品的质量监管规定。

3.3 货物贸易的项目化管理
(1) 货物贸易管理项目化的发展。
(2) 项目化管理的机制要求。
(3) 项目的利益相关方分析。
(4) 货物贸易项目的阶段构成与管理任务。
(5) 货物贸易项目的管理工具及重要方法。
4. 服务项目管理
4.1 服务项目的管理过程
(1) 服务项目特征及服务合同类型。
(2) 服务项目生命周期阶段划分及管理任务。
(3) 服务项目计划编制与实施。
(4) 服务项目的采购及评审。
4.2 工程咨询服务项目管理
(1) 工程咨询服务的分类及特点。
(2) 工程咨询的管理过程。
(3) 工程咨询的质量和进度管理。
4.3 投融资服务项目的服务内容及管理
4.4 科技研发与咨询服务项目的服务内容及管理。
5. 招标采购的项目化管理
5.1 招标采购的管理过程及任务
(1) 招标采购管理的特征及与整体项目管理的关系。
(2) 招标采购的管理过程及阶段划分。
(3) 招标采购的管理任务。
5.2 招标采购规划阶段的管理
(1) 采购需求分析及常用管理工具。
(2) 采购目标制定。
(3) 采购管理团队组建。
(4) 采购项目管理方案及工作计划编制。
5.3 招标采购实施阶段的管理
(1) 实施阶段的管理内容及控制点。

(2) 实施阶段项目管理工具与技术。
(3) 质量及标准化的管理要点。
(4) 费用及进度的管理要点。
(5) 风险管理的要点。
(6) 沟通及信息的管理要点。

5.4 标的物合同履行阶段的管理
(1) 合同履行管理的工作内容。
(2) 合同履行跟踪的实施要点。

5.5 招标采购实施过程的控制
(1) 实施过程的检查范围、内容及方法。
(2) 实施过程的管理要素及考核。
(3) 政府对招标采购的监管。

5.6 招标采购收尾阶段的管理
(1) 收尾阶段的管理任务。
(2) 招标采购成果的评估原则、内容及方法。

第三科目 招标采购专业实务

一、考试目的

通过本科目考试，检验应试人员应用招标采购相关理论、法律知识组织实施工程、货物、服务招标采购业务并分析解决招标采购实际问题专业工作能力。

二、考试内容和要求

1. 招标采购
1.1 招标投标的原则及其应用
1.2 依法必须招标项目的范围和规模标准
(1) 工程建设项目。
(2) 机电产品国际招标项目。

（3）政府采购项目。

1.3　招标的分类

（1）公开招标与邀请招标。

（2）国内招标与国际招标。

（3）自行招标与委托招标。

（4）集中招标与分散招标。

（5）纸质招标与电子招标。

1.4　招标投标当事人

（1）招标人和投标人的分类及基本要求。

（2）招标代理机构的分类、资格条件及业务范围。

（3）评标专家的资格条件及权利义务。

1.5　招标投标的基本程序及其工作要点

1.6　招标投标的监督和自律

（1）行政监督原则、内容、方式及职责分工。

（2）招标投标行业及主体自律。

2. 招标方案

2.1　招标项目的特征和需求分析

（1）工程施工招标项目。

（2）货物招标项目。

（3）特许经营项目融资、工程勘察、设计、监理等招标项目。

2.2　招标方案的内容和编制要求

（1）工程施工招标项目。

（2）货物招标项目。

（3）特许经营项目融资、工程勘察、设计、监理等招标项目。

3. 资格审查

3.1　资格审查方法、特点及适用范围

3.2　投标资格要素

（1）投标人资格的一般规定。

（2）建设工程企业资质及其从业人员职业资格的主要分类标准和规定。

（3）货物生产、销售的主要许可规定。

（4）投标资格要素的设置。

（5）投标的禁止性规定。

3.3　招标公告和发布媒体的规定

3.4　资格预审文件编制

（1）资格预审公告的内容及其发布的媒体。

（2）资格预审的评审办法、特点及适用范围。

3.5　资格预审的评审程序

（1）资格预审的评审主体。

（2）资格预审的评审程序。

4. 招标文件

4.1　招标投标要素特性

（1）招标投标程序要素。

（2）招标文件组成要素。

4.2　招标文件的内容、格式和编制要求

（1）工程总承包、施工招标文件。

（2）货物与机电产品国际招标文件。

（3）特许经营项目融资、工程勘察、设计、监理招标文件。

（4）标准文本的应用。

4.3　评标方法的分类和应用

（1）经评审的最低投标价法的种类、评审因素及标准。

（2）综合评估法的种类、评审因素及标准。

5. 投标

5.1　投标技术与报价方案的准备、分析、决策和响应

5.2　工程、货物、服务投标文件的组成内容和格式

5.3　投标文件的签署、装订、密封、递交和撤回

6. 开标、评标和中标

6.1　开标程序

（1）投标文件的接收。

（2）唱标和确认。

6.2 评标程序

（1）评标委员会组建及其评标专家的确定。

（2）工程、货物、服务项目的商务、技术及价格的评审程序。

（3）特许经营项目融资、工程勘察、设计、监理的评审要点。

（4）机电产品国际招标项目的评审特点。

（5）投标文件的澄清、说明。

（6）评标报告的主要内容。

6.3 中标和签约

（1）中标候选人的公示。

（2）确定中标人的原则和中标结果公告。

（3）中标通知书的内容。

（4）订立合同的要求。

7. 世行和亚行贷款项目招标

7.1 国际竞争性招标、有限国际招标、国内竞争性招标等采购方式、程序及实施要点

7.2 咨询顾问的选择方式、程序及实施要点

7.3 世行和亚行贷款项目招标与国内招标的区别

8. 政府采购和非招标采购方式

8.1 政府采购

（1）政府采购的范围、特点及程序。

（2）政府采购方式及其适用范围。

（3）政府采购招标货物及服务与工程招标的主要区别。

（4）竞争性谈判、竞争性磋商、询价和单一来源等非招标采购方式的实施程序。

8.2 竞争性谈判、竞争性磋商、询价和单一来源等非招标采购方式在非政府采购项目中的应用

9. 集中采购与电子招标

9.1 集中采购

（1）集中采购的特点和适用范围。

（2）集中采购的方式和实施要点。

9.2　电子招标投标

（1）电子招标的特性和市场信息共享的作用。

（2）交易平台、公共服务平台和监督平台的定位及其关系。

（3）电子招标与纸质招标操作规则的主要差别。

9.3　电子竞价采购方式的程序、特点及应用

10. 法律救济和责任

10.1　法律救济方式及应用

（1）异议、质疑和投诉的区别。

（2）异议和质疑的提出和处理。

（3）投诉的提出和处理。

10.2　招标投标违法行为及其民事、行政、刑事法律责任

第四科目　招标采购合同管理

一、考试目的

通过本科目考试，检验应试人员应用招标采购合同管理相关理论与方法解决工程、货物、服务招标采购合同管理实际问题的专业工作能力。

二、考试内容和要求

1. 招标采购合同管理

1.1　招标采购合同的种类和用途

（1）一般合同的特点和分类。

（2）工程合同的种类和特点。

（3）货物采购合同的种类和特点。

（4）服务合同的种类和特点。

1.2　招标采购合同管理的主要任务、目标和要求

1.3　招标师在合同管理中定位和作用

（1）招标师管理合同的主要任务、目标和作用。

（2）招标师管理合同的专业技能。

2. 招标采购合同管理法律运用

2.1 招标采购合同的基本法理

2.2 招标采购合同适用的主要法律法规

（1）主要合同法律法规。

（2）招标采购法律法规。

2.3 合同订立与效力

（1）要约和承诺。

（2）合同成立和生效条件。

（3）招标采购合同成立、生效的特殊规则。

（4）合同效力状态及其判定条件。

2.4 合同履行与变更

（1）合同履行原则及抗辩权。

（2）合同变更。招标采购合同的变更限制。

2.5 合同转让、解除和终止

（1）合同的权利转让、义务转让、概括转让。招标采购合同转让的限制。

（2）合同终止方式。招标采购合同的解除。

2.6 违约责任

（1）违约责任的构成要件。

（2）违约责任的主要形式。

3. 招标采购合同管理实务

3.1 招标采购合同管理方法及其适用

3.2 招标采购合同规划的主要内容、方法、作用和步骤

3.3 招标采购合同的起草、签订、交底、履行、收尾、跟踪等全过程管理要点

4. 建设工程合同管理

4.1 工程勘察设计合同起草、条款设置及合同管理要点

（1）勘察设计的主要内容和勘察设计合同应用特点。

（2）勘察设计合同的条款设置。

（3）勘察设计合同的签订和履行管理。

4.2 工程施工合同起草、条款设置及合同管理要点

（1）工程施工合同种类和应用特点。

（2）工程施工合同工作范围、工期、质量、价格、变更、竣工结算、索赔、违约等条款设置。

（3）工程施工合同的签订和履行管理。

4.3 工程总承包合同起草、条款设置及合同管理要点

（1）工程总承包合同种类和应用特点。

（2）工程总承包合同工作范围、发包人要求、设计文件与变更、合同价格与支付、竣工试验和验收、违约、索赔等条款设置。

（3）工程总承包合同的签订和履行管理。

4.4 工程分包合同起草、条款设置及合同管理要点

（1）工程分包合同种类和应用特点。

（2）工程分包合同工作范围、与总包合同的衔接、合同价格与支付、完工验收、索赔、合同解除等条款设置。

（3）工程分包合同的签订和履行管理。

5. 国内货物买卖合同管理

5.1 国内货物买卖合同的特点和主要内容

（1）国内货物买卖合同的应用特点。

（2）国内货物买卖合同当事人的主要权利和义务。

（3）标的物所有权的转移和风险责任负担及孳息归属。

5.2 国内货物买卖合同订立及合同管理要点

（1）国内货物买卖合同重点条款及设置。

（2）一般国内货物买卖合同的签订与履行管理。

（3）招标采购国内货物买卖合同的订立与履行管理。

6. 国际货物买卖合同管理

6.1 国际货物买卖合同的应用特点

6.2 国际货物买卖合同相关惯例

（1）贸易术语的作用、分类及其选用；各类贸易术语在交付、风险、主要责任和费用及适用的运输方式等方面的含义及区分。

（2）国际货物运输方式的特点、运输单据的类别及作用；国际货物运输保险保障的风险损失及费用。

（3）国际货物贸易支付方式的分类以及信用证的特点、类别及支付流程。

6.3 国际货物买卖合同订立与合同管理要点

（1）国际货物买卖合同重点条款及设置。

（2）国际货物买卖合同的订立和履行管理。

7. 服务合同管理

7.1 招标代理合同应用特点及合同管理要点

（1）招标代理合同条款设置。

（2）招标代理合同的签订和履行管理。

7.2 工程监理合同应用特点、主要条款设置及合同管理要点

7.3 工程咨询合同种类、应用特点以及合同管理要点

（1）项目前期咨询合同主要条款设置。

（2）项目管理咨询合同主要条款设置。

（3）工程造价咨询合同主要条款设置。

8. 其他合同管理

8.1 特许经营合同种类、应用特点、主要条款及合同管理要点

8.2 担保合同的种类、应用特点。工程担保方式

8.3 保险合同的种类、应用特点。工程保险主要内容

8.4 土地使用权出让合同的应用特点、主要条款设置

9. 合同争议解决管理

9.1 合同争议的成因、类型、内容、解决原则和解决方式

9.2 合同和解的特点以及促成和解的方法

9.3 合同调解的特点、分类以及调解条款的约定

9.4 合同仲裁的特点、适用范围以及仲裁条款的拟定

9.5 民事诉讼的特点、适用范围以及诉讼管辖条款的拟定

考试样题及答案

一、单项选择题（每题 1 分。每题的备选项中，只有 1 个最符合题意，选错不得分）

［示例 1］

根据《招标投标法》及有关规定，招标人必须在招标前完成的工作是（　　）。

A. 编制资格预审申请文件

B. 申请核准招标方案

C. 编制完成招标文件

D. 落实招标项目所需资金

答案：D

［示例 2］

某事业单位使用财政资金 500 万元以公开招标方式采购一批技术复杂的成套设备。下列关于评标委员会的组成中，正确的是（　　）。

A. 采购人代表 1 人，经济、技术专家 4 人

B. 采购人代表 2 人，经济、技术专家 5 人

C. 采购人代表 1 人，采购代理机构代表 1 人，经济、技术专家 5 人

D. 采购人代表 2 人，采购代理机构代表 1 人，经济、技术专家 6 人

答案：B

二、多项选择题（每题 2 分。每题的备选项中，有 2 个或 2 个以上符合题意，至少有 1 个错项。错选，本题不得分；少选，所选的每个选项得 0.5 分）

［示例］

某公路工程项目总投资 1.5 亿元，原计划分 3 个标段进行招标，因工期紧张实际划分 6 个标段同时招标，造成的影响有（　　）。

A. 降低投标人的资格条件

B. 吸引更多中小型企业投标

C. 发挥大型施工机械使用效率

D. 增加招标人工程管理的工作量

E. 增加中标人的获利空间

答案：ABD

三、问答题

[示例]

某依法必须招标的工程施工项目采用工程量清单计价，评标方法为综合评估法；合同计价类型为单价合同。招标文件工程量清单中列有"专业工程暂估价"500万元。

某投标人在投标截止时间前提交了投标文件和投标报价修改函。该投标文件的投标函报价为9000万元，投标报价修改函载明：将投标报价9000万元降低5%，即调整为8550万元。但没有修改投标文件中"已标价工程量清单"中相应报价。招标人最终确定该投标人为中标人，且该中标人有能力实施招标文件规定的暂估价专业工程。

在签订合同时，中标人认为签约合同价应为8550万元，其中专业工程暂估价475万元。招标人认为签约合同价应为8550万元，其中专业工程暂估价500万元不变。

[问题]

1. 就签约合同价中专业工程暂估价金额的争议，招标人和中标人的意见哪个正确？简述理由。

2. 为避免类似争议，提出招标文件和评标工作的改进建议。

3. 暂估价专业工程未经招标能否直接由中标人自行施工完成？简述理由。

[解答]

1. 招标人的意见正确。

理由：招标文件规定的"专业工程暂估价500万元"不属于竞争报价范围，投标人只能响应，无权更改，其25万元降价额应该在其他报价项中抵扣。

2. 招标文件和评标改进意见：

招标文件应规定：投标人在投标截止时间前修改投标函中的投标报价，应同时修改投标文件中"已标价工程量清单"中的相应报价。

255

评标过程中，评标委员会对投标文件中含义不明确的内容，应让投标人作澄清说明或者补正，以免签约中发生争议。

3. 本暂估价专业工程不能由总承包人自行建设。

理由：包括在总承包范围内的 500 万元暂估价专业工程，各投标人没有经过竞争报价，实际上仍由招标人控制。且按照《招标投标法实施条例》的规定，超过了必须招标规模标准的，需要对该专业工程进行招标后确定分包人。

四、计算题

[示例]

某货物招标项目的两个投标人报价的货款支付进度如下表：

单位：万元

	1月末	2月末	3月末	4月末	5月末	6月末	合计
投标人甲	500	100	100	100	100	100	1000
投标人乙			500			500	1000

假定按月计算复利，月利率为1%，则现值系数表如下：

现值系数表

n	3	4	5	6
(F/P, 1%, n)	1.030	1.041	1.051	1.062
(P/F, 1%, n)	0.971	0.961	0.951	0.942
(P/A, 1%, n)	2.941	3.902	4.853	5.795

[问题]

如果采购合同于第 1 个月初生效，且按照合同支付进度付款，按假定利率条件分别计算甲、乙两个投标人合同生效时的价款现值。

[答案]

投标人甲的现值：$P = 500 \times (1+1\%)^{-1} + 100 \times (1+1\%)^{-1} \times 4.853 = 495.05 + 480.50 = 975.55$（万元）

投标人乙的现值：$P = 500 \times 0.971 + 500 \times 0.942 = 956.5$（万元）

五、案例分析

[示例]

[背景] 某依法必须招标的大型公路工程项目于 2012 年 8 月开始设计招标。共 6 家投标人按期提交了投标文件。开标后，招标人组建了由 1 名招标人代表和 6 名从当地省政府综合评标专家库中抽取的专家组成的评标委员会。招标人代表为招标单位基建办副主任何某，主管公路工程建设管理已有 7 年，中专文秘学历，中级职称。

评标委员会进行评标准备工作时，认为招标文件规定的评标标准和方法不符合大型公路工程设计评标特点。经评标委员会全体成员同意，调整了明显不符合设计评标特点的评审因素及其分值，以便为招标人选择设计方案最优的中标人。

为节省时间，提高效率，同时考虑到专业水平，评标委员会决定：每位评标专家分别负责一份投标文件的评审，其中何某主要负责分数核算和资格条件审查。

评标活动进行到一半时，评标专家 B 发现某投标文件的拟派项目负责人为其弟，于是提出回避申请，要求招标人更换评标专家。招标人为了节约时间，直接邀请了某一具备评标专家资格的专业技术人员 M 入场评审。M 到达评标室时，时间已经很晚。出于对专家 B 人品和能力的信任，在时间紧迫的情况下，M 直接沿用了专家 B 的评审结果。

评审完毕后，专家 A 对专家 C 负责评审的投标文件提出疑义，拒绝在评标报告上签字。经过协商，评标委员会决定由评标委员会全体成员对该份投标文件进行复核，3 名专家提出当天已无法完成工作，建议延长一天评审工作。何某由于第二天还有重要会议，坚持要求评标必须按计划在当天完成。当天 19 时评标工作结束。

[问题]

1. 何某能否作为招标人评标代表？简要说明理由。

2. 评标委员会在评标准备阶段调整评标办法的做法是否合法？简要说明理由。

3. 评标委员会的评审分工是否正确？简要说明理由。

4. 专家 B 回避后，招标人更换评标委员会成员的程序是否正确？

257

简要说明理由。

5. 专家 M 的评审结果是否有效？简要说明理由。

6. 专家 A 拒绝签字是否会影响评标报告的效力？简要说明理由。

7. 何某坚持要求评标必须按计划在当天完成是否合适？简要说明理由。

［答案］

1. 何某可以作为招标人评标代表。何某已任职公路工程管理 7 年，熟悉相关业务。

2. 评标委员会在评标准备阶段调整评标办法的做法不合法。根据相关法规规定，招标文件没有规定的评标标准和方法不得作为评标的依据，因此，开标前制定和调整评标办法的做法不合法。

3. 评标分工不可取。评标专家可以按专业特长分工评审各投标文件，并独立提出评审意见，然后按照评标规则形成评标委员会集体的评标结论。决不能让某评标专家单独评审某投标文件，并作为评标委员会的评审结论。招标人代表在评标委员会内的权利应与其他评标专家相同。

4. 更换评标委员会成员的程序不正确。根据相关法规规定，一般项目评标委员会的专家应当在依法组建的专家库中随机抽取产生。

5. 专家 M 的评审结果无效。根据相关法规规定，被更换专家 B 的评审结果无效，更换后的专家 M 需要自行独立评审。

6. 专家 A 拒绝签字不会影响评标报告效力。专家对结果有不同意见，应在评标报告中注明，如果拒绝签署且不书面说明理由，视为同意评标结果。

7. 何某坚持评标必须在当天完成的要求不合适。因为 1/3 以上的评委会成员要求延长评标时间的，招标人应当延长。

附录二　招标师考试辅导教材目录

第一科目　招标采购专业知识与法律法规

第1章　招标采购概述

1.1　采购概述
1.1.1　采购的目标和原则
1.1.2　采购的分类
1.1.3　采购的方式
1.1.4　采购的任务
1.2　招标投标制度概述
1.2.1　招标投标概念
1.2.2　招标投标制度的建立与发展
1.2.3　招标投标制度的作用
1.2.4　招标投标运行体制改革展望
1.3　招标投标制度的主要规定
1.3.1　依法必须招标的规定
1.3.2　招标公告公示管理规定
1.3.3　评标专家管理规定
1.3.4　招标师职业资格管理规定
1.3.5　政府采购制度的主要政策性规定
1.4　招标投标的监督体系
1.4.1　当事人监督
1.4.2　社会监督
1.4.3　行政监督
1.4.4　行业自律

1.4.5 司法监督
1.4.6 公共资源交易平台
1.5 招标采购知识体系
1.5.1 招标采购中的经济学知识
1.5.2 招标采购中的管理学知识
1.5.3 招标采购中的技术知识
1.5.4 招标采购中的法律知识

第2章 招标采购中的经济学知识

2.1 招标采购中的市场经济
2.1.1 市场及类型
2.1.2 市场经济
2.1.3 市场经济作用原理
2.1.4 招标采购在市场经济资源优化配置中的作用
2.1.5 招标采购条件
2.2 招标采购中的博弈
2.2.1 博弈论基本概念
2.2.2 招标采购合同缔约阶段和履约阶段的博弈分析
2.2.3 串通投标的机理分析及对策
2.3 招标采购中的委托代理
2.3.1 委托代理理论概述
2.3.2 招标人与招标代理机构之间的委托代理关系
2.3.3 评标委员会制度的经济学分析
2.3.4 政府采购中委托代理链及经济学分析
2.3.5 招标采购中的寻租理论
2.4 定价机理
2.4.1 完全竞争市场的定价机理
2.4.2 招标采购的定价机理
2.5 招标采购中的跨期选择理论
2.5.1 跨期选择理论

2.5.2　资金时间价值的成因

2.5.3　资金时间价值原理在招标采购中的应用

2.6　招标采购中的公共选择

2.6.1　市场失灵相关理论

2.6.2　政府采购的宏观经济效应

2.6.3　公共选择理论的基本特征与不同模型

2.6.4　公共选择理论与政府采购的发展

2.6.5　公共选择理论视野下的政府采购与政策实现

第3章　招标采购中的管理学原理

3.1　概述

3.1.1　管理概述

3.1.2　采购管理和招标采购管理概述

3.2　招标采购战略管理

3.2.1　招标采购战略概述

3.2.2　招标采购战略制定

3.2.3　招标采购的集权与分权

3.2.4　招标采购的内包和外包

3.3　招标采购计划管理

3.3.1　招标采购计划及管理概述

3.3.2　招标采购需求分析

3.3.3　招标采购策略

3.4　招标采购的管理要素及控制

3.4.1　招标采购的管理要素

3.4.2　招标采购的质量控制

3.4.3　招标采购的成本控制

3.4.4　招标采购的时间管理

3.4.5　招标采购的数量管理

第4章　招标采购主要法律法规

4.1　法律概述

4.1.1　我国法律体系的基本框架

4.1.2　法律规范的概念、结构和分类

4.1.3　法律的实施

4.1.4　法律法规体系的构成

4.1.5　招标采购法律法规体系的效力层级

4.1.6　法律责任

4.2　招标投标法

4.2.1　立法目的

4.2.2　适用范围

4.2.3　基本原则

4.2.4　招标投标基本程序

4.3　政府采购法

4.3.1　立法目的

4.3.2　适用范围

4.3.3　基本原则

4.3.4　采购方式

4.4　实施条例

4.4.1　招标投标法实施条例

4.4.2　政府采购法实施条例

4.5　关于公共采购的国际规制

4.5.1　政府采购协议

4.5.2　公共采购示范法

第5章　招标采购相关法律法规

5.1　民商法

5.1.1　民法

5.1.2　公司法

5.1.3　担保法

5.2　行政法

5.2.1　行政许可法

5.2.2 行政处罚法

5.2.3 建筑法

5.2.4 环境保护法

5.2.5 安全生产法

5.3 经济法

5.3.1 竞争法

5.3.2 价格法

5.3.3 产品质量法

5.4 程序法

5.4.1 行政复议法

5.4.2 行政诉讼法

5.4.3 民事诉讼法

5.4.4 仲裁法

第二科目 招标采购项目管理

第1章 项目管理概论

1.1 项目及其生命周期

1.1.1 项目的定义

1.1.2 项目的属性

1.1.3 项目与运营的区别和联系

1.1.4 项目生命周期及阶段划分

1.2 项目管理

1.2.1 项目管理概述

1.2.2 项目管理过程组

1.3 项目利益相关方

1.3.1 项目利益相关方概述

1.3.2 项目经理及管理团队

1.4 项目目标及绩效管理

1.4.1 需求分析

1.4.2 项目目标管理

1.4.3 项目管理方案

1.4.4 项目绩效管理及考核

1.5 项目过程管理

1.5.1 项目动态管理

1.5.2 项目流程管理

1.6 项目管理组织

1.6.1 项目管理组织概述

1.6.2 项目式管理组织结构

1.6.3 职能式管理组织结构

1.6.4 矩阵式管理组织结构

1.6.5 三种组织结构形式的比较与选择

1.7 组织层面项目管理方式

1.7.1 项目群管理

1.7.2 项目组合管理

1.7.3 项目化管理

1.7.4 项目管理行业组织与项目管理知识体系

第2章 项目管理任务及工具

2.1 项目管理任务及三个层面划分

2.2 项目范围管理

2.2.1 项目范围管理过程

2.2.2 工作分解结构

2.3 项目时间管理

2.3.1 项目时间管理过程

2.3.2 横道图

2.3.3 网络图

2.4 项目质量管理

2.4.1 项目质量管理过程

2.4.2　因果分析图
2.4.3　排列图
2.5　项目成本管理
2.5.1　项目成本管理过程
2.5.2　项目成本管理常用工具
2.6　项目人力资源、沟通、风险及采购管理
2.6.1　项目人力资源管理
2.6.2　项目沟通管理
2.6.3　项目风险管理
2.6.4　项目采购管理
2.7　项目整合管理
2.7.1　项目整合管理过程
2.7.2　挣值分析

第3章　工程建设项目管理

3.1　工程建设项目技术基础
3.1.1　工程建设项目技术分类及特征
3.1.2　工程通用设备分类及技术标准
3.2　工程建设项目分类、生命周期及管理要素
3.2.1　工程建设项目的管理分类
3.2.2　工程建设项目生命周期及阶段划分
3.2.3　工程建设项目参与方与其他利益相关方
3.3　工程建设项目投资决策
3.3.1　投资决策概述
3.3.2　投资决策程序
3.3.3　项目建议书、可行性研究报告及项目申请报告
3.3.4　政府投资项目的决策
3.3.5　企业投资项目的决策
3.4　工程建设项目评价
3.4.1　资金时间价值理论

3.4.2　工程建设项目经济效果评价

3.4.3　不确定性分析

3.4.4　工程建设项目经济费用效益分析

3.4.5　工程建设项目社会评价

3.4.6　工程建设项目环境影响评价

3.5　工程建设项目组织与管理

3.5.1　工程建设项目管理的基本依据

3.5.2　工程建设项目管理模式

3.5.3　工程建设项目业主管理实施方式

3.5.4　工程建设项目参与方集成管理

3.5.5　业主在工程建设项目各阶段的主要管理工作

3.6　工程建设项目勘察设计、施工、试运行和质量保修管理

3.6.1　工程建设项目勘察设计管理

3.6.2　工程建设项目施工管理

3.6.3　项目的试运行及质量保修管理

3.7　工程建设项目进度管理

3.7.1　项目进度计划的类型

3.7.2　项目进度管理体系

3.7.3　项目进度管理的核心角色与内容

3.7.4　项目进度计划编制方法

3.8　工程建设项目质量、职业健康安全与环境管理

3.8.1　工程建设项目质量管理

3.8.2　职业健康安全与环境管理（HSE）

3.8.3　一体化管理体系的建立与运行

3.9　工程建设项目造价管理

3.9.1　工程建设项目投资与建筑安装工程造价

3.9.2　工程计价依据和方法

3.9.3　工程设计与计划阶段的造价管理

3.9.4　施工合同签订阶段的造价管理

3.9.5　施工与竣工阶段的造价管理

3.9.6　建设项目竣工决算

3.10　工程建设项目风险管理

3.10.1　概述

3.10.2　决策及设计阶段风险管理

3.10.3　施工及竣工验收阶段风险管理

3.10.4　工程保险

第4章　其他类型的项目管理

4.1　货物生产过程及管理

4.1.1　货物的概念及分类

4.1.2　货物生产管理概述

4.1.3　货物的研发、设计与工艺管理

4.1.4　货物的生产与库存管理

4.2　货物的质量管理与监督

4.2.1　货物生产的质量标准

4.2.2　货物生产企业内部质量管理

4.2.3　企业外部的质量监督与鉴定

4.2.4　特种设备与特殊产品的质量要求

4.3　货物贸易的项目化管理

4.3.1　货物贸易项目化管理的发展

4.3.2　货物贸易项目化管理的机制要求

4.4　服务项目管理

4.4.1　服务项目与服务项目管理概述

4.4.2　服务项目生命周期与管理内容

4.5　工程咨询服务项目管理

4.5.1　概述

4.5.2　工程咨询服务项目的范围、质量与进度管理

4.6　投融资服务项目管理

4.6.1　概述

4.6.2　投融资服务项目的范围与质量管理

4.6.3 投融资服务项目进度管理

4.6.4 投融资服务项目合同管理

4.7 物流服务项目管理

4.7.1 概述

4.7.2 物流服务项目范围与质量管理

4.8 科技研发与咨询服务项目管理

4.8.1 概述

4.8.2 科技研发与咨询服务项目合同管理

4.8.3 科技研发与咨询服务项目知识产权管理

第5章 招标采购的项目化管理

5.1 招标采购的项目化管理概述

5.1.1 招标采购项目化管理及特点

5.1.2 招标采购项目化管理与整体项目管理的关系

5.1.3 招标采购项目化管理过程

5.2 招标采购规划阶段管理

5.2.1 招标采购需求分析

5.2.2 招标采购目标制订

5.2.3 招标采购项目管理方案

5.2.4 招标采购工作计划编制

5.2.5 招标采购项目管理方案实例

5.3 招标采购实施与控制阶段管理

5.3.1 招标采购实施的管理要点

5.3.2 招标采购质量、成本和进度管理

5.3.3 招标采购的检查

5.3.4 招标采购管理要素及考核

5.3.5 政府对招标采购的监管

5.3.6 招标采购实施阶段主要控制点设置实例

5.4 招标采购风险管理

5.4.1 概述

5.4.2 招标采购风险管理过程

5.4.3 招标采购风险管理与合同制订

5.5 招标采购沟通、信息及标准化管理

5.5.1 招标采购沟通管理

5.5.2 招标采购信息管理

5.5.3 招标采购标准化管理

5.6 标的物合同履行阶段的管理

5.6.1 标的物合同履行的管理

5.6.2 标的物合同履行的跟踪

5.7 招标采购收尾阶段管理

5.7.1 招标采购收尾

5.7.2 招标采购档案管理

5.7.3 招标采购总结

5.7.4 招标采购评价

第三科目 招标采购专业实务

第1章 招标采购概述

1.1 招标投标机制

1.1.1 招标投标机制特性

1.1.2 招标投标机制的适用前提

1.1.3 强制招标制度

1.1.4 招标投标的基本原则

1.1.5 招标与采购的关系

1.1.6 招标与拍卖的区别

1.1.7 招标投标与合同

1.1.8 招标投标与项目管理

1.2 招标的分类

1.2.1 公开招标与邀请招标

1.2.2　国内招标与国际招标

1.2.3　集中招标与分散招标

1.2.4　纸质招标与电子招标

1.2.5　一阶段招标和两阶段招标

1.3　招标投标的当事人

1.3.1　招标人

1.3.2　投标人

1.3.3　招标代理机构

1.3.4　评标专家

1.4　招标投标程序

1.4.1　制定招标方案

1.4.2　组织资格预审

1.4.3　编制发售招标文件

1.4.4　踏勘现场

1.4.5　投标预备会

1.4.6　编制提交投标文件

1.4.7　组建评标委员会

1.4.8　开标

1.4.9　评标

1.4.10　中标

1.4.11　签订合同

1.5　招标投标的监督和服务

1.5.1　招标投标监督体系

1.5.2　公共资源交易平台

1.5.3　行业自律

第2章　招标方案

2.1　招标方案的定位

2.1.1　招标方案的主要内容

2.1.2　招标方案与项目管理及合同规划的关系

2.1.3 编制招标方案的准备工作
2.2 工程施工招标方案
2.2.1 工程施工招标项目的特征和需求分析
2.2.2 工程施工项目招标方案的内容
2.3 货物采购项目招标方案
2.3.1 货物采购项目的需求特征
2.3.2 货物采购项目招标方案的内容
2.4 工程勘察、设计、监理项目招标方案
2.4.1 工程勘察项目的需求特征
2.4.2 工程设计项目的需求特征
2.4.3 工程监理项目的需求特征
2.4.4 工程勘察、设计、监理项目招标方案的内容
2.5 政府和社会资本合作项目招标方案
2.5.1 政府和社会资本合作项目
2.5.2 特许经营项目融资招标的需求特征
2.5.3 特许经营项目融资招标
2.6 国有土地使用权招标方案
2.6.1 国有土地使用权出让方式
2.6.2 国有建设用地使用权招标程序
附件 2-1 案例一~案例四

第3章 资格审查

3.1 资格审查的原则和办法
3.1.1 资格审查的原则
3.1.2 资格审查办法
3.1.3 资格预审的程序
3.1.4 资格后审的程序
3.2 资格条件
3.2.1 工程施工投标资格
3.2.2 货物投标资格

271

3.2.3 服务投标资格

3.2.4 招标资格的限制性规定

3.3 资格预审公告或招标公告

3.3.1 资格预审公告或招标公告的内容和格式

3.3.2 资格预审公告（招标公告）发布媒体

3.4 资格预审文件

3.4.1 工程项目资格预审文件的编制

3.4.2 货物服务项目资格预审文件的编制

3.5 资格预审的评审程序和注意事项

3.5.1 资格预审的评审程序

3.5.2 设置资格条件应注意的事项

附件3-1 资格预审公告

附件3-2 资格预审申请函

附件3-3 实施强制性产品认证的产品目录（摘录）

附件3-4 财务状况的评审因素

附件3-5 施工总承包、专业承包和施工劳务资质类别等级划分表

附件3-6 建筑业企业承包范围

附件3-7 某群体工程施工招标资格审查标准案例

附件3-8 某工程电梯采购资格审查标准案例

第4章 招标文件

4.1 招标投标要素

4.1.1 招标要素定义与分析

4.1.2 投标要素定义与分析

4.1.3 开标要素定义与分析

4.1.4 评标要素定义与分析

4.2 招标文件的编制

4.2.1 招标文件的编写要点

4.2.2 标准招标文件的应用

4.2.3 工程招标文件的编制

4.2.4　货物招标文件的编制

4.2.5　服务招标文件的编制

4.3　评标办法

4.3.1　评标办法的内容

4.3.2　评标方法的分类

4.3.3　经评审的最低投标价法的应用

4.3.4　综合评估法的应用

4.3.5　评审因素和标准

4.3.6　评标程序

附件4-1　招标公告

附件4-2　投标邀请书（代资格预审通过通知书）

附件4-3　投标邀请书（邀请招标）

附件4-4　投标保证金保函格式

附件4-5　政府采购投标担保函格式

附件4-6　联合体共同投标协议

附件4-7　制造商授权书（投标代理授权）

附件4-8　制造商资格声明

附件4-9　制造商授权书（投标产品授权）

附件4-10　已经颁布的各类标准招标文件和示范文本

附件4-11　详细勘察阶段的工程勘察任务书范例

附件4-12　工程初步勘察实物工作量清单范例

附件4-13　工程设计任务书范例

附件4-14　评标办法（综合评估法）

附件4-15　建设工程工程量清单计价规范介绍

第5章　投标文件

5.1　投标准备

5.1.1　信息获取

5.1.2　投标分析

5.1.3　投标决策

5.1.4　投标团队准备

5.2　投标要素

5.2.1　单位负责人或法定代表人身份证明和其授权委托书

5.2.2　投标资格

5.2.3　投标联合体

5.2.4　投标保证金

5.2.5　投标函及投标函附录

5.2.6　商务和技术响应/偏差表

5.2.7　投标报价

5.2.8　工程分包

5.2.9　制造商授权

5.2.10　投标有效期

5.2.11　备选投标方案

5.2.12　技术投标文件

5.2.13　项目管理机构

5.3　投标文件组成

5.3.1　工程项目投标文件

5.3.2　货物项目投标文件

5.3.3　服务项目投标文件

5.4　投标文件编制

5.4.1　编制投标文件

5.4.2　投标文件装订与签署

5.4.3　投标文件密封

5.5　投标文件的提交

5.5.1　投标文件的提交与签收

5.5.2　投标文件的补充与修改

5.5.3　投标文件的澄清、说明

5.5.4　投标文件的撤回与撤销

5.6　投标索赔

附件5-1　单位负责人或法定代表人身份证明及授权委托书

附件 5-2　各类招标项目投标函格式

附件 5-3　各类招标项目招标函附录（招标一览表）

附件 5-4　货物招标项目商务和技术相应/偏差格式

附件 5-5　拟分包工程情况表

附件 5-6　设备、仪器、劳动力表

附件 5-7　管理机构、主要人员表

附件 5-8　资格审查资料

附件 5-9　招标文件的密封与提交案例

第6章　开标、评标与中标

6.1　开标

6.1.1　开标准备

6.1.2　开标程序

6.2　评标

6.2.1　评标委员会

6.2.2　评标准备

6.2.3　评标原则与纪律

6.2.4　初步评审

6.2.5　详细评审

6.2.6　投标文件的澄清和说明

6.2.7　评标报告和中标候选人

6.3　双信封投标项目的开标评标

6.4　中标和签约

6.4.1　确定中标人的程序

6.4.2　中标通知书

6.4.3　签订合同

附件 6-1　工程施工项目综合评估法案例

附件 6-2　工程货物经评审的最低投标价法案例

附件 6-3　机电产品国际招标最低评标价法案例

附件 6-4　机电产品国际招标综合评价法案例

附件6-5　性价比法和综合评分法评标案例

附件6-6　评标中的全寿命周期成本计算

第7章　国外资金项目招标

7.1　国外贷款项目管理

7.1.1　负责国外贷款项目管理的部门和审批程序

7.1.2　国外贷款项目的采购代理公司

7.2　国外贷款项目招标

7.2.1　外国政府贷款项目招标的特殊规定

7.2.2　国际金融组织贷款项目招标的特殊规定

7.2.3　国际金融组织贷款项目的咨询服务采购程序

7.2.4　世亚行贷款项目与国内项目比较

表7-1　采购政策比较

表7-2　工程货物国内竞争性招标比较

第8章　政府采购与企业非招标采购

8.1　政府采购

8.1.1　政府采购管理

8.1.2　政府采购的基本原则和特点

8.1.3　政府采购当事人

8.1.4　政府采购一般要求

8.2　政府采购方式

8.2.1　公开招标与邀请招标

8.2.2　竞争性谈判

8.2.3　竞争性磋商

8.2.4　询价

8.2.5　单一来源采购

8.3　企业其他采购方式

8.3.1　企业竞争性谈判

8.3.2　企业询价采购

8.3.3 企业单一来源采购

8.3.4 比选采购

8.3.5 竞价采购

第9章 电子招标投标

9.1 电子招标投标

9.1.1 电子招标投标概念

9.1.2 电子招标投标的法律效力

9.1.3 电子招标投标系统平台

9.1.4 电子招标投标实务特点

9.1.5 信息共享和行政监督

9.2 电子竞价

9.2.1 电子竞价的特点

9.2.2 电子竞价的适用条件

9.2.3 电子竞价的程序

9.3 集中采购

9.3.1 集中采购的特点分析及适用范围

9.3.2 集中采购制度架构

9.3.3 集中采购基本特征

9.3.4 集中采购基本程序

第10章 救济与法律责任

10.1 概述

10.1.1 救济的概念和特征

10.1.2 法律责任的概念和特征

10.2 异议和质疑

10.2.1 异议

10.2.2 政府采购项目中的询问和质疑

10.3 投诉

10.3.1 工程建设项目和机电产品国际招标项目

10.3.2 政府采购项目

10.4 法律责任

10.4.1 民事法律责任

10.4.2 行政法律责任

10.4.3 刑事法律责任

附件10-1 工程建设项目招标投标活动异议的提出和投诉的处理案例

附件10-2 政府采购项目的投诉案例

第四科目 招标采购合同管理

第1章 招标采购合同管理总论

1.1 招标采购合同的概念和分类

1.1.1 招标采购合同的概念和特点

1.1.2 招标采购合同的分类

1.2 招标采购合同管理的概念和内容

1.2.1 招标采购合同管理的概念和特点

1.2.2 招标采购合同管理内容

1.3 招标采购合同管理方法

1.3.1 招标采购合同管理方法的种类

1.3.2 招标采购合同管理方法的适用

1.4 招标采购合同管理基本现状和发展

1.4.1 招标采购合同管理体系现状

1.4.2 招标采购合同管理存在问题

1.4.3 招标采购合同管理发展趋势

1.5 招标师合同管理的目标和作用

1.5.1 招标师合同管理的目标

1.5.2 招标师合同管理的特点和作用

1.6 招标采购合同管理对招标师技能要求

第 2 章 招标采购合同法律基础

2.1 招标采购合同法律概述
2.1.1 招标采购合同的基本法理
2.1.2 招标采购合同法律规范
2.1.3 合同法的调整范围与基本原则
2.1.4 合同的一般分类
2.2 合同的订立与效力
2.2.1 合同的订立
2.2.2 合同的成立与生效
2.2.3 合同的效力
2.3 合同的履行与变更
2.3.1 合同的履行
2.3.2 合同的变更
2.4 合同的转让
2.4.1 合同权利的转让
2.4.2 合同义务的转移
2.4.3 合同的概括转让
2.4.4 招标采购合同转让的限制
2.5 合同的解除和终止
2.5.1 合同的解除
2.5.2 招标采购合同的解除
2.5.3 合同的终止
2.5.4 招标采购合同的终止
2.6 违约责任
2.6.1 违约责任的概念和特征
2.6.2 违约责任的构成要件
2.6.3 违约责任的主要形式
2.7 案例分析

第 3 章 招标采购合同管理实务概要

3.1 招标采购合同规划

3.1.1 招标采购合同规划的概念和相关理解

3.1.2 招标采购合同规划的内容与步骤

3.1.3 合同结构分解

3.2 招标采购合同的拟定和签订

3.2.1 合同要素拟定法

3.2.2 招标采购合同拟定的步骤

3.2.3 招标采购合同签订

3.3 招标采购合同履行与控制

3.3.1 招标采购合同目标管理

3.3.2 招标采购合同交底管理

3.3.3 招标采购合同重点要素管理

3.3.4 招标采购合同收尾

3.3.5 招标采购合同跟踪与评价

3.3.6 招标采购合同争议的解决

3.3.7 招标采购合同信息管理

3.4 案例分析

第 4 章 建设工程合同管理

4.1 勘察设计合同管理

4.1.1 勘察设计合同定义和特点

4.1.2 勘察设计合同文本

4.1.3 勘察设计合同重点条款

4.1.4 勘察设计合同管理要点

4.2 建设工程施工合同管理

4.2.1 建设工程施工合同概述

4.2.2 建设工程施工合同文本

4.2.3 建设工程施工合同重点条款

4.2.4 建设工程施工合同管理要点

4.2.5 建设工程施工专业分包合同管理要点

4.3 建设工程总承包合同管理

4.3.1 建设工程总承包合同定义和特点

4.3.2 建设工程总承包合同文本

4.3.3 建设工程总承包合同重点条款

4.3.4 工程总承包合同管理要点

4.4 案例分析

第5章 国内货物买卖合同管理

5.1 国内货物买卖合同特点和主要内容

5.1.1 国内货物买卖合同主要特点

5.1.2 买卖合同当事人的权利和义务

5.1.3 标的物所有权的转移和风险责任负担及孳息归属

5.2 国内货物买卖合同重点条款

5.2.1 首部条款

5.2.2 正文部分条款

5.2.3 尾部条款

5.3 招标采购国内货物买卖合同管理要点

5.4 案例分析

第6章 国际货物买卖合同管理

6.1 国际货物买卖合同特点

6.2 国际货物买卖合同相关惯例

6.2.1 国际货物买卖合同公约

6.2.2 国际货物买卖合同贸易术语

6.2.3 国际货物运输

6.2.4 国际货物运输保险

6.2.5 国际货款的收付

6.3 国际货物买卖合同重点条款

6.3.1　品质条款

6.3.2　数量条款

6.3.3　包装条款

6.3.4　装运条款

6.3.5　保险条款

6.3.6　价格条款

6.3.7　支付条款

6.3.8　检验条款

6.3.9　索赔条款

6.3.10　不可抗力条款

6.3.11　仲裁条款

6.4　国际货物买卖合同管理要点

6.4.1　合同的订立

6.4.2　出口合同的履行

6.4.3　进口合同的履行

6.5　案例分析

第7章　服务合同管理

7.1　招标代理合同

7.1.1　招标代理合同应用特点

7.1.2　招标代理合同文本

7.1.3　招标代理合同重点条款

7.1.4　招标代理合同管理要点

7.2　监理合同

7.2.1　监理合同的法律性质和特点

7.2.2　监理合同示范文本

7.2.3　监理合同重点条款

7.2.4　监理合同管理要点

7.3　工程咨询合同

7.3.1　工程咨询合同的种类和特点

7.3.2 咨询合同文本

7.3.3 项目前期咨询合同

7.3.4 工程造价咨询合同

7.3.5 设计咨询合同

7.3.6 项目管理咨询合同

7.4 案例分析

第8章 其他合同

8.1 特许经营合同

8.1.1 特许经营合同概念及种类

8.1.2 特许经营合同的应用特点

8.1.3 特许经营合同的主要条款

8.1.4 特许经营合同管理要点

8.2 担保合同

8.2.1 担保合同的概念及种类

8.2.2 工程建设常见担保

8.2.3 担保合同的应用特点

8.2.4 担保合同主要条款

8.2.5 担保合同管理要点

8.3 保险合同

8.3.1 保险合同的定义、特点和种类

8.3.2 保险合同重点条款

8.3.3 保险合同管理要点

8.4 国有土地使用权出让合同

8.4.1 国有土地使用权出让合同概述

8.4.2 国有土地使用权出让合同重点条款

8.4.3 国有土地使用权出让合同管理要点

8.5 案例分析

第9章 合同争议解决管理

9.1 合同争议概述

9.1.1 合同争议成因
9.1.2 合同争议的类型
9.1.3 合同争议内容
9.2 合同争议解决的原则
9.2.1 协商优先原则
9.2.2 继续履行原则
9.2.3 合法性原则
9.2.4 及时解决纠纷原则
9.3 合同争议解决的方式
9.3.1 和解
9.3.2 调解
9.3.3 争议评审
9.3.4 仲裁
9.3.5 民事诉讼
9.4 案例分析

附录三 现有招标师继续教育网络课程

类别	课程名称	授课老师	学分
必修课程	最新招标投标相关法规、规章解读（23号令）	黄瑞	5
	标准施工招标文件解析（通用条款）	张作智	7
	《标准设计施工总承包招标文件》解读	谭敬慧	5
	《招标投标法实施条例》解析	张作智	10
	2013年版《建设工程工程量清单计价规范》解读	郭婧娟	8
	《电子招标投标办法与技术规范》	李小林、平庆忠、胡志高	7
	基础设施市场化投融资实务	金永祥、徐志刚	6
	工程与设备全寿命周期成本管理	李家骏	5
	建设项目投融资决策方法	邱志清	7
	建设施工合同与索赔	李德华	7
	招标采购合同法律应用	谭敬慧	7
	《招标投标法实施条例》案例分析	张作智、张志军	7
	招标采购投诉处理程序及其案例分析	付大学	6
	招标采购常见法律问题案例解析	黄瑞、徐伟	6
	非招标采购方式的实务分析	王大勇	6
	货物招标技术规格编制方法	金翔	6
	工程量清单计价原理及应用	杨飞雪、李毅佳	8
	采购与供应链管理	王大勇	8
选修课程	《政府采购协定》	吕汉阳	6
	FIDIC条款（银皮书1999版）使用指南	刘俊颖	15
	标准施工招标文件-交通专用条款	石国虎、袁静	5
	标准施工招标文件-房屋市政专用条款	冯志祥	5
	标准施工招标文件-水利水电专用条款	何建新	5
	世亚行采购指南	杨大伟	6
	美国联邦政府采购制度概览	赵勇	5
	工程监理	朱宏亮	7
	国际贸易知识	岳小川、黄瑞、程琪	7
	建设项目审计	张小艳	6
	工程项目管理实务	孔晓	7
	国际工程风险管理	刘俊颖	10

附录四 2016~2018年招标师继续教育网络课程规划

类别	课程名称	授课老师	学分
必修课程	招标采购项目化管理	王大年	5
	招标采购合同管理（上）	李启明、谭敬慧、郭宪	5
	招标采购合同管理（下）	李启明、谭敬慧、郭宪	5
	《招标采购代理规范》	李小林、石国虎、强兆枫、荆贵锁	10
必修课程	《政府采购法实施条例》解读		7
	《电子招标投标系统检测认证管理办法（试行）》	李小林、平庆忠	7
	PPP政策解读与运作指南	石国虎	8
	《建设工程施工合同（示范文本）》解读	谭敬慧	7
	政府采购非招标采购方式简介	岳小川	6
	BIM技术应用（设计）	杨侃等	5
	BIM技术应用（施工）	杨侃等	5
	工程造价	造价协会	3
	如何订立合理的评标办法		7
选修课程	通信工程建设项目招标投标管理办法	吕汉阳	5
	联合国贸法会采购示范法	葛晓峰	5
	公路工程建设项目招标投标管理办法	高会晋	5
	GPA及GPA缔约方法律制度比较	吕汉阳	5
	美国绿色采购概览	赵勇	2
	英国采购概览	Kevin	2
	通信工程建设招标投标实务	通信协会	2
	韩国采购概览	朴二哲	2
	挪威PPP概览		2

续表

类别	课程名称	授课老师	学分
选修课程	招标采购项目案例分析—鸟巢	荆贵锁	1
	招标采购项目案例分析—水立方	荆贵锁	1
	招标采购项目案例分析—新央视大楼		1
	招标采购项目案例分析—水利		1
	招标采购项目案例分析—民航、机场建设		1
	招标采购项目案例分析—铁路、高铁		1
	日本采购概览		2
	新加坡采购概览		2
	建设工程合同纠纷案件审理实务	郝利	3
	国际招标政策解读		5
	联合国采购概览		2

参 考 文 献

[1] 曾培炎，在首届中国招标投标高层论坛上的讲话 [Z]．北京，2006 – 10 – 27．

[2] 中国招标投标协会秘书处西南、西北调研组，招标代理机构发展现状调研报告 [R]．2011．

[3] 中国招标投标协会秘书处华北、东北调研组，招标代理机构现状与发展调研报告 [R]．2011．

[4] 中国招标投标协会，招标师职业能力结构与测试研究报告 [R]．2014．

[5] 袁炳玉，《招标投标法》颁布十周年有感——谈我国招标代理行业的发展 [J]．建筑市场与招标投标，2010 (2)：35 – 38．

[6] 芮丽梅，我国招标代理机构发展战略研究 [D]．北京：对外经济贸易大学，2010．

[7] 张会恒，论产业生命周期理论 [J]．财贸研究，2004 (6)：7 – 11．

[8] 盖翊中，产业生命周期中产业发展阶段的变量特征 [J]．工业技术经济，2006，25 (12)：54 – 55．

[9] 鲍红艳，关于我国国有外贸公司外贸代理业务前景的思考 [J]．江苏商论，2003 (11)：48 – 49．

[10] 李晶晶，我国外贸代理制度浅析 [J]．黑龙江对外经贸，2009，176 (2)：62 – 63．

[11] 曹莉，一路风雨一路歌——2009 年建设工程招投标市场大事回顾 [N]．中国建设报，2010 – 01 – 23．

[12] 易琮，行业制度变迁的诱因与绩效：对中国注册会计师行业

的实证考察［M］.北京：中国财政经济出版社，2003.

［13］陈波,注册会计师行业管制制度及其变迁研究［M］.北京：中国社会科学出版社，2009.

［14］道格拉斯·C·诺思,制度、制度变迁与经济绩效［M］.格致出版社,上海三联书店,上海人民出版社，2008.

［15］沈颂刚,我国注册会计师行业管制的理论分析与应用研究［D］.上海：上海社会科学院，2005.

［16］曹建英,注册会计师行业监管模式研究［D］.天津：南开大学，2003.

［17］乌兰托娅,论我国注册会计师行业诚信制度建设［D］.北京：财政部财政科学研究所，2003.

［18］赵文杰,我国注册会计师行业监管制度变迁研究［D］.北京：中国人民大学，2005.

［19］陈实,信号显示理论与信息披露行为—上市公司年度报告自愿披露行为的实证研究［D］.浙江：浙江大学，2003.

［20］林艳,秦旋,工程招标委托代理关系中的激励与监督［J］.武汉理工大学学报.信息与管理工程版，2008.

［21］叶建亮,不对称信息市场理论与信息经济学——2001年诺贝尔经济学奖得主主要理论阐述［J］.商业研究，2002.

［22］王广明,张奇峰,注册会计师"诚信"的经济学分析［J］.会计研究，2003.

［23］王宝龄,招投标中委托代理问题研究［J］.管理纵横，2003.

［24］李富强,李斌,委托代理模型与激励机制分析［J］.数量经济技术经济研究，2003.

［25］赵海燕,高强,信息甄别理论在企业评判大学生考证中的应用［J］.理工高教研究，2008.

［26］龙小海等,我国注册会计师行业管理的经济学分析：制度和机制设计［J］.会计研究，2005.

［27］赵勇,经济转型背景下招标代理行业的发展［J］.招标采购管理，2013.

［28］国务院总理温家宝在世界经济论坛 2010 年新领军者年会（第四届夏季达沃斯论坛）开幕式上的讲话．

［29］宋希仁，职业道德的自律和他律［J］．广西大学学报（哲学社会科学版），1999，03．

［30］郑佳，有限政府与有效政府：道德规范构建中的国家与社会［J］．改革与开放，2009，09．

［31］潘彬，政府采购绩效评价与治理对策研究［D］．中南大学，2007．

［32］高树彬，面向服务型政府绩效管理模式与绩效评价研究［D］．天津大学，2012．

［33］李晶，地方政府采购绩效评价指标体系构建研究［D］．湘潭大学，2013．

［34］范佳鑫，A 招标代理企业发展战略研究［D］．北京交通大学，2013．

［35］王甲庆，中央企业物资集中采购财务监督机制构建研究［D］．北京交通大学，2013．

［36］赵勇，孟佳昕，许雨婷，政府采购人员职业化的经济学分析［J］．中国政府采购，2014，04：74－77．

［37］马欣欣，招投标代理机构信用评价体系的构建［D］．山东建筑大学，2013．

［38］罗良文，余英，美国政府采购官员的选拔与管理思想研究［J］．《中国财经信息资料》，2002：58－63．

［39］Office of Federal Procurement Policy Act.

［40］Defense Acquisition Workforce Improvement Act (DAWIA).

［41］National Defense Authorization Act.

［42］Clinger – Cohen Act.

［43］Services Acquisition Reform Act.

［44］Federal Acquisition Regulation.

［45］Policy Letter 92 – 3, Office of Federal Procurement Policy.

［46］Policy Letter 97 – 1, Office of Federal Procurement Policy.

[47] Policy Letter 05 – 01, Office of Federal Procurement Policy.

[48] Acquisition Workforce Development Strategic Plan for Civilian Agencies – FY 2010 – 2014, Office of Management and Budget, October 27, 2009.

[49] DOD Strategic Human Capital Plan Update, the Defense Acquisition Workforce, April, 2010.

[50] The Federal Acquisition Certification in Contracting Program, Office of Management and Budget, January 20, 2006.

[51] Annual Report on the Federal Acquisition Workforce for fiscal year 2007, the Federal Acquisition Institute, May, 2008.

[52] Annual Report on the Federal Acquisition Workforce for fiscal year 2008, the Federal Acquisition Institute, July, 2009.

[53] 2007 Contracting Workforce Competencies Survey Report, the Federal Acquisition Institute, October, 2007.

[54] 2008 Contracting Workforce Competencies Survey Report, the Federal Acquisition Institute, August, 2009.

[55] Urgent Reform Required – Report of the "Commission on Army Acquisition and Program Management in Expeditionary Operations", Dr. Jacques S. Gansler, October 31, 2007.

[56] Defense acquisitions Assessments of Selected Weapon Programs, GAO, March, 2008.

[57] DOD Can Improve Its Management and Oversight by Tracking Data on Contractor Personnel and Taking Additional Actions, GAO, April, 2009.

[58] Guidance on Award Fees Has Led to Better Practices but Is Not Consistently Applied, GAO, May, 2009.

[59] Systemic Challenges Need Attention, July, 2007.

[60] Statement of David A. Drabkin Before Senate, August 5, 2009.

[61] Statement of Paul A. Denett Before Senate, February 14, 2008.

[62] Testimony of Mr. Frank J. Anderson, Jr. Before Senate, February

14, 2008.

[63] Statement of Karen A. Pica Before Senate, February 14, 2008.

[64] Memorandum for the Heads of Executive Departments and Agencies, Office of the Press Secretary, the White House, March 4, 2009.

后 记

建设和提升招标采购能力的最终目标,在公法意义上是为了实现国家利益和社会公众利益的最大化,在私法意义上努力实现民事主体权利、义务、责任的统一。上述目标的落实,终究要通过招标采购机构和采购人员来实现。众所周知,招标采购是一项综合法律、经济、技术等专业技能的工作。由不同的机构和人员来执行采购工作,最终的采购结果可能大相径庭。

美国的公共采购起源于军事采购。当时的大陆议会于1778年批准建立采购委托人制度。经历了200余年的发展,形成了当前完整的公共采购法律体系。国防采购和民品采购分别由《武器装备采购法》和《联邦财产与行政服务法》及其配套法律对其进行管辖,并以上述"两法"为依据,建立了军民合一的《联邦采购条例》。

本书作者在《从美国联邦政府绿色采购制度看美国国家治理》一书中将美国公共采购制度的建立和发展划分为四个阶段。即自由采购阶段(1778~1861年)、规范化采购阶段(1868~1946年)、政策化采购阶段(1933~1993年)、商品化采购阶段(1994年至今)。不同阶段的主要特征见下表。

美国联邦政府采购的不同阶段一览

阶段	自由化阶段	规范化阶段	政策化阶段	商品化阶段
年代	1778~1867年 历时90年	1868~1946年 历时79年	1933~1993年 历时61年	1994年至今
起点	1778年大陆会议批准采购委托人的任命,有了第一次有记载的采购行为	1868年,国会通过法律规定政府采购必须公开招标和公开授予合同	1933年国会通过《购买美国货法》,成为第一部将社会经济功能附加于政府采购的法律	1994年《联邦采购优化法》,要求政府尽可能从商品市场进行采购,简化了采购程序

续表

阶段	自由化阶段	规范化阶段	政策化阶段	商品化阶段
面临的主要问题	购买价格高；购买的物品不适用；交易中发生腐败行为	采购人员素质不高；只追求程序，不追求效果；部分采购需求不明，公开招标难以满足要求	经济萧条、就业问题、社会不平等、环境问题、国际贸易问题等，政府采购成为政府解决上述问题的工具之一	层出不穷的法律法规以及社会各界的关注与监督使得采购程序越来越复杂，政府采购的效率越来越低
主要法律	1795年《政府供应商法》；1808年《政府合同法》；1809年《采购法》	1916年《国防法》；1940年《转让赔偿法》	1933年《购买美国货法》；1947年《军事采购法》；1949年《联邦财产行政服务法》；1962年《诚实谈判法》；1974年《联邦采购政策办公室法》；1984年《合同竞争法》	1994年《联邦采购优化法》；1996年《联邦采购改革法》
主要特征	建立了通过使用正式公告进行采购的一般要求；确立了美国政府签订合同的权利	各部门实行分散采购；在采购方式方面，确立了密封公开招标的主导地位	确立了集中采购制度；竞争性谈判成为主要采购方式；政府采购被赋予越来越多社会经济功能	分散采购与集中采购相结合；采购人员能力提高；许多小额商品直接从市场采购；采纳电子手段、协议供货等方式

专业化的合同官制度是美国政府联邦政府采购的特点之一。他山之石，可以攻玉。研究美国公共采购政策的建立和发展对建立和完善我国的招标采购制度，特别是建立中国特色的招标师制度很有指导意义。

从表中可以看出，包含分配采购权力和选用采购方式在内的采购制度的设计是在特定的历史时期和社会环境下，针对采购人员和管理人员的能力素质以及采购的需求作出的选择。当上述条件发生重大变化时，原有的采购制度不再能适应新的形势，就产生了制度变革的需求，继而形成了不同时期的采购政策。具体内容如下。

一、招标采购能力在规范化阶段显现不足

在规范化阶段，需要重点解决公共采购领域的腐败问题。根据美国当时采购人员的能力素质及道德水平，联邦政府选择了密封招标作为公共采购的主要形式，主要强调程序合法。在这样的情势下，严格苛求程序正义而忽略了采购的效率和效果。采购的主要功能一般被认为是节约财政支出，提高财政资金的使用效率，公众所关心的焦点往往也只是采购中是否存在贪污行为。上述采购政策导致采购人员们对于采购记录比如何更好地实施采购更感兴趣。

该阶段和我国现阶段有相似之处。我国工程建设领域情况复杂，其中包工头现象就是建筑领域的特色之一。一方面包工头组织大量农民工进城从事廉价的劳务工作弥补了城市劳动力不足，显著降低了建设成本；另一方面，包工头综合素质普遍偏低，法制观念薄弱。在一段时期内用不正当手段获得项目成了常态。因此，原建设部首先通过建立有形市场的方式对建筑市场进行管制，并在此之后，逐步推广到其他公共资源交易领域。在此过程中，有形市场通过对招标采购程序严格管制，对于遏制工程建设领域的违法违规现象起到了积极作用。但与此同时，刚性的管制程序也弱化了对采购人绩效考核的责任。特别是在住房建筑领域的一般工程项目中，招标文件标准化、招标程序电子化、对合同的履行也和招标师无关。这容易给招标采购各方当事人造成一个错误认识：即招标采购完全是一项程序性的工作，不需要什么专业技能。有些政府部门甚至建议取消招标师职业资格。其实，类似的认识在美国联邦采购中也曾出现过。经过实践的检验，证明这种认识无非是采购专业化制度建设过程中的一个插曲，无法改变招标采购人员职业化这一根本趋势。

二、在政策化阶段对招标采购能力素质提出更高要求

美国公共采购制度规范化和政策化阶段没有截然的分割标志，有一个重叠期。在重叠期，一方面，随着公共采购政策建设的完善，购买国货政策、劳工政策、环境政策等社会政策目标也开始融入公共采购政策。这种复杂的、多目标的采购需求对采购人员提出较高的知识结构和能力素质要求。另一方面，则伴随着密封式公开招标的弊病逐步显现。主要表现包括：首先，"最低报价中标"的原则过于死板，政府采购自身复杂多变的情况，要求产品差异不能仅以价格作为唯一的决定标准；其次，采购项目规格的复杂性和技术要求的不确切性使法律所规定达到

的采购要求十分模糊，政府有时也不能确定最低报价的供应商能否满足政府自身的采购要求，甚至采购人有时对采购目标也不甚了解（例如武器采购，公共工程采购）。因此在两次世界大战间，在军事采购中将密封招标采购要求逐步取消了。在这种情况下，美国国会于1972年建议逐步以竞争性谈判方式取代密封投标的主导地位。

雪上加霜的是，政府采购领域在此期间出现了大量的"天价采购"丑闻，动摇了政府的公信力。经过深入研究发现，出现天价采购丑闻的原因，除了制度缺陷外，与采购能力不足有很大关系。单纯从经济学的角度看，评价一个制度，主要看它是否以最低的社会成本解决了社会问题，即效率问题。而站在政治学的角度，则会加入更多的评价标准，比如公平和正义，即这种制度下哪些人受益、哪些人受损。评价指标的复杂性、评价标准的多样性以及评价主体的多元性导致采购官面临极其复杂的选择。当时能力远远不能适应这种复杂的局面。因此，人才紧缺的迫切性催生了美国国防部门建立国防采购大学，系统地培养专业采购人才以适应日新月异的公共采购市场。经过一系列培训教育、考核制度的完善，美国联邦政府有了一支3万余人、能够胜任公共采购工作的专业采购官队伍，对进入21世纪实现公共采购进入商品化阶段奠定了基础。

本书作者认为，随着互联网和国际化浪潮所带来的人才、知识、信息乃至法律制度的交流和共享，我国招标采购制度改革的速度将会大大超过美国的历程，正在或准备进入规范化、政策化和商品化三者的重叠期。这将对我国招标采购机构及其从业人员提出更高的要求。为此，我们不能被眼前和局部领域的现象所误导，必须考虑招标采购新阶段对于招标采购能力建设的需要。十年树木，百年树人。人才的培养不是一朝一夕能够完成的。目前我国本科教育中只有国际关系学院的政府采购专业方向和北京建筑大学管理学院的招标采购专业方向。两所学校每年不足百人的毕业生规模，对于招标采购领域的现实需要来说只是杯水车薪。我们应当未雨绸缪，将招标采购能力建设作为一项重要工作来推动。

三、招标采购人才培养的建议

招标采购时公认的交叉学科，涉及经济学、法学、管理学等多个学科。无论在教学还是科研领域，单靠一名学者或者一所学校，很难取得好的效果。中国招标采购研究与教学实践基地的系列讲座在跨学校、跨学科教育方面作了一些有益的探索，为在高校中培养招标采购预备人才提供了经验借鉴。国际关系学院每年的夏季学期都花重金邀请美国政府采购领域的大牌教授集中开始课程，在2014年更是邀请到美国乔治·华盛顿大学法学院副院长、前美国联邦采购办公室主任丹尼尔·高登先生授课一周。对于这类高端课程，各高校之间有必要开展更加深入的教师的交流或者课程的互认，才能更加有效地共享资源，建设好这一新兴学科。

无论是中央企业或各类企业、集中采购中心、招标代理公司以及政府的各级公共采购监管部门，都有大量的人员从事招标采购相关工作。而令人遗憾的是：为数不多的高等院校中每年培养出的少数相关专业的毕业生中，进入招标采购领域的却只是少数。据本文作者分析，原因有以下几点：第一，用人单位还没有承认招标采购是一门专业。这些单位的领导或员工大多是半路出家，所以按照惯性思维，依旧招半路出家的人；第二，高校的招标采购专业建设与用人单位的需求还存在脱节，所培养的专业人才名不副实；第三，我们对公共采购专业建设的宣传还存在不足。在社会大众的脑海中，招标采购往往与"豆腐渣工程"、"天价采购"、"围标串标"等丑闻联系在一起；第四，学生对于公共采购这个领域还有陌生感，多数学生愿意去更加熟悉的银行、会计师事务所等单位工作。如何解决上述问题？高校、采购人、采购代理机构、新闻媒体等各相关方应当同心协力，关心、做好人才培养工作，吸引更多优秀的学生进入招标采购领域、学到社会所需的技能、让招标采购更具影响力和号召力。

四、建立和完善中国特色的"采购官"制度的建议

我国公共采购领域通过《招标投标法》和《政府采购法》对采购行为进行规范，有其必然的历史原因和现行经济管理体制下的合理性。只要政府经济管理体制不作太大调整，两法的合并似乎并不是迫在眉睫的事情。但是，通过借鉴美国的经验，对两法做适当的修改则很有必要。其中，建立和完善中国特色的"采购官"制度就是应当解决的首要问题。

依据项目管理的分类，采购可以分为项目采购和非项目采购。我们建议，在改革和完善现有招标采购制度和信用体系的前提下，在项目采购中严格落实项目法人负责制并建立"职业采购师"连带责任制度；在非项目采购中通过建立"职业采购师"责任制度，由职业采购师承担采购的责任。

1. 以落实个人责任制为中心修改两法

在工程建设项目中，落实项目法人制是铲除腐败根源的基础性措施，实行全过程的公开化则是发现和抑制腐败行为的重要手段。电子交易平台的整合为公开化提供了技术条件。但是在现行制度规则的框架下，政府有关部门真正追究项目法人责任的案例属于凤毛麟角。究其原因在于：现行制度实际上是"集体负责"的制度设计。邓小平同志说过，集体负责就是无人负责。① 因此，必须改革影响追究项目法人负责制发挥效用的不合理规则，通过公共交易平台全过程的监督，坚决落实项目法人负责制。项目法人如不完全具备招标采购专业知识，则可以委托有职业资格的招标师或团队负责，使其在工程建设项目中对项目承担连带责任。比如，如在招标师编制并签字的招标文件中，发现招标人有违法行为却不纠正或不举报，轻者吊销职业许可，重者承担连带法律责任。

2. 扩大招标师的职业范围更名为职业采购师

在政府采购领域，"无人负责制"现象的严重性比在工程建设领域有过之而无不及。原因有两个：一是因为依据代理理论，采购人和纳税人之间存在多级代理关系，其效用函数可能出现严重的不一致。表现之一是政府的钱不花白不花，节约也不归己。表现之二是采购人在政府采购制度设计中的角色很尴尬，法律对采购方式、采购需求、采购评审和结果确定很刚性，采购人没有相应的权利也不能承担相应的责任；无人负责的制度设计造成了采购人可以在多个环节浑水摸鱼，造成腐败。如某学校直接采购电脑花费3000元，政府集中采购却花费4000元。采购

---

① 邓小平《解放思想团结一致向前看》。

的每个环节从表面上看都合法，却无人对多花的1000元负责。究其原因，有可能是政府个别人和指定供应商勾结的产物，也有可能是采购人专业知识的缺乏导致的。只有在政府采购中实现责、权、利三者的统一，才有可能解决上述问题。政府采购的绩效考核必须落实到具体责任人，即政府采购应当建立职业采购师制度。鉴于招标师职业资格制度已经建立，为降低制度成本，可以对当前招标师的职业范围进行拓展，要求其考试内容进一步面向所有采购方式，而不仅局限于招标这一种采购方式。通过立法，在现有招标师职业资格制度的基础上，更名为职业采购师，同时适用《招标投标法》和《政府采购法》两法，规范所有的采购活动。

五、关于招标采购制度改革的建议

对现行招标采购制度的改革是建立和实施职业采购师制度的基础和条件。

在建立中国特色的职业采购师制度后（包括对职业采购师完善的监督制度），应当把由法律规定的多种采购方式的决定权下放给职业采购师，由其依据项目特点决定采购方式，取消对招标组织形式的管制，自行招标或委托招标，由采购人自主决定。改革招标程序与国际接轨，严格责任追究。在严格责任制的前提下，采购人执行招标采购程序将成为其自觉的行为，而不是被逼无奈的选择。程序将保证采购人减少失误，而不是妨碍其实现项目意图。把责任落实到责任人，相比于政府审批又不负责任，更有利于保证采购项目的绩效考核和防止腐败。放宽管制有利于规范市场秩序和保证采购效率。

1. 完善和放宽对招标方式的管制

（1）关于《招标投标法》

首先，《招标投标法》中现有招标方式只有两种，不能满足当前招标采购的需要，2000年该法三审通过时，考虑到当时的市场环境和条件，取消了二审原稿中的议标方式，有其必要性；现在该法已经实施十五年，我国的法律环境已经发生很大变化，应当在《招标投标法》中为其他招标方式留有空间，如两阶段招标、电子招标等多种招标方式，其目的是鼓励采购人自觉自愿的真实招标，而不是催生流于形式的虚假招标。

其次，在现有招标方式中对公开招标设置条件进行限制，只有符合以下条件才选用公开招标：时间允许；价格是唯一竞争因素；有三人以上投标等。其余依据项目情况确定适当的采购方式。

最后，在公开招标中，取消"15日""20日""15日""30日"等刚性的时间限制。在招标采购中，对时间的限制体现了合同相对方的权益，但是鉴于招标采购涉及的领域极其广泛，而我国又地域辽阔，因此有关时间限制应当通过技术标准或规范设置，法律设置一刀切不利于采购成果的国家利益最大化，这也是基层部门强烈反映的一个问题。

(2) 关于《政府采购法》

《政府采购法》规定了六种采购方式，基本能够满足政府采购的需要；但是政府部门只负责对采购方式的审批，却不承担相应责任。建议在实施职业采购师制度后，取消政府部门对采购方式的审批核准，由职业采购师在法律允许的框架下，依据采购需求确定采购方式、决定评审办法、完成采购任务和承担采购责任。也只有在完全责任制的法律框架下，职业采购师才会体会到自己知识的不足，并通过卓有成效的采购活动体现自身的价值。

政府的职能是管理而不是干预微观采购活动，所谓管理主要是制定规则和追究责任并实施处罚，从这个意义上讲，实行职业采购师制度也为政府转变职能创造了条件。

2. 从根本上改革现行评标制度

在项目采购和非项目采购的招标投标活动中，目前存在的最大问题是评标制度的缺陷。这也是招标采购制度无人负责的主要根源。

《招标投标法》虽然赋予了招标人确定中标人的最后决定权。但是实际上，对由国有资金占控股或主导地位的依法必须招标项目普遍形成了事实上的法定代理关系，而不是咨询关系。通观世界各国，除中国外没有其他任何国家在极其广泛和复杂的公共采购中制定这种权利和义务不对等的制度设计。因此，建议取消招标投标制度中评审报告和推荐的中标候选人对招标人有法律约束力的制度设计，改为无法律约束力的咨询建议。评标就是帮助招标人减少失误的咨询，是否聘请专家则依据采购人对项目的熟悉程度和项目的复杂程度决定。这种制度设计是国际通行惯例。目前我国已经建立了庞大的专家库，但是在评标中真正给招标人提出咨询建议的并不多。评标绝大多数是走过场，如皇帝的新衣，路人皆知，但大众却对此熟视无睹，既是人才的浪费，又可能成为掩盖腐败的遮羞布。部分地区个别人辞去公职，专门以评标作为个人职业，是对这种评标制度莫大的讽刺。

3. 改革定标制度

随着招标制度的发展，密封式招标制度不再是刚性的选择。该类招标的评标办法就是经评审的最低投标价法，在满足其他非价格因素的条件下最低价中标。不言而喻，这种制度适用于非价格因素差异很小的项目；在广泛采用的议标或其他采购方式中，评标委员会推荐的候选人不是排序的中标候选人，而是建议招标人和其进一步谈判的谈判候选人。最终也是由采购人和中标候选人经过反复沟通，确定最终中标人，其公正性通过公示制度接受社会和政府监督，其采购绩效由采购责任人承担终身责任。目前在深圳等地试行的评定分离的定标制度应当在实践中不断完善，并在条件成熟后凝聚为法律制度。

职业招标采购师制度的建立为政府在公共采购领域的简政放权创造了条件，政府有关部门从对采购方式、组织形式等微观经济的管制转变为综合管理，这将从源头上减少管制腐败的漏洞。政府部门的严格执法也必将会极大地净化和规范市场；市场的规范化又为职业采购师采购任务的完成创造了有利的环境，从而实现采购利益最大化。

图书在版编目（CIP）数据

中国招标采购能力建设研究/赵勇著. —北京：经济科学出版社，2016.8
ISBN 978-7-5141-7472-4

Ⅰ.①中… Ⅱ.①赵… Ⅲ.①采购-招标-研究-中国 Ⅳ.①F284

中国版本图书馆 CIP 数据核字（2016）第 282087 号

责任编辑：陈昶彧
责任校对：郑淑艳
版式设计：齐 杰
责任印制：王世伟

中国招标采购能力建设研究
赵勇 著
经济科学出版社出版、发行 新华书店经销
社址：北京市海淀区阜成路甲 28 号 邮编：100142
总编部电话：010-88191217 发行部电话：010-88191522
网址：www.esp.com.cn
电子邮件：esp@esp.com.cn
天猫网店：经济科学出版社旗舰店
网址：http://jjkxcbs.tmall.com
北京中科印刷有限公司印装
710×1000 16 开 20.5 印张 300000 字
2017 年 2 月第 1 版 2017 年 2 月第 1 次印刷
ISBN 978-7-5141-7472-4 定价：52.00 元
（图书出现印装问题，本社负责调换。电话：010-88191510）
（版权所有 侵权必究 举报电话：010-88191586
电子邮箱：dbts@esp.com.cn）